le Nouvel Age

DU MEME AUTEUR

Théodore de Mopsueste, 200 p., Rome, 1954.

Pour les adolescents d'aujourd'hui : Les Temps forts, 150 p., Paris, Sénevé, 1970.

Seront-ils chrétiens ? Perspectives catéchuménales, 200 p., Lyon, Chalet, 1975, en collaboration avec Henri Bourgeois (+ Trad.).

Sectes et réveil religieux. Quand l'Occident s'éveille..., 220 p., Mulhouse, Salvator, 1976.

« Croire en dialogue ». Les religions, les Eglises, les Sectes, 520 p., Limoges, Droguet et Ardant, 1979, en collaboration avec René Girault, (20ᵉ mille + Trad.).

Des chercheurs de Dieu hors frontières, 160 p., Paris, Desclée De Brouwer, 1979.

Guide des religions (collaboration), Paris, Dauphin, 1981, (2ᵉ édit.).

Au pays du nouveau sacré. Voyage à l'intérieur de la jeune génération, 220 p., Centurion, 1981.

Guide de l'animateur, 520 p., Limoges, Droguet et Ardant, 1983, en collaboration avec A. Marchadour. (10ᵉ mille).

Les sectes, l'occulte et l'étrange (6 albums B.D.), Salon-de-Provence, Editions du Bosquet, 1985. (300ᵉ mille + Trad.).

Les sectes et l'Eglise catholique, 120 p., Paris, Cerf, 1986.

Occultisme, magie, envoûtements, 200 p., Mulhouse, Salvator, 1986. (3ᵉ édit. + Trad.).

Les grandes questions de l'existence (6 albums B.D.), Salon-de-Provence, Editions du Bosquet, 1986. (300ᵉ mille + Trad.).

Jésus dans la nouvelle religiosité, 320 p., Paris, Desclée, 1987.

Des sectes à notre porte ?, 100 p., Paris, Chalet, 1988, en collaboration avec Y. de Gibon. (2ᵉ édit.).

Réincarnation, Résurrection, Communiquer avec l'au-delà, 190 p., Mulhouse, Salvator, 1988. (2ᵉ édit.).

Peut-on prédire l'avenir ?, 128 p., Paris, Centurion, 1989.

Les Sectes, 128 p., Paris, Presses Universitaires de France (à paraître).

JEAN VERNETTE

le Nouvel Age

A l'aube de l'ère du Verseau

TEQUI
82 rue Bonaparte - 75006 Paris

Nihil obstat
Paris, le 10 décembre 1989
M. DUPUY

Imprimatur
Paris, le 10 décembre 1989
M. M. VIDAL, v. é.

ISBN : 2-85244-981-1

INTRODUCTION

Un mouvement d'inspiration anglo-saxonne se développe comme feu de brousse en milieux francophones, après avoir envahi les milieux germanophones : le *New Age* ou Nouvel Age. L'idée essentielle est que l'humanité est en train d'entrer, à la veille de l'an 2 000 et du passage de l'ère astrologique des Poissons à celle du Verseau, dans un âge nouveau de prise de conscience spirituelle et planétaire, d'harmonie et de lumière, marqué par des mutations psychiques profondes. Il verrait en particulier le second avènement du Christ dont les « énergies » seraient déjà à l'œuvre parmi nous au cœur du foisonnement des multiples recherches spirituelles et groupes religieux caractéristiques de notre époque.

La vague est née aux USA vers les années 70, dans la suite du mouvement de « contre-culture ». Déjà dans les années 60, l'opéra rock *Hair* avait chanté l'avènement d'*Aquarius* et salué l'aube du Verseau. Le raz-de-marée a progressivement submergé le vieux continent, engendrant une abondante production littéraire. Ce fut un des clous de la Foire mondiale du livre de Francfort. Les éditeurs français en escomptaient une augmentation significative des ventes. La littérature de l'ésotérisme déverse déjà annuellement un million de volumes sur le marché français. A la radio et sur le petit écran commencent à apparaître des émissions dans cette mouvance : d'astrologie ou de voyance en direct. Et celles où l'on traite pêle-mêle des médecines douces et holistiques (totalisantes), des méthodes de méditation ou de la réincarnation.

Une nouvelle mode musicale fait même fureur outre-Atlantique, qui a commencé à envahir l'Hexagone : la musique *New Age*, « aquatique et positive, synthétique et fluide », celle du cosmos, des vibrations dans l'éther et du niveau subliminal de la conscience, sur fond de message d'optimisme et de fraternité planétaire.

Le Nouvel Age, c'est un ensemble de pratiques apparemment hétéroclites, mais unifiées par une vision d'humanisation totale (holistique) : techniques d'« élargissement de la conscience » et médecines de l'âme ; astrologie et channelling (ou communication avec les entités du monde invisible) ; maîtrise du corps avec les arts martiaux, la caisse d'isolation sensorielle ou les thérapies douces, et de la nature avec l'art floral, l'écologie ou le végétarisme. Il s'agit de rassembler dans l'unité ce qui était divers. Y compris toutes les religions, en un syncrétisme accueillant mais réducteur. La définition du Nouvel Age d'après ses initiateurs : « un nouveau paradigme », c'est-à-dire une nouvelle manière de voir les choses.

Cette nouvelle vision des choses est proche parente de l'ésotéro-occultisme, comme une utopie assez ouverte pour que chacun puisse y projeter ses propres aspirations religieuses. C'est aussi un nouveau millénarisme – une attente d'un nouvel âge d'or –, à l'approche de l'an 2 000.

Le Nouvel Age est déjà entré dans le monde des affaires par le biais des pratiques de développement du potentiel humain. Des dirigeants de grandes multinationales se sont intéressés attentivement à l'utilisation de ces techniques – du yoga à l'occultisme – pour former leurs cadres à une meilleure compétitivité sur les marchés mondiaux. Des séminaires d'arts martiaux, de zen, voire de chamanisme ou de vaudou commencent à fonctionner pour « réénergétiser », « surdimensionner » les hommes d'affaire. Et augmenter ainsi leur efficacité.

L'astrologie et la numérologie sont déjà couramment utilisées pour sélectionner les candidats à un emploi. Avec le Nouvel Age, l'irrationnel est entré par la grande porte.

Son développement représente un des « challenges », des défis importants pour le christianisme, dans les années qui viennent. Non par certaines de ses techniques qui ont leur authenticité et leur valeur propres : méditation intérieure, médecines douces, psychologie dynamique. Mais par l'une des visées explicites de ses précurseurs – même si elle n'est pas toujours connue de ses sympathisants... : proposer la suprareligion mondiale de l'ère du Verseau qui prendra la place, aux approches de l'an 2 000, du christianisme lié à l'ère des Poissons finissante, le bousculant quelque peu au passage pour accélérer sa chute.

Ce type de sensibilité religieuse revêt par ailleurs bien des traits de la gnose éternelle. Et de nombreux chrétiens pratiquent la double appartenance. La Bible – cœur du christianisme – y est en effet abondamment utilisée. Mais réinterprétée en perspective gnostique. Jésus n'est plus le Fils de Dieu, mais l'une des nombreuses incarnations du Christ cosmique. Dieu n'est plus une Personne, mais une grande Energie qui anime l'univers.

Il est important pour les chrétiens de prendre au sérieux les questions posées par le Nouvel Age, sous peine de n'être ni entendus ni pris eux-mêmes au sérieux. Car certaines de ces recherches méritent attention et respect. Il s'agit alors de discerner. Tel est l'objet de ce livre.

CHAPITRE I

Le Nouvel Age

Le thème du Nouvel Age dans lequel serait sur le point d'entrer notre monde à l'aube de l'ère du Verseau est fort ancien. On le trouve déjà dans les antiques philosophies grecques et hindoues, comme dans les spéculations plus récentes de l'ésotérisme et de l'hermétisme. Il a été reformulé dans la première partie du siècle par Alice A. Bailey (1880-1949) succédant à Héléna P. Blavatsky (1831-1891), au docteur Gérard Encausse, dit Papus (1865-1916) et à Paul Le Cour (1861-1954). Nous donnerons plus loin la parole à ces ancêtres immédiats.

Mais la formulation contemporaine signant le coup d'envoi décisif de ce courant de pensée multiforme a été proposée par Marilyn Ferguson dans son best-seller *Les Enfants du Verseau* [1]. Nous commencerons donc par présenter cette synthèse originale, avant d'en rechercher les origines dans les maîtres à penser antérieurs.

1. *Les Enfants du Verseau. Pour un nouveau paradigme*, Edition Calmann-Levy, Paris, 1981 (Edition originale aux U.S.A. en 1980).

I. « Un nouveau paradigme »...

Un jour, en Amérique...

Vers les années 70, impressionnée par les découvertes scientifiques faisant état de capacités humaines bien au-delà de la norme reçue, Marilyn Ferguson prépare un ouvrage sur le cerveau et la conscience.

Ces recherches sur la médecine, la psychiatrie, la psychologie, les états de conscience, les rêves, la méditation, suscitent en effet grand intérêt chez des explorateurs de plus en plus nombreux, — explorateurs autant par l'observation scientifique externe que par l'expérience personnelle intérieure et immédiate —.

Une sorte de révolution planétaire semble s'être silencieusement mise en route. Elle fait la synthèse des désirs de changement social caractéristiques des années 60, et des aspirations au changement de la conscience typiques des années 70. Hypothèse sousjacente : la transformation sociale serait le fruit d'une transformation personnelle.

C'est comme une lame de fond. Un éditorial-manifeste de Marilyn Ferguson paru en 1976 « Le mouvement qui n'a pas de nom », en révèle l'ampleur croissante, tant par le nombre des gens qui s'y reconnaissent que par les domaines qu'elle atteint : la santé, l'éducation, les sciences sociales, les sciences exactes, le monde politique, et même l'art et la magie. Le mouvement est caractérisé par la multiplication d'organisations fluides visant à un changement radical de société, en proposant des solutions de rechange en tous domaines. Les personnes concernées se reconnaissent entre elles à des signes subtils : comme des complices d'une vaste conspiration pour le salut de la terre. On se réfère ici au père Teilhard de Chardin, homme de religion et de science. Ne recommandait-il pas de faire advenir une « conspiration d'amour » entre des individus poussés par une même espérance ?

L'intuition initiale sous le signe du Verseau.

Marilyn Ferguson pressent que quelque chose est en train de se passer, comme une conspiration entre des chercheurs respirant le même air et aspirant au même but. « Afin d'en rendre claire la nature bénévole, je décidais d'y adjoindre le mot *Verseau.* Malgré mon ignorance de l'astrologie, j'étais attirée par le pouvoir symbolique de ce rêve pénétrant de notre culture populaire, à savoir qu'après un âge d'obscurité et de violence, les Poissons, nous pénétrons dans un millénium[2] d'amour et de lumière, "l'ère du Verseau", le temps de "la vraie libération de l'esprit". Nous entrons dans une époque différente, et le porteur d'eau de l'ancien Zodiaque en est un symbole approprié puisqu'il représente comme un courant qui vient étancher une soif »[3].

Notre auteur semble toutefois ignorer, notons-le, que ce thème évoqué à l'origine par une ex-théosophe, Alice Bailey, a déjà été longuement développé par un ésotériste français Paul Le Cour[4]. Aussi, l'intuition initiale de Marilyn Ferguson s'est-elle chargée par la suite, comme par amalgame, de conceptions syncrétistes, occultistes et spirites, qui ont donné une coloration religieuse non innocente à son propos. Des pratiques parfaitement respectables comme la médecine holistique, le végétarisme, la méditation intérieure, ont été alors chargées de connotations doctrinales sur lesquelles on peut légitimement s'interroger.

Elle est bien consciente de ce danger : « Bien sûr, attirer l'attention sur ce mouvement jusqu'ici anonyme ne va pas sans risque. Il est toujours possible que ce grand réalignement culturel soit récupéré, banalisé ou exploité »[5]. Mais il lui paraît nécessaire de tenter l'aventure, tellement ces lumières nouvelles sur la conscience, sur l'homme et sur le monde sont porteuses d'espérance : « Nommer la conspiration, en dégager les grandes lignes,

2. Les mille ans de paix et de bonheur qui suivent le retour du Christ et dont parle symboliquement le livre de l'Apocalypse dans la Bible.

3. Op. cit., p. 4.

4. En 1937 avec *L'Ere du Verseau*, Dervy Livres, Paris, réédition 1986.

5. Op. cit., p. 16.

ne fait que rendre visible une lumière présente depuis le début, comme quand nous répertorions une nouvelle étoile, jusqu'alors invisible parce que nous ignorions dans quelle direction tourner notre regard ».

L'idée d'une conspiration du Verseau se répand alors de bouche à oreille : « Nous sommes au cœur d'une grande transformation ! »

Une « douce conspiration »

Un souffle enthousiaste anime les pages qui vont la présenter. Un puissant réseau, dépourvu de dirigeants, est en train de générer un changement radical aux Etats-Unis. Ses membres, débarrassés de certains éléments-clef de la pensée occidentale, ont quasi-rompu la continuité de l'histoire. C'est une conspiration sans doctrine politique, sans manifeste. Les conspirateurs ne recherchent le pouvoir que pour le remettre à d'autres. Leurs stratégies sont pragmatiques, avec parfois une telle résonance mystique qu'ils hésitent à en parler ouvertement.

Plus étendu à leurs yeux qu'une réforme, plus profond qu'une révolution, le mouvement, disent-ils, a déclenché la mutation culturelle la plus rapide de l'histoire. C'est un nouvel état d'esprit, pour un nouveau programme de l'homme : *« Tout peut être autrement... »*.

« On dénombre des dizaines de milliers de points d'entrée dans cette conspiration. Partout où les gens partagent leurs expériences, tôt ou tard ils viennent à s'assembler et, à la longue, à constituer des cercles de plus en plus larges. Chaque jour leur nombre va croissant... »[6].

Dix ans après on reconnaît la justesse de l'intuition, même si sa force initiale s'est parfois diluée en mille contrefaçons.

Quel en est le moteur ? Les crises que connaît notre temps ; « Notre pathologie est notre occasion de changement ». Celui-ci interviendra lorsque la masse critique des mutants sera atteinte.

6. Op. cit., pp. 17-19.

Elle provoquera alors inéluctablement un renouveau de la société. Par un « changement de paradigme » : c'est le sous-titre du livre.

« Pour un nouveau paradigme »

Les perspectives et intuitions nouvelles donnent naissance à de nouvelles périodes historiques. Ainsi la découverte du feu, de la roue, de l'écriture, de l'imprimerie, ont donné naissance à des sauts spectaculaires dans l'évolution de l'humanité. On qualifie parfois ces interprétations renouvelées de la réalité de « changement de paradigme ». Un paradigme est un cadre de pensée (en grec *paradeigma*, « exemple »), une sorte de structure intellectuelle permettant de comprendre et d'expliquer certains aspects du réel. Un « nouveau paradigme » est une nouvelle manière de voir les choses, une façon nouvelle de penser les vieux problèmes. Ainsi la théorie de la relativité d'Einstein remplaça-t-elle la théorie de la gravitation universelle de Newton, incluant l'ancienne conception dans un cadre plus vaste.

Les nouveaux paradigmes sont le plus souvent accueillis avec suspicion, dérision ou hostilité. Galilée ou Pasteur en ont fait l'expérience ! Mais dès qu'un nombre suffisant de penseurs a accepté la nouvelle perspective, le changement est à même de s'opérer. Jusqu'à ce que de nouvelles données apparaissent et qu'un nouveau consensus se crée autour d'un cadre de pensée plus large et plus englobant. Ainsi progresse souvent la pensée collective : par sauts successifs.

Pour s'ouvrir à ces nouvelles perspectives et encourager le changement d'esprit sans attendre qu'une crise le provoque dans la fièvre et l'opposition, il est utile de commencer par poser les problèmes d'une autre manière. De mettre en question nos positions les plus familières en les situant dans un contexte plus large. En matière d'éducation par exemple, il est plus important de s'interroger sur les programmes d'enseignement que sur la seule pédagogie pour les « faire passer ».

Le paradigme de la conspiration du Verseau consiste alors à acquérir un regard neuf sur les changements qui interviennent dans notre société et à en contrôler les processus. Il « voit l'humanité comme enracinée dans la nature ; il encourage l'individu à devenir autonome dans une société décentralisée ; il l'invite à se considérer comme intendant de toutes les ressources extérieures et intérieures, capable d'imagination, d'invention et d'expérimentations nouvelles ».

Les « enfants du Verseau »

Qui sont ces nouveaux enfants du Verseau ? « Ils se reconnaissent non à leur âge, mais à leur état d'esprit. Ce peut-être dès aujourd'hui chacun d'entre nous : un individu neuf qui conspire à visage découvert pour changer la vie en cette ère nouvelle où nous entrons, marquée par une surprenante vision du monde née de la convergence entre les plus récentes percées scientifiques et les conceptions millénaires des diverses traditions mystiques ». Cette vision nouvelle englobera aussi bien des études sur la transformation du cerveau, la spécialisation de ses hémisphères, les effets psychédéliques, les pouvoirs cachés de l'esprit, la médecine humaniste ou l'éducation transpersonnelle, que le bouddhisme Zen, le Livre de la Sagesse, l'ésotérisme chrétien ou la méditation soufie.

C'est un programme grandiose. Ecoutez plutôt : « Pratiquant un équilibre entre intuition et raison, utilisant des techniques d'expansion de la conscience, l'enfant du Verseau entre dans un processus transformatif qui fait de sa vie une continuelle exploration. Au bout du compte, une fois surmontés les inévitables conflits nés de ce changement, se trouvent l'autonomie, la plénitude, la disponibilité envers les autres.

Limitée jusque-là à quelques marginaux comme Carl Jung, Pierre Teilhard de Chardin, ou Gandhi, cette transformation individuelle vient d'amorcer en Californie une révolution aux perspectives planétaires. Elle introduit dans tous les domaines de la société ses valeurs propres : les thérapies alternatives, la santé holiste (globale), l'éducation transpersonnelle, la simplicité volontaire, la conscience écologique, les technologies appropriées, le sentiment de la communauté mondiale »[7].

7. Op. cit., p. 4 de couverture.

Grandiose programme, disons-nous. De fait lorsque, dix ans après, l'on ouvre au hasard l'une des multiples revues porteuses de la pensée du *New Age* en Europe[8], on y voit proposé un ensemble éloquent d'activités et d'ateliers : « Astrologie. Astronumérologie. Bhajans (chants sanscrits). Biorythmes. Cuisine macrobiotique. Danses sacrées. Dessin libre. Exploration de la conscience. Groupe Findhorn. Harmonisation des chakras. Intégration posturale. Aire du Verseau. Médecine de l'habitat. Pensée positive. Prière de guérison. Ostéopathie. Sanscrit. Silvamind Control. Spiritual healing. Sophrologie. Synthèse et Transformation. Taï-Ji. Radionique, Tarot psychologique tibétain. Yoga. Za-Zen ». Un véritable inventaire à la Prévert dont toutefois l'éclectisme ne doit pas cacher l'intention profonde : provoquer un changement de paradigme.

Comment s'opère le changement de paradigme ?

Comment s'opère-t-il ? Par un élargissement de la conscience. Chacun a fait une fois ou l'autre dans sa vie l'expérience d'une façon neuve de percevoir les rapports entre les choses. Ce peut être à l'occasion d'une pratique nouvelle de méditation, d'une grave maladie ou du retour d'un coma avancé ; de l'audition d'une musique, d'une randonnée dans la nature, ou de l'usage d'une drogue psychédélique.

Pendant longtemps, expliquent les tenants du Nouvel Age, les techniques capables d'induire de telles expériences n'étaient le fait que de rares initiés, ou d'ordres religieux ésotériques. Certains ont mentionné le caractère libérateur de ces expériences d'illumination. Or, nous avons maintenant à notre disposition tout le trésor de leur expérience et de leur sagesse, dans les livres ou collections de poche comme dans les multiples propositions des ateliers de week-end. Ces techniques visent à *éveiller* la conscience des lecteurs et des participants à des potentialités inexploitées, par l'extension des capacités du système nerveux et du cerveau : « C'est un peu comme si on s'équipait d'un sonar, d'un

8. Programme d'activités de la « Maison du Nouvel Age », in *Réseaux. Harmonie de l'être et conscience planétaire*, n° 66, Bruxelles, p. 26.

radar et de puissantes lentilles. Littéralement, le cerveau entreprend une transformation accélérée. Il n'est pas étonnant que ces changements de conscience soient vécus comme un éveil, une libération. Des millions d'individus s'aperçoivent en effet qu'ils ont en eux un centre plein de santé, les ressources pour composer avec le stress, pour innover, et enfin qu'ils ont des amis partout. Ayant trouvé au cœur d'eux-mêmes force et santé, ceux qui ont appris à avoir confiance en eux ont tendance à avoir davantage confiance dans les autres »[9].

On sent passer comme le souffle d'une belle utopie dans cette profession de foi qui réunit sous la même accolade à la fois les expériences scientifiques et mystiques, les faits de biologie et l'altruisme, l'observation sociologique et la religion. Teinté d'un soupçon d'inquiétude toutefois car « l'or mythique du processus de transformation a de tout temps inspiré les faussaires ! » Mais avec le sentiment d'un véritable apostolat à exercer : « Si l'on veut que ces découvertes transformatives deviennent notre héritage commun pour la première fois dans l'histoire, nous devons les répandre largement ». Dans les salles de classe et à la télévision, par la chanson et les journaux scientifiques, à la pause-café et dans les associations. L'entreprise est d'ailleurs devenue plus aisée, maintenant qu'avec l'implosion de l'information décrite en 1964 par McLuhan, la planète ressemble de plus en plus à un village aux relations de voisinage ultra-rapprochées.

« Un changement fondamental est possible »

Bref, cette conspiration doit engendrer une nouvelle société. Par une transformation totale dans les domaines de la santé, de l'éducation, du travail, des systèmes de valeur. Une transformation postulée par l'évolution globale de la société. Une transformation dont on sait maintenant qu'elle est possible de par les capacités impressionnantes du cerveau humain. Une transformation qui est perçue comme une aventure spirituelle, et à ce titre le chrétien y est plus directement intéressé. Aussi,

9. Op. cit., pp. 24-25.

formulerons-nous en dernière partie quelques principes de discernement sur ce qui apparaît par son ampleur, à la fois comme une nouvelle anthropologie, cosmologie et philosophie de la vie : bref, comme un type bien spécifique d'humanisme. Comme une religion aussi, dans la mesure où certains font coïncider le Nouvel Age avec le second avènement du Christ et la naissance d'une nouvelle religion mondiale.

On y entre d'ailleurs par une véritable profession de foi : « Notre *défi* majeur est de créer un consensus autour de cette idée qu'un *changement fondamental* est possible, d'élaborer une vision vibrante et irrésistible, *par une action humaniste constructive* ».

Un défi de cette ampleur est à accueillir avec ouverture d'esprit et de cœur. Mais aussi avec discernement, puisqu'il s'agit d'une option radicale sur le futur et d'une vision bien particulière de l'homme.

Un kaléidoscope de sources multiples

Qui donc est à l'origine de cette intuition ? Qui a le premier perçu qu'un jour une minorité constituerait un ferment suffisant pour faire lever la société tout entière ? Que l'humanité pourrait se régénérer par un nouvel élargissement de la conscience ? Une poignée de précurseurs, explique notre auteur. Les alchimistes, les gnostiques, les kabbalistes. Puis des voix audacieuses et isolées : Maître Eckhart, au XIVe siècle ; Pic de la Mirandole, au XVe ; Jacob Boehme, au XVIIe ; Emmanuel Swedenborg, au XVIIIe ; William Blake, au XIXe. Les découvreurs enfin des religions orientales au XXe. Le Nouvel Age se situe, on le voit, dans la ligne de l'écriture mystique et surtout du discours ésotérique.

Il revendique également pour devanciers immédiats : le psychologue américain William James qui, en 1902, redéfinit la religion en la naturalisant comme une expérience de découverte d'un ordre invisible grâce auquel l'individu parvient à l'harmonie. Le psychanalyste suisse Carl Jung émettant l'hypothèse de l'existence d'un inconscient collectif, sorte de réservoir de connaissances commun à toute l'espèce. Les découvreurs des pouvoirs paranormaux de l'esprit. Teilhard de Chardin enfin, le célèbre jésuite et paléontologue qui, à la veille de la guerre, expose dans *L'Esprit de la terre* et *Le Phénomène humain* l'essentiel de sa thèse. L'esprit aurait progressé par auto-réorganisations successives tout au long de l'évolution, jusqu'à atteindre le point crucial de la découverte de sa propre évolution. Cette nouvelle conscience est appelée à devenir conscience collective, à envelopper la planète et cristalliser en une illumination aux dimensions mêmes de l'espèce, le point Oméga.

Dans la suite de ces précurseurs, certains ont accepté aujourd'hui la tâche ardue et passionnante de conduire l'humanité à un niveau de conscience plus large. Ils sont témoins que « quelque chose se passe dans la structure générale de l'esprit, qu'une autre espèce de vie commence ». Nous n'en sommes pas encore arrivés toutefois à ce point. Pour le présent, nous ne sommes que des enfants de la transition, parce qu'insuffisamment conscients encore des nouvelles potentialités que nous avons dégagées.

Certaines publications ont pu aider à cette prise de conscience dans les dernières décennies. En France, *Le Matin des magiciens*, de Louis Pauwels et Jacques Bergier, en 1960. Ils y parlent déjà d'une « conspiration ouverte » et révèlent l'existence d'un réseau d'individus transformés par leurs découvertes intérieures, qui donnent visage nouveau à la vieille ligne de sagesse ésotérique. Peu après, aux Etats-Unis, Marshall McLuhan dans un best-seller aux répercussions considérables, décrit le monde à venir comme un gros bourg unifié par les techniques de communication et de dissémination ultra-rapide de l'information.

La liste des interventions ayant fait date va du scientifique et romancier Aldous Huxley au sociologue David Riesman et aux psychologues Abraham Marlowe et Carl Rogers. Pour chacun d'eux, il est évident que nous sommes en train de vivre le changement le plus rapide de toute l'évolution de l'espèce humaine.

A leurs yeux, la religion n'échapperait pas à ce saut qualitatif. Car cette révolution est surtout intérieure. Elle a pu se manifester à visage découvert en premier lieu dans les pays connus pour leur tolérance à l'égard des religions et des expériences religieuses nouvelles, comme les U.S.A. Et tout d'abord sur leur côte ouest. Dans le melting-pot californien, les spiritualités orientales et les mouvements de développement de la conscience et du potentiel humain se mixent à l'éventail des traditions mystiques pour former une « religion » au sens où elles permettent de « relier » les individus entre eux en vue de créer une nouvelle conscience individuelle et collective. Car c'est cela que la conspiration du Verseau attend tout d'abord d'une religion.

Bref, le mouvement sans nom aurait atteint maintenant la masse critique. Le nouveau paradigme peut commencer à s'imposer. La pensée humaine est rendue à un seuil d'évolution irréversible. Le Nouvel Age doit naître. Tel est le manifeste des enfants du Verseau.

II. **Changements dans la conscience et dans le cerveau signes de l'entrée dans l'âge nouveau**

Les expériences d'expansion et de transformation de la conscience se multiplient de nos jours. Expériences d'états-limites qualifiées de « transcendantes » ou « transpersonnelles ». Expériences de lumière, d'amour, de communion, d'éveil, d'énergie, d'éternité. Pour les enfants du Verseau, ce serait le signe que l'esprit humain a atteint un nouveau stade de son évolution par un déblocage de potentiel comparable à l'émergence du langage. Ces états seraient même mesurables objectivement par l'observation des changements physiques produits dans le cerveau.

Le processus de transformation personnelle commencerait par l'attention portée au courant même de l'attention : quand on devient conscient de sa propre conscience. Tout ce qui peut conduire à un état mental plus riche et plus attentif présente alors une capacité de transformation potentielle.

Harmoniser le cerveau droit et le cerveau gauche.

La plasticité du cerveau, font remarquer les enfants du Verseau, est en effet étonnante. Mais nous ne pourrons la connaître vraiment qu'en la mettant à l'œuvre. Or nous avons bel et bien la capacité de « muscler » notre attention et d'aiguiser nos sens intérieurs, comme le gymnaste muscle son corps. Car chacun des hémisphères cérébraux peut travailler et se développer indépendamment, comme des centres de conscience séparés. On a observé qu'après sectionnement chirurgical des connections entre les hémisphères sur des épileptiques gravement atteints – pour limiter le mal à un seul côté –, les patients semblaient posséder deux esprits capables de fonctionner séparément, au point que – au sens littéral – leur main gauche ignorait ce que faisait leur main droite.

Pour l'acquisition des connaissances, le cerveau droit est celui du cœur : de l'instinct, de la fantaisie, des rêves, des perceptions holistiques (totalisantes). Le cerveau gauche est celui de la raison : il contrôle le langage, additionne, soustrait, mesure, compartimente, organise. Il est prédominant chez la plupart des occidentaux.

Mais des techniques existent pour « rétablir les ponts » entre les deux cerveaux, et les enrichir l'un par l'autre par ces échanges. La méditation, l'incantation, la poésie, les mantras favoriseraient la synchronisation des deux hémisphères jusqu'à engendrer une augmentation notable de la population des cellules nerveuses impliquées dans ces exercices.

L'harmonisation des deux cerveaux – la réconciliation de la raison et du cœur, de l'intellect et de l'émotion, – créerait même quelque chose de nouveau. Dans la perspective des enfants du Verseau, cette réconciliation serait « le mystère central de toute grande religion ». Et la vogue des spiritualités en provenance de l'Inde serait tout particulièrement apte à offrir à la culture occidentale une possibilité de « rectification et de rafraîchissement du pôle opposé ». Car, tandis que l'Occident se contente de compter et d'identifier les arbres, l'Orient, lui, sait contempler la forêt...

Les occidentaux attirés par les religions orientales se tourneraient finalement moins en fait vers les Védas, le Bouddha ou Lao-Tseu, que vers la méditation en tant que technique d'harmonisation des pensées logique et intuitive.

Notons pour notre part que ce prurit de techniques issues d'Orient devrait être aussi une vigoureuse interpellation lancée à l'Occident pour qu'il retrouve ses propres richesses, ses propres sources, son propre patrimoine mystique dont il se déclare trop souvent déçu avant même de le connaître.

Pour accéder à la transformation de la conscience, la voie de l'expérience intérieure par des techniques appropriées

Comment accéder aux expériences intérieures transformantes qui seraient typiques des enfants du Verseau ? Par des techniques de concentration de la conscience sur la conscience, et plus spécialement sur un objet de pensée tellement étrange, neutre ou monotone, que le cerveau gauche, analytique, n'ait aucun désir de s'en saisir. Ce peut être la respiration – comme dans le yoga. Ou un mot répétitif – un mantra –, un mur blanc ou un roc nu. Ou encore un son dépourvu de signification. Une phrase, ou un problème paradoxal comme dans les koans du bouddhisme zen.

Les psychothérapies « pour changer la conscience » sont des plus variées. Marilyn Ferguson[10], au terme d'une longue enquête en Amérique (les techniques ont depuis lors traversé l'Atlantique), énumère ainsi :

– L'isolement et la surcharge sensorielle : « Une modification importante de l'information perçue produit en effet un changement d'état de conscience ».

– Le *biofeed back* ou contrôle conscient et attentif de processus corporels normalement inconscients, comme la tension musculaire, la température de la peau ou l'activité électrique du cerveau.

10. Op. cit., pp. 53 ss.

— Le *training autogène :* par une série d'autosuggestions où l'on prend conscience de son corps — réchauffement, poids, respiration, détente.

— Les activités de création — comme la peinture, la sculpture, la poterie, la musique, le chant : elles permettent au créateur de se perdre dans sa création et activent l'hémisphère droit du cerveau.

— L'expérience esthétique, y compris la contemplation de la nature, qui produit un « saisissement » ; le psychodrame qui nécessite un investissement total dans le rôle et le jeu.

— L'hypnose et l'auto-hypnose.

— Tous les types de méditation : orientales (zen, raja-yoga, bouddhisme tantrique), « transcendantales », occidentales (spécialement en christianisme). Les techniques chamaniques et magiques exigeant une concentration de l'attention ; la danse des derviches, du vaudou, des animistes.

— Les techniques de modification de la conscience transmises par la voie ésotérique et proposées par les théosophes, les Rose-Croix, les groupes Gurdjieff.

— Les multiples psychothérapies contemporaines : du Cri primal, faisant réapparaître les expériences traumatisantes de la petite enfance, à la *Gestalt* qui initie à la modification des structures mentales et donc de la manière de voir les choses. Le Penser nouveau et toutes les voies de guérison par soi-même, par l'auto-conviction.

— Les disciplines thérapiques du corps — des plus sophistiquées comme le taï-chi-chuan, l'aïkido, le hatha-yoga, les sports martiaux, — aux plus communes commes les activités physiques engendrant le sentiment enivrant d'un plus-être : escalade, athlétisme, voile en solitaire.

— Et enfin l'ensemble des psycho-techniques visant à l'apprentissage de la rencontre interpersonnelle et de la connaissance de soi, dans le sens de la psychologie dynamique. On y apprend à vivre « ici-et-maintenant », à pratiquer le « lâcher-prise ».

Chaque atelier du Nouvel Age propose aujourd'hui l'une ou l'autre de ces techniques d'expansion de la conscience par le développement d'un état naturel d'attention. J'ai eu l'occasion d'en pratiquer un grand nombre en diverses sessions.

Quatre stades de modification de la conscience

Mais certains « échappés de groupe » nomadisent sans arrêt d'une technique à l'autre, de la méditation transcendantale au *rolfing* en passant par le taï-chi, toujours en attente d'un résultat immédiat, comme de bons consommateurs. C'est une erreur car il est essentiel de persévérer longuement dans une voie pour ne pas télescoper les étapes de la transformation intérieure. On distingue couramment quatre stades de modification de la conscience.

— Au point de départ, un *ébranlement* déclencheur du processus : par un livre, un cours, une expérience de drogue. Le LSD a été pour une génération entière un substitut d'expérience mystique. Ce moyen d'accès plus qu'ambigu a en effet laissé entrevoir à certains l'existence d'une *autre* dimension de la vie, et les a mis en route pour le voyage intérieur. Mais plusieurs s'y sont brûlé les ailes avant même de prendre leur vol. La plupart ont confondu en tout cas les expériences paroxystiques avec des expériences mystiques — nous y reviendrons.

— Ceux qui persévèrent ont accès à la seconde étape, *l'exploration engagée :* par la méditation, la discipline du corps, la création artistique. Cette quête est déjà transformante. C'est la recherche où l'on tente de résoudre le mystère...

— « Lors de la troisième étape, *l'intégration,* on habite le mystère. On peut pour cela choisir certains maîtres, certaines méthodes, mais c'est d'abord à son gourou intérieur que l'individu se réfère »[11]. Nous faisons connaissance ici avec un mot-clé du vocabulaire du Nouvel Age. Certains appelleront ce maître intérieur « Christ » ou « Esprit christique ».

— La quatrième étape est celle de *la conspiration :* quand on découvre que la nouvelle manière de voir les choses et de s'ac-

11. Op. cit., p. 70.

complir soi-même est efficace, non seulement dans sa propre vie mais également dans la vie de bien d'autres hommes et femmes dont on est prêt à faire intuitivement la rencontre. « Si l'esprit peut guérir et transformer la personne, pourquoi les esprits ne pourraient-ils pas s'unir pour guérir et transformer la société ? Faisons apparaître cette conspiration ! Nous pouvons changer notre vie de tous les jours en cette danse qui est le but de l'univers ! »

Chacun, dans le Nouvel Age, va ainsi utiliser son propre mode d'exploration et d'altération de la conscience. La méditation est le chemin le plus couru. Mais la recherche est poussée par certains jusqu'aux expériences de voyages hors du corps. Le livre du docteur Moody, *La Vie après la vie,* relatant les expériences étranges de décorporation chez des personnes ayant connu un état de coma avancé, ouvrit un vaste champ d'exploration dans lequel nombre de chercheurs s'engagèrent[12].

Pour accéder à l'éveil du soi, – personnel, collectif et transcendant – : entreprendre le voyage

Le terme de la transformation est décrit comme un *éveil,* – une nouvelle qualité de l'attention, de la conscience –, semblable à celui de qui se réveille après avoir vécu dans les rêves. On évoque le satori du bouddhisme, le samadhi de l'hindouisme. Bouddha n'est-il pas « l'Eveillé », celui qui sait éveiller au réel authentique : « Tout est impermanence, *dukkha » ?* C'est l'expérience d'une nouvelle vie, la découverte du « Tu-es-cela », cœur de l'expérience de l'Inde. Expérience de fusion avec l'Etre universel et primordial, avec la conscience cosmique dont je ne suis qu'une étincelle. Expérience de bonheur plénier, de beauté et d'amour universels.

Ici le chrétien s'interroge : cette expérience est-elle l'expression d'une présence de Dieu à toutes choses ou bien une forme de panthéisme ? Par ailleurs ce vocabulaire est également

12. Voir Jean Vernette, *Réincarnation, Résurrection, Communiquer avec l'au-delà,* Edition Salvator, Mulhouse, 1988.

celui de l'ésotérisme traditionnel et de la gnose : d'où vient cette parenté ? Nous en reparlerons.

La pointe de cette quête sans concession est la connaissance-découverte du *vrai soi.* Car chacun de nous est son propre et unique libérateur.

C'est que, pour transformer le monde, il faut d'abord se transformer soi-même : expérience des déçus de la contre-culture aux USA et des déçus de mai 68, en France. Ce processus de transformation personnelle et sociale commence par la réunification du moi : apprendre à se retrouver soi-même alors qu'on était dispersé et fragmenté. A partir de là, pourra s'inaugurer la découverte d'une relation avec un soi encore plus vaste, « ce continent invisible sur lequel nous bâtissons tous notre maison ». Car le soi personnel n'est qu'un champ à l'intérieur de champs plus vastes. Une conscience sociale nouvelle et différente peut alors émerger. Et au-delà encore du *soi collectif* apparaîtra le Soi transcendant et universel.

Peu importe à la limite que l'on n'atteigne pas le but ultime. L'important est de prendre la route. Le *voyage* – le processus – est déjà la destination. Et l'auteur de citer sainte Catherine de Sienne – « tout chemin menant au ciel est le ciel » –, à côté de Cervantes – « la route est meilleure que l'auberge » – et de Kazantzakis – « Ithaque, c'est le voyage lui-même ».

Dans cette vision holistique, reconnaître l'interaction *du corps* et de l'esprit est capital. Plusieurs méthodes de travail sur le corps comme la bioénergie, le rolfing, la méthode Mézières, partent du principe que le corps reflète tous les conflits psychiques – anciens et actuels –. Et que la remise en état d'un de ces « nœuds » retentit psychosomatiquement sur chacun d'eux et sur l'ensemble du composé humain.

Une transformation qui est libération, mission, communion

Au terme, c'est la conquête de *la liberté intérieure.* – Par non-attachement : en évitant de prendre nos désirs pour des réalités ou de vouloir que les choses soient autrement qu'elles ne sont. On reconnaît ici l'influence de la sagesse bouddhique. –

Par abandon du préjugé scientiste, selon lequel la preuve scientifique serait l'unique mode de compréhension, définitif. Ainsi devient-on libre de changer d'opinion en se fiant davantage à son intuition, fruit préférentiel du cerveau droit. – Par abolition de la peur : peur de l'échec, effacée par la conscience d'être sans cesse en cheminement ; peur de la solitude évacuée par la découverte de multiples complices.

Nombre de conspirateurs du Verseau éprouvent le sentiment d'être ainsi appelés à remplir une *mission :* « Ce fut comme si j'avais été appelé à participer à un plan conçu par quelqu'un à l'intention de l'humanité ». Cet engagement est de type mystique. Edgar Mitchell l'astronaute, au retour de son voyage lunaire, ressentit impérieusement le devoir de s'intéresser aux états-de-conscience pour faire naître une nouvelle conscience planétaire et fraternelle. Il fonda l'Institut des sciences noétiques (de la pensée), confiant à un ami : « C'est un peu comme si j'agissais sur ordre. Quand tout semble perdu, quand mon pied ne rencontre plus que l'abîme, alors quelque chose survient juste à temps pour le soutenir ».

Car dans cette aventure, les enfants du Verseau découvrent qu'ils ne sont pas seuls. Un vaste réseau de soutien étend partout son maillage, au sein duquel on peut aussi bien partager simplement son expérience que faire la fête et communier.

Oui « la vie est transformée ! » Le tableau que fait Marilyn Ferguson de cette transformation, dans la personne devenue radicalement créative, est attachant. « Une appréhension globale, des perceptions fraîches et enfantines, une espièglerie, le goût du risque, l'aptitude à focaliser son attention sans tension, à se perdre dans l'objet de la contemplation », telles sont les caractéristiques du nouvel-homme d'*Aquarius.* « Le soi en transformation est un architecte dessinant son propre environnement. C'est un visionnaire qui imagine d'autres avenirs possibles... Le soi en transformation est le moyen ; la vie en transformation est le message ». On voit se dessiner tout un programme de vie : la proposition exaltante d'une aventure spirituelle unique.

III. **Une aventure spirituelle qui est retour-à-la-source**

La conspiration du Verseau fait-elle entrer dans une expérience mystique ? Elle y conduirait. « Des millions de personnes ont fait, de nos jours, l'expérience d'aspects qui transcendent la réalité. Ils ont intégré ce savoir à leur vie. Faire une expérience mystique, même brève, atteste la justesse de leur recherche spirituelle pour ceux qui s'y sont engagés »[13].

Début d'une aventure spirituelle nouvelle.
Fin des religions organisées.

La quête spirituelle commence en général par une recherche de sens. Mais les enfants du Verseau ne font pas confiance à la religion traditionnelle pour assouvir cette soif : « C'est pourquoi l'on constate que les gens recherchent une religion *personnelle* par une liaison *directe* avec le spirituel. Chaque être humain, dès qu'il atteint le stade de la conscience de soi, découvre que son existence a un sens plus profond que le simple fait d'exister ou de consommer. Et cette expérience s'étend à l'échelle mondiale ».

Aussi, au pays des sondages d'opinion, va-t-on chiffrer rigoureusement ces aspirations. En 1975, note l'auteur, on estime à plus de 40 % le nombre d'adultes américains pensant avoir vécu une expérience mystique : joie, paix, intensité affective, conviction de l'imminence d'un nouveau monde. Déjà, selon un sondage Roper en 1974, 53 % croyaient à la réalité du « facteur psi ». Et pour un Gallup de 1976, 12 % étaient engagés dans une discipline mystique, avec prééminence des religions orientales ou de guérison spirituelle.

Mais cette simple énumération amène à s'interroger : de quel « spirituel » et de quelle « mystique » parle-t-on dans le Nouvel Age ? Nous y reviendrons. — L'auteur répond : « L'expérience spirituelle de l'Amérique contemporaine a peu de rap-

13. Op. cit., p. 269.

ports avec la religion telle que notre culture l'a connue »[14]. Et de citer *L'Homme du Verseau :* « Ce qui monte de partout, c'est une conception spirituelle de l'Eglise directement animée par l'Esprit-Saint et non plus dirigée par une caste sacerdotale, vivant l'Evangile de Jésus qui seul nourrit et unit, et n'obéissant plus aux dogmes qui dessèchent et divisent ». Le constat tombe clair : la spiritualité de l'ère nouvelle sonnera le glas de la religion organisée. A l'appui de ces affirmations sans ambiguïté, la déclaration à la tribune de l'ONU en octobre 1975 d'une « assemblée de dirigeants spirituels » : « Les crises de notre époque mettent les religions du monde en demeure de libérer une nouvelle forme spirituelle qui transcendera toute limite religieuse, culturelle et nationale, pour favoriser une nouvelle conscience de l'unité de la communauté humaine, et la naissance d'une dynamique spirituelle permettant de trouver une solution aux problèmes mondiaux. Nous affirmons la nécessité d'une nouvelle spiritualité dépouillée de toute insularité et orientée vers la naissance d'une conscience planétaire »[15].

L'expérience spirituelle des enfants du Verseau :
une forme de gnose.

A la base de la nouvelle spiritualité mondiale : le contact direct avec le divin. Le grand éveil de la nouvelle ère sera marqué, comme tous les réveils, par « le passage d'une religion médiatisée par les autorités, à une spiritualité fondée sur l'*expérience directe* ». L'auteur est conscient de l'ampleur d'un tel déplacement : « Les tenants du savoir direct, les mystiques, ont toujours été traités plus ou moins d'hérétiques, – mystiques de la chrétienté médiévale, soufis aux frontières de l'islam, kabbalistes du judaïsme. Mais aujourd'hui les hérétiques gagnent du terrain. La doctrine perd de son autorité et le savoir remplace la croyance ». On s'oriente, on le voit, vers une forme de gnose.

Dont acte. Il apparaît clairement que la religion du Nouvel Age se jouera hors-Eglise et sera d'inspiration gnostique.

14. Op cit., p. 272 - 15. Op. cit., p. 273. Cf. p. 274.

Les enfants d'*Aquarius* voient dans l'expérience spirituelle qui la fonde un type particulier de fonctionnement de la conscience, du cerveau, et non un dialogue personnel avec un interlocuteur divin. Référence est faite ici à William James le psychologue :

« Les états mystiques sont pour ceux qui en font l'expérience une forme de savoir, une prise de conscience des profondeurs de la vérité que l'intellect discursif ne peut sonder ».

L'accent est donc mis sur l'acquisition d'un *savoir* nouveau par une expansion de la conscience. Le Nouvel Age est recherche du savoir — en totalité. Herbert Koplonitz, psychologue canadien, appelle ce type de connaissance la « pensée opérationnelle unitaire »[16]. A ses yeux, le taoïsme serait une voie privilégiée d'accès à cette pensée holiste, car il invite à un « éveil » qui est dépassement de nos anciens modes de perception trop limités. Jung de son côté l'appelle perspective *transpersonnelle*, fruit d'une montée du niveau de conscience. La psychologie transpersonnelle est très à l'honneur dans le Nouvel Age. Elle vise à atteindre la réalité essentielle qui se trouve derrière le monde des apparences, en s'alimentant aux disciplines spirituelles les plus diverses.

Dans cette perspective, les états mystiques seraient explicables par le seul fonctionnement du cerveau : à savoir par les corrélations « entre le lobe frontal (régulateur de l'attention) et la région limbique la plus ancienne, entre le cortex et les structures profondes du cerveau ». Et le neurochirurgien Karl Pibram avance : « Peut-être pourrons-nous découvrir finalement les règles capables de nous brancher sur la longueur d'ondes qui nous propulsera dans le domaine qui transcende le temps et l'espace ».

L'accès à la dimension mystique par la modification du cerveau et la drogue

Bref, nous pourrions avoir accès à la dimension mystique en modifiant simplement la biochimie des hémisphères. Les dis-

16. Op. cit., p. 274. Cf. p. 276.

ciplines méditatives et spirituelles — « le bouddhisme zen, le yoga, le mysticisme chrétien, la méditation transcendantale, le soufisme, la kabbale » — sont simplement des techniques pour changer les fonctions du cerveau. Mais on aboutirait à des résultats encore plus rapides et spectaculaires en utilisant les drogues, « voies permanentes d'illumination ». Du coup la religion, « activité principalement soucieuse de symbole, serait transformée en une activité principalement soucieuse d'expérience et d'intuition : un mysticisme au quotidien ». Aldous Huxley, le scientifique, affirme avoir été lui-même, sous l'influence de la mescaline, électrisé par la pleine compréhension de la phrase *« Dieu est amour »*. Et un enfant du Verseau explique : « Après des années de poursuite intellectuelle de la réalité par le cerveau gauche, le LSD m'a appris l'existence de réalités alternatives : soudain toutes les bibles avaient un sens... »

Les psychédéliques seraient en effet des amplificateurs des processus mentaux. Et sous leur action, « l'univers est vu désormais comme un jeu divin et un réseau infini d'aventures de la conscience ».[17].

Dans la même optique, les techniques de la parapsychologie et de l'occultisme accèdent au statut de voies religieuses.

Pour les conspirateurs du Verseau, la conversion est une simple transformation du cerveau ; l'expérience mystique, un élargissement de la conscience ; la prière, une modification des hémisphères ; la vie spirituelle, un processus mental ; et Dieu, une forme d'Energie. Bien qu'ils s'en défendent, on retrouve dans ces perspectives des similitudes intéressantes avec l'ancien positivisme et le scientisme du début du siècle. Nous aurons à y revenir à l'étape du discernement.

Un savoir sans doctrine, un relativisme doctrinal

Dans cette aventure « spirituelle » il n'y a ni certitude de la foi, ni assurance de la vérité d'une révélation. « Le plus grand danger serait que l'étudiant se persuade de la certitude des ré-

17. Op. cit., p. 278.

ponses et en reste là, sans atteindre jamais la nécessaire incertitude ». Pour l'aventurier du Verseau, le « centre radical de l'expérience spirituelle » est « un savoir sans doctrine ».

Il est de fait une assurance de détenir la vérité comme un propriétaire qui bloque tout progrès dans sa découverte. Mais nous sommes ici dans la perspective d'un relativisme doctrinal assez radical : toutes les doctrines se valent, c'est-à-dire équivalemment ne valent rien. A la question : « Quelle idée avez-vous abandonnée à la suite de ce processus transformatif ? », les conspirateurs interrogés répondent : « le christianisme traditionnel », « les dogmes religieux », mais tout aussi bien « l'athéisme », « l'agnosticisme »[18].

Le seul dogme assuré est l'impossibilité pour quelque religion que ce soit d'accéder à une vérité totale et certaine, — a fortiori si elle affirme se fonder sur une Révélation transcendante comme le christianisme —. « Un bon moyen de ne pas s'empêtrer dans une doctrine, explique alors notre auteur, c'est encore d'en connaître plusieurs afin de dégager l'essentiel de chacune. Même des membres de l'Eglise catholique ont admis une telle voie, tel le père Jules Monchanin, le moine bénédictin Henri Le Saux dont la rencontre avec Ramana Maharashi détermina la vocation de vivre comme un sannyasi hindou tout en demeurant fidèle au christianisme ». — On oublie ici de noter que ces deux pionniers du dialogue interreligieux ont aussi refusé fermement tout syncrétisme.

« Tous les rayons convergent vers le même centre »

Plus nuancée serait l'approche de Jean Biés dans *J'ai dialogué avec des chercheurs de vérité*[19], ouvrage typique des intérêts du Nouvel Age. Il montre comment la plupart de ces aventuriers ont fréquenté l'Orient, ou la part orientale des doctrines d'Occident, chacun suivant leur personnalité et leur charisme : non-violence de Gandhi (Lanza del Vasto), hindouisme traditionnel

18. Op. cit., p. 281. Cf. p. 282.
19. Editions Retz, Paris, 1989.

(Jean Herbert), stoïcisme (Louis Pauwels), yoga de la connaissance de soi (Arnaud Desjardins), gnose chrétienne (Emile Gillabert).

Notons que ces personnes font partie des auteurs auxquels se réfèrent couramment les enfants du Verseau en Europe —. Il conclut toutefois : « Tous néanmoins savent de bonne source que les rayons de la roue convergent sur un seul et même centre préexistant, d'où tout procède. Tous sont parvenus aux mêmes conclusions : parce que le monde extérieur n'est que la projection de ce que nous sommes, on ne peut rendre ce monde meilleur qu'en s'améliorant soi-même ; la vraie révolution est d'abord intérieure, d'ordre psychique »[20]. Conversion, oui, mais mentale et non spirituelle.

A ce point de notre parcours, notons encore l'ampleur des questions posées au chrétien. Il se sent en accord profond avec cette recherche qui ne se satisfait pas de réponses toutes faites et se fait accueillante à toute quête spirituelle. Mais il ne peut aussi que s'interroger : — sur certaines ambiguïtés de vocabulaire, — sur la réduction du mystique au mental — sur l'identification du progrès spirituel au seul approfondissement du champ de l'attention, — sur une tendance au syncrétisme négateur de toute révélation transcendante, — sur un relativisme doctrinal pour lequel toute croyance est également vraie dans la mesure où elle correspond à un élargissement de la conscience.

Il perçoit intuitivement qu'il y a dans ces dynamismes enthousiastes à la fois bon grain et ivraie. Un fin travail de discernement est à opérer. L'image que proposent de « Dieu » les enfants d'*Aquarius* peut déjà nous y aider.

Et Dieu ? Conscience cosmique et Esprit universel

« L'expérience de Dieu est un flux, une totalité, le kaléidoscope infini de la vie et de la mort, la cause ultime, le fond des êtres, ce qu'Allan Watts a appelé « le silence duquel proviennent tous les sons ». Dieu est la conscience qui se manifeste sous

20. Op. cit., p. 282.

forme de *Lila*, le jeu de l'univers. Dieu est la matrice organisationnelle indicible, mais qu'on peut connaître par expérience et qui anime la matière ».

Ce texte[21] décrit assez bien la catégorie théologique du panthéisme. C'est aussi une manière occidentale de parler du Brahman hindou. Témoin encore, ce roman du *New Age* où l'on voit un enfant spirituellement précoce, Teddy, faire l'expérience de l'immanence de Dieu un jour qu'il observe sa petite sœur en train de boire son lait : « Soudain je vis qu'elle était Dieu et que le lait était Dieu. C'est-à-dire qu'elle ne faisait que verser Dieu en Dieu ».

Bien sûr ce n'est pas une Personne : « Nous n'avons pas besoin de postuler une intention à cette Cause ultime, ni de nous demander qui a pu causer le big-bang qui est à l'origine de l'univers visible ». Dieu est « la somme de la conscience existant dans l'univers ». Et d'appeler à preuve l'expérience qu'ont fait les *experiencers* ranimés après une mort clinique : la rencontre d'une chaude lumière rayonnant amour et compréhension. C'est une manifestation-type de l'Esprit universel et impersonnel.

L'auteur note : « Après avoir vécu une expérience mystique, on est presque toujours conduit à penser qu'un certain aspect de la conscience est impérissable ». C'est donc que Dieu est la Conscience cosmique. La mort corporelle ne signe pas la fin de la conscience individuelle. Maître Eckhart est ici cité comme référence : « La graine de Dieu est en nous. Les graines de poires deviennent des poiriers, les graines de noix des noyers, et la graine de Dieu devient Dieu lui-même ».

Aussi aux yeux des conspirateurs du Verseau, la convergence des expériences mystiques et des voies spirituelles les plus diverses, en tous points du globe ces dernières années, a une signification obvie : une page de l'histoire humaine est en train de se tourner, marquée par « la prise de conscience par un nombre croissant d'êtres humains de leur potentiel divin »[22].

21. Op. cit., p. 286.
22. Op. cit., p. 287.

IV. **Thérapies alternatives, santé holiste, éducation transpersonnelle, nouvelle conception de la science**

Les réseaux de la conspiration du Verseau étendent leur nouvelle conception des choses et leur échelle de valeurs à tous les domaines où l'on pourra « changer la vie » à l'aube de l'ère nouvelle.

Le champ des thérapies

« Les patients comme les professionnels commencent à se préoccuper, par-delà les symptômes, du contexte de la maladie : le stress, la société, la famille, le régime alimentaire, les cycles biologiques, les émotions. Les médecins qui séparaient le corps et l'esprit essaient désormais de les rassembler. Ils reconnaissent les aspects psychologiques, sociaux et spirituels de la maladie ». Quant à « l'attitude thérapeutique : elle devrait être de se demander : comment puis-je aider ? Nous devrions offrir notre soutien et notre chaleur avant d'ordonner le moindre examen »[23].

L'approche « holiste » traduit donc un comportement qualitativement différent qui respecte l'interaction de la psyché, du corps et de l'environnement, et cherche à résoudre le manque d'harmonie sous-jacente qui est à la source du problème de santé. « Trouver la santé, c'est se trouver ». Au lieu de traiter simplement les symptômes, elle recherche les causes. Au lieu de mettre l'accent sur la spécialisation et l'efficacité, elle se soucie de l'ensemble du patient et met l'accent sur les valeurs humaines. Au lieu de traiter douleurs et maladies comme des réalités purement négatives, elle y voit des informations sur l'existence d'un conflit et d'un manque d'harmonie. Au lieu d'intervenir principalement par la chirurgie et les médicaments, elle cherche l'intervention minimale par une technologie appropriée, à partir d'une panoplie de techniques non-envahissantes : psychothé-

23. Op. cit., p. 179.

rapies, exercices physiques, régimes alimentaires. Le professionnel, au lieu de se situer comme l'autorité-qui-sait et de se cantonner dans une neutralité affective, se situe comme partenaire thérapeutique et s'engage affectivement. Au lieu d'identifier l'effet placebo au pouvoir de suggestion, il reconnaît le rôle essentiel de la psyché dans la maladie et dans sa guérison.

Aussi l'approche holiste accepte-t-elle des systèmes de guérison non classiques : acupuncture et acupressing, yoga et approches alternatives de la naissance, homéopathie et travail sur le corps. Et même les pouvoirs de guérison « psi ».

On saisit clairement ici ce que recouvre le « changement de paradigme » que propose le Nouvel Age. Sur ce point, on ne peut que reconnaître la justesse de la plupart de ses intuitions.

L'éducation transpersonnelle

Il ne s'agit d'abord d'apprendre, mais d'apprendre à apprendre : autre changement notable de perspective. Car nos possibilités cérébrales sont surprenantes. Il s'agit de faire advenir l'étudiant-intérieur qui, en nous, attend de se libérer. Il s'agit de réformer un système éducatif qui a fait preuve à l'évidence de son inadaptation, « qui met davantage l'accent sur le fait d'être " correct " que sur l'importance d'être ouvert ». Car on ne peut construire la nouvelle société sans changer le système d'éducation des plus jeunes.

Il s'agit de développer chez les élèves « la confiance en soi, l'initiative, l'amabilité, la spontanéité, la ressource, le courage, la créativité, la responsabilité, la joie ». Et, bien sûr, de promouvoir un harmonieux développement de *tout* le cerveau en intégrant les fonctions des *deux* hémisphères.

L'ensemble des techniques et concepts employés est dénommé « éducation transpersonnelle », du nom d'une branche de la psychologie essentiellement attentive aux capacités transcendantes des êtres humains. On y encourage l'étudiant « à être éveillé et autonome, à questionner, à explorer tous les coins et recoins de l'expérience consciente, à chercher du sens, à contrôler les frontières et les profondeurs du soi ». C'est l'équivalent, en éducation, de la médecine holiste : une approche de toute la personne.

Dans la mesure où cette éducation intègre *aussi* l'expérience spirituelle et la dimension religieuse, on ne peut que porter un réel intérêt à un changement de paradigme aussi prometteur dans la manière d'enseigner : accent mis sur le fait d'apprendre-à-apprendre plus que sur l'acquisition des seuls contenus, sur la diversité des parcours plus que sur le modèle uniforme et obligatoire, sur la recherche personnelle plus que sur la soumission conformiste aux énoncés, sur l'expérience directe plus que sur le savoir livresque, sur l'éducation permanente plus que sur un cursus limité dans le temps. L'enseignant, dans cette perspective devient « un accoucheur d'idées, un homme de barre, un catalyseur ». Il encourage l'élève à « écouter l'autorité intérieure » au lieu de se soumettre passivement à l'autorité externe. C'est ce que recommande la sagesse orientale : « Si tu vois le Bouddha sur ta route, tue-le ! »

Ce changement de paradigme s'appuie aussi sur une vision particulière du rôle du cerveau : « A mesure que la culture devient plus complexe, que la science englobe davantage de domaines, que les choix sont plus divers, nous avons besoin plus que jamais d'une compréhension par *tout* le cerveau. Le cerveau droit pour innover, sentir, imaginer et prévoir. Le gauche pour tester, analyser, vérifier, construire et soutenir le nouvel ordre. Ensemble ils inventent l'avenir »[24].

Les enfants du Verseau ne veulent pas pour autant rejeter l'héritage du passé mais le transcender. Car « nous avons été les bénéficiaires de notre héritage culturel, et les victimes de notre étroitesse culturelle ». Il s'agit de s'ouvrir à une sagesse collective, nourrie et du passé et du présent. Suivant en cela le proverbe hébreu : « Ne limitez pas vos enfants à ce que vous avez appris, car ils sont nés à une autre époque ». Ou le vieil adage populaire : « Pour lui apprendre à voler, on n'attache pas des ailes à une chenille ! » Le nouveau paradigme est celui de l'envol d'un esprit libéré.

24. Op. cit., p. 226.

« Les découvertes récentes sur la nature saisissante de la réalité constituent un facteur majeur de changement, qui vient saper le sens commun et les vieilles philosophies institutionnalisées »[25]. Car nous découvrons que la Nature n'est pas une force dont il nous faut triompher, mais le moyen même de notre transformation. Les recherches actuelles les plus révolutionnaires portent en effet sur *nous-mêmes* : le cerveau, le corps, le code génétique, la biologie moléculaire, l'élargissement de la conscience, les potentialités de l'imagination, de la perception et de l'intelligence, la psycho-physiologie. On pressent qu'il y a déjà là un notable changement de point de vue. Mais jusqu'ici, avec la spécialisation scientifique à outrance, chaque discipline était devenue une île. Les chercheurs avaient de plus en plus de difficultés à communiquer entre eux. Aussi l'une des tâches premières que se fixe la conspiration d'*Aquarius* est de faciliter les communications entre les domaines scientifiques apparemment les plus hétérogènes. Elle montrera ensuite comment le nouveau point de vue holistique est plus apte que l'ancien à offrir des explications satisfaisantes en maints domaines. Changement de paradigme en particulier que la convergence des voies de la science et de l'intuition jusqu'ici considérées comme séparées sinon divergentes. Le nouvel « homme intérieur », décrit par Marie-Madeleine Davy est « comparable à la fois à l'artiste et au scientifique. Il préfère le sens à l'événement, le mouvement au statique, la recherche à la certitude, l'intelligence de l'ensemble à la diversité des faits »[26].

Ainsi des physiciens sérieux découvrent-ils des analogies étranges entre leurs découvertes et les anciennes descriptions mystiques de la réalité. Et Fritjof Capra écrit *Le Tao de la physique*. Niels Bohr symbolise sa théorie de la complémentarité par un blason où figurent les symboles orientaux du yin et du yang. Dans la même ligne, on rapproche l'aphorisme taoiste : « Le réel est vide et le vide, réel », de la pensée du physicien Paul Dirac :

25. Op. cit., p. 103.

26. In *L'Homme intérieur et ses métamorphoses*, cité par op. cit., p. 111. Cf. pp. 130-131.

« Toute matière est créée à partir de quelque substrat imperceptible, un néant inimaginable et indétectable ; mais c'est d'une forme particulière de néant que toute matière est créée ».

Du psi en physique au psi en parapsychologie

Les conspirateurs du Verseau rapprochent également le facteur inconnu dénommé *psi* en physique quantique, du facteur inconnu du même nom qualifiant les phénomènes paranormaux de clairvoyance, télépathie, précognition, psychokinésie[27]. Ils se réclament d'une lignée de scientifiques éminents qui ont été conduits par leur recherche à s'intéresser à la parapsychologie : les prix Nobel J.J. Thompson, Lord Rayleigh et Charles Richet ; Alexis Carrel, Max Planck, Pierre et Marie Curie, E. Schrödinger, Charles Sherrington, Einstein ; – les psychologues William James, Pierre Janet, Carl Jung ; – en France, les scientifiques contemporains Rémi Chauvin, Olivier Costa de Beauregard. Les conspirateurs croient à l'existence en l'homme du facteur psycho-physiologique « psi » dans la proportion de 82 % à 96 % de la population enquêtée. Ils l'acceptent « comme une extension des pouvoirs créatifs de l'homme et comme preuve de l'unité essentielle de toute la vie »[28].

Un autre univers hors du temps et de l'espace ?

Il y a plus inouï. Suivant une interprétation cosmogonique – la théorie holographique, – notre cerveau construirait mathématiquement lui-même la réalité en interprétant des fréquences provenant d'une dimension qui transcenderait l'espace et le temps. Le cerveau serait un hologramme interprétant un univers holographique. On aurait ainsi la démonstration scientifique de la thèse fondamentale de l'hindouisme selon laquelle toute la réalité est *maya*, illusion.

27. Cf. Jean Vernette, *Occultisme, Magie, Envoûtements*, Salvator, Mulhouse, 1986. *Peut-on prédire l'avenir ?*, Centurion, Paris, 1989.

28. Marilyn Ferguson, op. cit., p. 134.

Dans cette perspective, les phénomènes psi ne seraient que des sous-produits de la matière a-temporelle et a-spatiale. Les cerveaux individuels, parties du grand hologramme, auraient accès dans certaines conditions à l'ensemble du système cybernétique total.

Les conspirateurs du Verseau y voient une théorie mathématique exceptionnellement opératoire « pour établir que le surnaturel fait partie intégrante de la nature »[29]. Notons au passage qu'il y a ici encore confusion de vocabulaire entre « surnaturel » et « immatériel », et passage par analogie d'un ordre du réel à un autre.

Ce serait pourtant un très bel exemple de changement de paradigme : « Le modèle holographique est une théorie globale qui réunit tous les aspects extravagants de la science et de l'esprit. Il pourrait bien être le paradigme sans limite que notre science réclamait ». Il expliquerait par exemple le phénomène actuel du passage à une conscience mondiale, à l'aube de la nouvelle ère : « Des millions d'entre-nous expérimentent les psychotechniques : sont-ils en train de faire naître une société plus cohérente, dont les membres entreront davantage en résonance, propageant leur onde de proche en proche dans le grand hologramme social comme des cristaux amorcés dans une solution ? Peut-être est-ce là le processus mystérieux de l'évolution collective ? »

On fait appel ici à Bergson expliquant comment artistes et mystiques ont accès à *l'élan vital*, à « l'impulsion créatrice fondamentale ». Au mystique soufi Rumi : « Les esprits des hommes perçoivent les causes secondes, mais seuls les prophètes *perçoivent l'action* de la cause première ». A Teilhard de Chardin : la réalité a un « dedans » aussi bien qu'un « dehors ».

Dans ces perspectives, l'expérience mystique serait enfin décodée, maintenant que nous connaissons mieux le fonctionnement du cerveau et l'existence d'une « réalité du troisième ordre » — décrite aussi bien par Henry Corbin que par les ésotéristes. Celle-ci contiendrait quantité de phénomènes actuellement

29. Op. cit., p. 140. Cf. p. 141.

impossibles à appréhender ou à expliquer et qui envahissent pourtant notre quotidien « comme des météores percent la voûte céleste du primitif ».

Le colloque de Cordoue

Le nouveau paradigme scientifique a stimulé l'intérêt de multiples philosophes, artistes et chercheurs. En 1979, s'est tenu à Cordoue un colloque international consacré à cette vaste synthèse : *Science et conscience*. Et *Le Monde* de titrer : « Préoccupés par la parapsychologie, férus de sagesse orientale, enclins à la métaphysique : où vont les physiciens ? » Il est piquant de se rappeler que s'était déjà tenu à Cordoue, vers 1200, un colloque entre un philosophe disciple d'Aristote-le-rationaliste — Averroès — et un des grands maîtres de la pensée mystique en Orient, Ibn Arabi. Or « ces deux hommes, symbolisant chacun l'une des deux lectures de l'univers — l'approche scientifique et l'expérience spirituelle — ne trouvèrent pas de terrain d'entente quant à savoir si la solution trouvée par la réflexion spéculative est identique à ce à quoi conduit l'illumination et l'inspiration divine »[30]. Le nouveau colloque produira-t-il des fruits plus convaincants ?

Une autre manière de raisonner.

Au terme de ce rapide inventaire, on voit apparaître chez les conspirateurs du Verseau une manière autre de raisonner, fondant un autre discours. Ils utilisent alors dans le même énoncé, par extrapolation, des notions qui ne relèvent pas du même ordre de pensée ; et les confondent à l'occasion : le non-matériel et le divin, le spéculatif et le spirituel, l'expérience scientifique et l'expérience mystique. C'est un des traits caractéristiques de la pensée et du vocabulaire du Nouvel Age : l'emploi fréquent de l'analogie et du symbole, parfois du rapprochement de mots et de la pure assonance. Ils sont d'ailleurs rare-

30. Op. cit., p. 144.

ment innocents. Il nous faudra donc, au stade du discernement, les expliciter en serrant de manière plus rigoureuse ce langage pour faire apparaître quel fond exact la forme recouvre.

V. **Au terme, un nouveau monde, comme un village planétaire**

« Il est en notre pouvoir de pacifier notre soi déchiré mais aussi de faire la paix entre nous, et de guérir notre pays natal, la terre entière. Même la Renaissance n'avait annoncé un renouveau aussi radical. Les voyages, la technologie nous relient, nous rendent de plus en plus conscients les uns des autres, ouverts les uns aux autres »[31].

Le sentiment de la communauté mondiale

Un sentiment tout neuf d'appartenir à la communauté mondiale est typique du Nouvel Age. Avec l'exploration du cosmos, notre conception de la terre s'est en effet modifiée. Vue depuis le regard du cosmonaute en sa capsule, qu'il soit russe ou américain, elle apparaît comme un joyau unique dans l'espace, une fragile planète bleue, sans frontières réelles, à la différence de nos planisphères marquetés de taches de couleurs soigneusement délimitées pour chaque nation. Avec l'interpénétration des économies, une mauvaise récolte ou le déclenchement d'un putsch dans un pays lointain a un impact immédiat dans notre vie quotidienne. Le conflit en Israël, les *Versets sataniques* de Salman Rushdie, la perestroïka en URSS ont eu des incidences directes sur la facture de la pompe à essence et le prix des agrumes. L'usage quotidien de bombes aérosols pour laquer nos cheveux provoque une conférence internationale pour remédier à la destruction de la couche d'ozone de l'atmosphère. Car la terre est fragile. Et nous sommes conjointement responsables de l'écosphère.

31. Op. cit., p. 301.

Pour le changement de paradigme : des réseaux planétaires

Nous sommes appelés ici encore à changer de paradigme, en sortant d'une vision du monde étroitement nationale ou raciale. A bannir notre méfiance, notre peur de l'autre, et à entrer dans un nouvel état d'esprit fondé sur la confiance mutuelle pardelà les différences. Car désormais le village planétaire est une réalité, reliés que nous sommes par les satellites, les supersoniques, les multinationales, les organisations et les congrès mondiaux. La conscience écologique enjambe les frontières. Des réseaux se créent. La pionnière du Nouvel Age, Alice Bailey, nous le verrons, avait déjà mis sur pied une organisation planétaire, la Bonne volonté mondiale et les réseaux Triangles, pour faire aboutir ce projet. Elle l'appuyait sur la proposition d'une religion, d'un système d'éducation, d'un gouvernement mondiaux.

« Ces groupes qui s'auto-organisent n'ont presque rien de commun avec les anciennes structures politiques. Ils se recouvrent, forment des coalitions et se soutiennent mutuellement sans que naisse une structure de pouvoir habituel : groupes écologiques, féministes, pacifistes, de défense des droits de l'homme ou de lutte contre la faim dans le monde. Des milliers de centres et de réseaux soutiennent la nouvelle conscience, comme *Nexus* à Stockholm ; des publications, comme *Alterna* au Danemark, *New Humanities* et *New Life* en Grande-Bretagne ; des symposiums sur la conscience : en Finlande, au Brésil, en Amérique du Sud, en Islande, au Chili, au Mexique, en Roumanie, en Italie, au Japon, en URSS »[32].

De telles initiatives transcendent les frontières nationales. « Selon Aurelio Peccei, fondateur du Club de Rome, elles représentent le levain du changement ; des myriades de groupements spontanés d'individus surgissent ici et là comme des anticorps dans un organisme malade ». On serait au seuil d'une « transformation mondiale imminente », avance Marilyn Ferguson. Ayant restauré une Spiritualité-de-la-Terre, de plus en plus d'individus, de groupes et de mouvements spiritualisés créeront le fameux *Réseau de Lumière, — Network of Light* — qui nous permettra d'entrer dans l'ère du Verseau.

32. Marilyn Ferguson, op. cit., pp. 305-306.

« Avec le nouveau paradigme, la guerre devient impensable. Car la nouvelle société rassemble des personnes n'ayant désormais plus peur des idées et cultures étrangères, et bien convaincues que toutes les révolutions commencent par l'intérieur de soi. Témoins le succès des meetings des organisations pacifistes, le processus de réconciliation amorcé en Irlande, le mouvement *« La Paix maintenant »* en Israël, les appels multiples au désarmement planétaire. « Que la paix soit. Que je sois le premier à la faire », proposent des autocollants.

Une fois les individus convaincus du besoin d'un changement, ils sont aptes en effet à trouver rapidement les solutions. Si la faim par exemple persiste encore dans le monde, c'est à cause du vieux paradigme rémanent selon lequel il n'est pas possible de nourrir toute la population mondiale. Ce qui est faux. Et un monde dans lequel la faim aura disparu ne sera pas seulement meilleur mais transformé. Ceux-là même qui prennent part à la transformation seront modifiés par leur seul acte de participation.

La liste des réseaux, associations et publications œuvrant pour la conspiration du Verseau s'étend chaque jour. Rien qu'en langue française, on dénombrait, il y a peu, vingt-cinq périodiques importants, quinze réseaux et une bonne centaine d'ouvrages spécialisés[33]. On en trouve en tous les lieux significatifs du monde occidental. Au premier plan un pays prédestiné à cette vocation pionnière : la Californie, berceau du Nouvel Age.

La Californie, berceau du Nouvel Age

C'est en 1961 que fut fondé à Big Sur, en Californie, l'institut Esalen, point de départ des mouvements de développement du potentiel humain. Aldous Huxley, le savant visionnaire, les encouragea. Alan Watts, Arnold Toynbee, Carl Rogers, Paul Tillich, Carlos Castaneda, J.B. Rhine, Abraham Maslow, tous célèbres dans le monde de la psychologie et des recherches sur la conscience et le cerveau, rejoignent la nouvelle Mecque. C'était

33. Cf. *Co-évolution - Conspiration du Verseau*, B.P. 43, 75661 Paris Cedex 14.

aussi un moment crucial de l'histoire des Etats-Unis, où se nouait dans un foisonnement intense quantité de mouvements de contestation sociale : pour la libération sexuelle et celle de la parole, pour le soutien des minorités opprimées, des noirs, des chicanos, des indiens, ou en faveur de droits civiques — dans la suite de Martin Luther-King. Le mouvement de développement du potentiel humain y trouve un terrain d'expérimentation et une caisse de résonance. Esalen acquiert un rayonnement mondial — comme le feront d'autres centres à un niveau beaucoup plus contestable tel Poona en Inde avec Baghwan Shree Rajneesh. Des Européens viennent puiser à la source californienne. Edgar Morin écrit dans son *Journal de Californie* : « Là, en Californie, mon destin m'a été restitué. Là, en Californie, j'ai reconnu l'utilité de ma recherche et j'ai été relancé vers ma quête essentielle. C'est dans cette terre en transe que j'ai bu au bouche-à-bouche le message renaissant du très vieil évangile : *Love, Peace.* C'est en Californie que j'ai pu enfin retrouver les miens et faire miens les autres »[34].

Le potentiel de changement et de transformation que recèlent les Etats-Unis est déjà insondable. Les *States* se ressentent couramment comme le laboratoire d'expérimentation du monde occidental et industrialisé. Mais dans cette mosaïque d'états, le goût de l'innovation est tout particulièrement le propre de la Californie, pays neuf, jeune et fortuné : n'est-il pas le septième pays le plus riche du monde ? C'est aussi la charnière entre l'Orient et l'Occident, là où débarquent les immigrants traversant le Pacifique et où arrivent les migrants de l'intérieur, poussant toujours plus avant vers le Far-West. C'est là que s'inaugurent tous les changements de paradigme et toutes les modes. On y rencontre davantage de Prix Nobel que dans n'importe quel autre état. Et la plupart des arts y ont implanté leur lieu privilégié de création.

La Californie, c'est un état d'esprit : le rêve californien. Elle représente le mythe du pays idéal, de la facilité de vivre, dont Hollywood est un des parangons. Elle a connu la vague de la

34. Dans la même période les reportages se succèdent rapidement. Cf. par exemple en France : *Californie* (revue « Autrement », Paris, 1981), après E. Morin, *Journal de Californie* (Seuil, Paris, 1970), J. Grapin, *Radioscopie des Etats-Unis* (Calmann-Lévy, Paris, 1980).

drogue, de la révolution sexuelle, du mouvement hippy, de la Révolution de Jésus. D'où une grande force d'attraction même au plan mystique et religieux. Mais comme tout y semble possible, c'est aussi le berceau des sectes les plus aberrantes : les Eglises de Satan, Synanon, l'Armée de libération symbionèse (qui enleva et convertit Patricia Hearst, fille du magnat américain de la presse), la tristement célèbre « Famille » de Manson qui assassina sauvagement l'actrice Sharon Tate et quatre de ses amis.

Le lieu a valeur d'exemple et de symbole. Quand l'homme d'aujourd'hui, sursaturé de *moyens* de vivre (la société de consommation américaine en est typique), cherche des *raisons* de vivre, une faille s'ouvre en lui. S'il a abandonné par ailleurs la foi ancestrale, il peut glisser dans les pires parodies de la religion : ces religions folles que sont devenues certaines sectes.

C'est le lieu de naissance de la Jesus-Revolution, un des *revivals* les plus récents, qui a touché durant quelque temps certaines couches de la jeunesse occidentale.

On comprend pourquoi c'est aussi le terreau où a commencé d'apparaître le thème du Nouvel Age : un millénarisme pour l'an 2 000. Car si quelque chose soude les Californiens, c'est finalement la recherche d'une nouvelle religion qui les re-lie entre eux : une vision qui pourrait peut-être émerger « du méli-mélo de la pensée d'Esalen, du bavardage révolutionnaire et du mysticisme à la Huxley »[35].

Il est normal, conclut Marilyn Ferguson, que la conspiration du Verseau se soit épanouie au sein d'une population que sa richesse relative a conduite à se sentir frustrée par un rêve matérialiste vécu sous sa forme la plus hédoniste et dans un environnement pluraliste sans tradition contraignante, accueillant à toutes les philosophies, à tous les changements et toutes les expériences.

Le rêve américain

Mais la Californie est l'un des Etats-Unis. Pourquoi les Etats-Unis sont-ils eux aussi le lieu privilégié de tant d'innova-

35. Michaël Davy, in Marylin Ferguson, p. 100.

tions de facture quasi-religieuse ? C'est que le rêve américain a toujours eu deux faces. L'une est tournée vers les choses tangibles et le bien-être matériel. L'autre regarde du côté des idéaux, de la vie intérieure, voire du merveilleux. Le rêve originel des pères-fondateurs, au XVIIIe siècle, et leur idéal de liberté et de fraternité spirituelle, devaient déjà beaucoup à ce qu'un grand nombre appartenait à la tradition mystique : Rose-Croix, maçons, hermétistes. Ils voyaient dans leur révolution comme un archétype de l'évolution future de l'humanité.

Les transcendantalistes du XIXe siècle insistèrent par la suite sur la recherche intérieure. Dans la lignée des traditions puritaine et quaker, grecque et orientale, ils soulignaient l'importance de l'autorité intérieure de la conscience. Ils croyaient par ailleurs à la continuité entre l'esprit et la matière, à l'existence d'une « raison transcendantale », sorte de flux universel animant l'homme et l'univers. « Nous nous trouvons dans le giron d'une immense intelligence ». D'où l'importance à leurs yeux de la vie spirituelle. Et tout en œuvrant concrètement pour le droit de vote ou contre la guerre et l'esclavage, ils plaidaient d'abord pour une réforme intérieure précédant la réforme sociale. Les conspirateurs du Verseau ont pris la suite de ce noble dessein.

Deux autres composantes de la mentalité collective des Américains sont également éclairantes. D'abord une sorte d'attente millénariste et mystique. L'Amérique s'est toujours sentie la vocation de diriger le monde vers son unité et sa perfection. Joseph Smith, fondateur du mormonisme au XIXe siècle, révèle que le retour du Christ pour son millénium s'effectuera en Amérique et que la Nouvelle Jérusalem s'édifiera à Salt-Lake City. Au XXe siècle, le Révérend Moon fait chanter *God bless America* et salue dans la nation élue par Dieu le porte-drapeau de la civilisation occidentale en sa lutte contre le communisme. La même conviction que les USA ont un rôle prophétique et messianique à jouer dans l'histoire du monde, anime certains penseurs du *New Age*.

Deuxième source : la composante religieuse, spécifique de l'*American way of life*. « L'Amérique, écrit Jean-François Revel, est un pays où il n'y a jamais eu de religion d'état, officiellement ou officieusement. Les esprits forts de l'Europe qui se moquent de la religiosité diffuse américaine, de la Bible dans les chambres d'hôtels, de l'inscription *In God we trust* sur les billets de banque, feraient bien de réfléchir aux conséquences de ce fait culturel très important d'un immense pays où jamais une Eglise quelle qu'elle soit n'a dominé avec force de loi ou même de facto la vie morale, intellectuelle, artistique, politique »[36]. La religiosité du Nouvel Age y trouve un autre terreau de choix.

Elle va se répandre avec d'autant plus de facilité que les Etats-Unis sont dotés d'un système de communication comparable à un système nerveux ultra-ramifié : réseaux de TV, quotidiens, radios, multiples petits éditeurs, innombrables micro-revues. Les autocollants et les tee-shirts servent à l'occasion de support au transfert de l'information. Comme le disait Marshall McLuhan : « Les réseaux électroniques sont en train d'orientaliser l'Occident. Le circonscrit, le distingué, le séparé, – notre legs occidental – est remplacé par le circulant, l'unifié, le fusionné ». Le phénomène associatif est courant dans ce pays de la réussite individuelle où souvent l'homme est seul et prend peur devant l'immensité de l'aventure. D'où la multiplicité des petits groupes, des réseaux, y compris des associations religieuses non conformistes. Les idées du Nouvel Age s'y répandent de manière ultra-fluide.

Et comme l'on sait que les modes et pensées nées aux USA traversent inévitablement l'Atlantique pour s'implanter quelque temps après en Europe, on ne s'étonne pas de les voir envahir successivement les pays anglophones, germanophones et finalement francophones du vieux continent.

36. *Ni Marx ni Jésus*, 1969, in op. cit., p. 97.

CHAPITRE II

Origines et devanciers du Nouvel Age

Quel fil conducteur relie entre eux les conspirateurs de l'ère du Verseau, les tenants d'un Nouvel Age du monde, les chercheurs spirituels en quête de voies nouvelles, en cette période de crise des religions et des sociétés, les explorateurs des zones peu connues de la conscience, les initiateurs des mouvements de développement du potentiel humain, les zélateurs des futures religions mondiales, les pionniers des nouvelles formes de thérapies, d'éducation et de gouvernement, à l'approche du troisième millénaire ? Le champ des nouveautés est immense. Même en se gardant des syncrétismes faciles et des pots-pourris réducteurs, on ne peut manquer alors d'être frappé par un certain air de parenté dans les approches, le vocabulaire et les thèmes doctrinaux.

Cette mosaïque de courants qui composent le *New Age* se présente comme un moyen de dépasser la présente crise de civilisation, comme une solution de rechange à l'impasse dans laquelle nous nous trouvons collectivement enfermés. Ce mythe renouvelé de l'âge d'or antique est mobilisateur de l'imaginaire. Il a de quoi galvaniser les chercheurs d'absolu en quête de plus-être et de vérité. Mais on décèle parfois aussi dans cette noble utopie les accents prométhéens d'une volonté de se rendre maître absolu de l'avenir, de l'homme et du monde, qui n'est pas sans rappeler les visées de l'*ésotéro-occultisme*. Tel serait le fil conducteur.

Ce courant de pensée est une constante de l'Histoire, mais il a connu un renouveau particulier au siècle dernier. Aussi la « douce conspiration » a-t-elle des parentés, connues ou non de ses membres, avec le spiritisme d'Allan Kardec (1804-1869) – recyclé en channelling dans le vocabulaire du Nouvel Age –. Avec la théosophie d'H.P. Blavatsky (1831-1891) et l'entrée des religions et philosophies orientales dans l'ésotérisme occidental. Avec les « réseaux » d'Alice A. Bailey (1880-1949), disciple dissidente de la théosophie, – qui mettra la première en valeur le thème du retour du Christ au Nouvel Age. Avec Paul Le Cour enfin (1871-1954) qui saluait déjà en 1937 la future ère du Verseau comme signe annonciateur d'un renouvellement cosmique et spirituel.

Avant de faire plus particulièrement connaissance avec ces deux derniers précurseurs, nous allons présenter l'ensemble des courants, écoles de pensée et voies de réalisation psycho-spirituelle des dix dernières décennies qui constituent le fonds commun de doctrines et pratiques couramment reçues dans le Nouvel Age. Ils relèvent de ce que l'on appelle globalement la tradition *parallèle* : un bloc de croyances et convictions qui s'est maintenu au long des siècles *parallèlement* à l'enseignement officiel de l'Université et des Eglises.

I. Sources et fonds commun des courants du Verseau

Sous le nom de « précurseurs de l'ère du Verseau », M.F. James[37] met à jour son enracinement dans les courants ésotéro-

37. *Les Précurseurs de l'ère du Verseau*, Editions Paulines, Montréal, 1985. Cf. pp. 5 à 7.

occultistes nés depuis le milieu du XIXe siècle. Elle les regroupe autour des trois piliers de l'édifice moderne du monde parallèle : le spiritisme d'Allan Kardec, l'occultisme d'Eliphas Lévi et le théosophisme d'Héléna Petrovna Blavatsky, « tous trois caractérisés par ailleurs par l'importance centrale qu'ils accordent à tout ce qui est reçu et produit par l'intermédiaire de l'énigmatique *fluide* désigné depuis comme le *facteur psi* ».

Elle situe également dans ce sillage la synthèse bien personnelle du docteur Gérard Encausse, dit Papus (1865-1916), maître d'œuvre du renouveau occultiste au début du siècle. Il sut utiliser des procédés de diffusion repris encore aujourd'hui par les nouveaux maîtres et leaders : « Création d'ordres initiatiques, constitution d'Eglises ou de chapelles parallèles, mise sur pied de programmes d'études hermétiques, organisation de congrès et de symposiums, ouverture de librairies et lancement de revues spécialisées, extension du groupement au moyen de l'établissement de filiales régionales et même étrangères ». Les « réseaux » du Nouvel Age s'étendent par des procédés voisins.

Il convient aussi de situer dans le prolongement de la trilogie des précurseurs un certain nombre de mouvements initiatiques se réclamant de la Rose-Croix du passé, tels l'ordre rosicrucien AMORC fondé par H. Spencer Lewis (1883-1939) ou la Fraternité rosicrucienne de Max Heindel (1865-1919).

On fera par ailleurs une place à part à un élève dissident de l'Ecole des sciences hermétiques de Papus. René Guénon (1886-1951), qui codifiera l'ésotérisme traditionnel dans une perspective de haute métaphysique proche de l'Orient. On se doit de le citer comme pôle de référence, même si son jugement, déjà sévère pour le spiritisme et le théosophisme, ne saurait manquer de l'être encore davantage aujourd'hui à l'égard de certaines recherches bien légères se réclamant avec quelque abus du Nouvel Age.

Nous allons donc faire brièvement connaissance avec l'ensemble de ces courants devanciers, avant de donner la parole à ceux qui ont les premiers formalisé les thèmes de l'ère du Verseau : Paul Le Cour, Héléna P. Blavatsky, Alice A. Bailey.

Le spiritisme d'Allan Kardec (1804-1869)

Vers 1847-48, aux Etats-Unis, dans une ferme « hantée » de Hydesville en l'état de New York, deux jeunes filles, M. et K. Fox, communiquent avec les esprits. Et cela semble marcher ! Tel sera le lieu de naissance du spiritisme moderne. Il connaît un succès si immédiat qu'à peine six ans plus tard, on comptait déjà aux Etats-Unis 10 000 médiums, trois millions d'adeptes, et une vingtaine de revues spécialisées. Comme une nouvelle religion, la foi spirite se répand par le biais de missionnaires enthousiastes, traverse l'Atlantique et trouve dans un pédagogue lyonnais, Hippolyte-Léon Rivail (1804-1869) son théoricien. Il prend le nom d'Allan Kardec – celui d'une précédente existence chez les druides, précise-t-il, – et rédige un traité de base (1857) dont le titre est tout un programme : « Le Livre des esprits contenant les principes de la doctrine spirite sur l'immortalité de l'âme, la nature des esprits et leur rapport avec les hommes, les lois morales, la vie présente, la vie future et l'avenir de l'humanité, selon l'enseignement donné par les esprits supérieurs, à l'aide de différents médiums, recueillis et mis en ordre par Allan Kardec ». Les esprits lui ont promis en effet, par le canal d'un médium, Mlle Japhet, de le guider pour réaliser une œuvre de taille : fonder une nouvelle religion qui représenterait l'état extrême d'évolution des religions antérieures et serait le couronnement du christianisme.

Dans son *Evangile selon le spiritisme*, il déclare par la bouche de l'Esprit de Vérité : « Les temps sont arrivés où toutes choses doivent être rétablies dans leur sens véritable, pour dissiper les ténèbres ». Et de réinterpréter les messages de l'Evangile à la lumière de la nouvelle religion présentée comme « la troisième Révélation de la Loi de Dieu à la suite de celle de Moïse et de Jésus ». – Ce dernier était un « Esprit d'élite », un médium thaumaturge et voyant ; mais rien de plus. –

Sa doctrine obtient un succès considérable. La Société théosophique en découlera. Et on la retrouvera en partie dans le *channelling* du Nouvel Age. La tombe du précurseur demeure l'objet d'un véritable culte au cimetière du Père-Lachaise à Paris.

L'occultisme d'Eliphas Lévi (1810-1875)

Il s'appelait Alphonse-Louis Constant. Ordonné diacre en 1835, il abandonne les ordres un an plus tard et connaît alors une vie quelque peu marginale. Un temps pamphlétaire socialisant, il se consacre ensuite à l'étude de la magie et se plonge dans la lecture des grands de l'ésotérisme : Emmanuel Swedenborg (1688-1772), Jacob Böhme (1575-1624), Louis-Claude de Saint-Martin (1743-1803), Fabre d'Olivet (1768-1825). Il est initié à la Rose-Croix et à la franc-maçonnerie.

Sous le pseudonyme hébraïsé d'Eliphas Lévi, il s'essaie à « désocculter l'occulte » en le rendant proche du grand public, en particulier dans les deux tomes de *Dogme et rituel de la haute magie* (1855-1856). Il y montre « la rigueur et la cohérence de la pensée magique qui ne laisse rien au hasard et à l'arbitraire, et demeure toujours signifiante et objective. Cette haute magie – dénommée aussi kabbale – est une méthode ou interprétation inspirée des rapports cachés qu'entretiennent l'esprit et la matière, l'homme et la nature, le visible et l'invisible, et qui repose sur le principe des analogies complémentaires et des correspondances (numérologiques, phonétiques)... Le principe de base du dogme est tiré de la Table d'Emeraude attribuée au mythique Hermès Trismègiste qui pose que « ce qui est en bas est comme ce qui est en haut, et ce qui est en haut est comme ce qui est en bas, pour que s'accomplisse le miracle d'une seule chose »[38]. On retrouve ici à la fois le fonds commun de l'ésotérisme et de la gnose. Cette vision des choses est globalement celle de bien des enfants du Verseau. Jusques et y compris dans les perspectives thérapeutiques : pour Eliphas Lévi en effet, les maladies du corps viennent de l'esprit, et la guérison est le fruit d'une transformation du moi et de la psyché.

Dans *La Clé des grands mystères*, il donne en particulier son explication de l'« astral », cette dimension du réel qui serait aussi une substance comme une lumière, un fluide et une vibration perpétuelle. Elle forme le corps astral de l'homme. C'est la mémoire de l'humanité : « Miroir commun de toutes les pensées et

38. M.F. James, op. cit., pp. 30-31.

de toutes les formes, elle garde les images de tout ce qui a été, les reflets des mondes passés et, par analogie, les ébauches du monde à venir. C'est l'instrument de la thaumaturgie et de la divination ». Cette notion fait partie du fonds commun du Nouvel Age, comme élément explicatif de la voyance, des « pouvoirs », de la décorporation, de la lecture des existences passées.

Le « Maître d'œuvre du renouveau ésotéro-occultiste en Occident », Papus (1865-1916)

« Suite à la mise en branle spiritualiste provoquée par le spiritisme et la théosophie et favorisée d'autre part

— au plan du christianisme par l'essor exégétique et le modernisme,

— au plan de la nouvelle science des religions par le rationalisme et l'orientalisme,

— au plan de la philosophie par l'idéalisme et le spiritualisme allemand,

— au plan de la littérature et de l'art par le romantisme et le courant symboliste,

la fin du XIXe siècle est caractérisée par de nombreuses tentatives en vue de repenser le réel dans une perspective jugée plus globale, holiste »[39].

Le docteur Gérard Encausse, dit Papus, sera le fédérateur de cet ensemble de courants qui virent le jour à la fin du siècle dernier et au début de celui-ci.

Successivement évêque de l'Eglise gnostique, fondateur d'un nouvel ordre martiniste — en référence à Martinez de Pasqually (1727-1779), — puis d'un Groupe indépendant d'études ésotériques, il collabore au Congrès spiritualiste et maçonnique de 1908, à Paris, qui visait à fédérer les différentes écoles de pensées : hermétisme, kabbale, spiritisme, théosophie, gnose, pour réagir contre le matérialisme ambiant. On voit que le propos synthétiseur des mouvements du Nouvel Age a des antécédents immédiats. Témoin la déclaration finale du congrès : « Etant le

39. Op. cit., p. 80.

lien invisible qui unit entre elles toutes les religions et toutes les politiques, la franc-maçonnerie universelle est spiritualiste dans son essence : le trait d'union invisible entre les cultes du monde »[40].

De nombreux groupes amalgamant à leur tour les thèmes de l'ésotérisme avec ceux du christianisme sont nés dans cette mouvance, telle l'*Alliance spiritualiste* d'Albert Jounet (1863-1923) ou *Les Amitiés spirituelles* de Paul Sédir (alias Yvon Leloup, 1871-1926). On les retrouvera parfois dans les réseaux du Verseau.

L'ésotérisme traditionnel : René Guénon (1886-1951)

Dernier courant ayant fait sentir son influence sur le Nouvel Age : l'ésotérisme traditionnel de René Guénon (1886-1951).

Disciple de Papus, à l'origine, puis évêque gnostique, comme lui, il rompt avec ses premières allégeances et il est initié à la fois à la maçonnerie dans une obédience spiritualiste symboliste et traditionnelle – la Grande Loge de France –, et au soufisme ésotérique d'Ibn Arabi (1165-1240) tout en continuant à travailler à sa grande œuvre métaphysique fondée sur le védanta hindou. Il collabore quelque temps à une revue catholique, *Regnabit* (1921-1929), et rejoint enfin définitivement l'islam, après avoir pris résidence au Caire en 1930.

René Guénon a codifié l'ésotérisme dans la perspective d'une tradition primordiale qui aurait été révélée à l'origine du monde et transmise depuis lors sans altération par voie d'initiation. Elle représenterait la vérité intégrale, universelle, transcendante, la « métaphysique pure ». Elle est supérieure à toutes les religions, qu'elle intègre dans une synthèse plus haute, à l'image de la lumière blanche intégrant chacune des couleurs du spectre. Mais la religion propre à chaque culture demeure aussi garante de la transmission de la part de tradition liée à son ère culturelle. L'ésotérisme « traditionnel » définit le contenu et le mode de transmission de la Connaissance intégrale.

40. Rapporté in E. Barbier, *Les Infiltrations maçonniques dans l'Eglise*, société Saint-Augustin, DDB, Paris - Lille, 1910, p. 148. Cité par M.F. James, op. cit., p. 88.

Se situant à contre-courant du mythe optimiste du progrès, il fait le procès sévère d'un monde moderne engagé dans un processus destructeur de dégénérescence progressive et de matérialisme croissant. C'est le règne – de la quantité au détriment de la qualité, – du morcellement intellectuel opposé à la connaissance métaphysique unifiante, – de l'utilitarisme, dans une société favorisant la croissance de besoins artificiels, – du nivellement par le bas lié à une idéologie révolutionnaire égalitariste, – d'un humanisme réducteur, né à la Renaissance, qui ne sait plus tenir compte des principes de l'ordre supérieur. Mais, explique-t-il, une telle régression se comprend aisément quand on prend une vue globale de l'Histoire.

Celle-ci obéit en effet à un processus de dégénérescence continue depuis l'âge d'or des origines. Et nous sommes rendus depuis le VIe siècle avant Jésus-Christ à l'âge de fer – l'âge noir du kali yuga oriental. Voici heureusement qu'un autre cycle est proche, porteur de la promesse d'un nouvel âge d'or. Une élite surgit déjà, ferment de l'ère à venir qui sera marquée par un vigoureux redressement spirituel, car elle aura retrouvé la véritable tradition primordiale. On reconnaît ici l'un des thèmes vecteurs du *New Age*.

II. **Paul Le Cour (1871-1954) et l'ère du Verseau**

Le premier à parler de manière fondée de l'*ère du Verrseau* – peu le savent et Marilyn Ferguson elle-même qui fonde son manifeste sur cette notion-pilier semble l'ignorer – fut un ésotériste français, Paul Le Cour (1871-1954). Et ce dès 1930 dans la revue *Atlantis* qu'il fonda et qui donna naissance au mouvement du même nom. En 1937, dans un livre sans cesse réédité, *L'Ere du Verseau* (qui porte en sous-titre : *Le secret du Zodiaque. Le proche avenir de l'humanité*), il décrit les caractéristiques de cette période dans laquelle, dit-il, l'humanité va bientôt entrer après les douleurs de l'enfantement[41].

41. *L'Ere du Verseau*, Dervy Livres, Paris (réédition 1986).

Pour expliciter sa thèse, il se fonde sur la tradition primordiale, en faisant spécialement appel aux lois de la précession des équinoxes et des cycles de l'humanité que l'on retrouve dans presque toutes les civilisations traditionnelles. Jacques d'Arès la présente en ces termes : « Elle constitue la clef essentielle ouvrant la porte de la compréhension réelle du monde dans lequel nous vivons, et de son devenir proche. L'homme vit actuellement les signes avant-coureurs prédits depuis deux millénaires et parfois plus, qui annoncent, après des tribulations souvent douloureuses, une nouvelle Révélation par les forces de la Création, pour une humanité régénérée »[42]. Et de résumer l'œuvre de son Maître en trois points :

1. L'évolution des civilisations telle que nous la connaissons montre qu'elles subissent d'importantes modifications chaque fois que le soleil change de signe zodiacal, en fonction de la loi de précession des équinoxes. C'est-à-dire tous les 2 160 ans environ.

2. La dernière modification enregistrée fut l'apparition du christianisme qui correspond exactement au passage de l'ère du Bélier à l'ère des Poissons.

3. De nombreuses traditions et prophéties annoncent pour le prochain changement, au moment de l'entrée dans l'ère du Verseau, à la fois de profonds bouleversements (que décrit saint Jean dans son Apocalypse), et en suite de ce cataclysme, la venue d'un « grand Roi » (identifiable au retour du Christ annoncé par les textes sacrés). Il signera l'avènement d'un nouvel *âge d'or* symbolisé par le vase de Ganymède.

Du Taureau au Bélier

Antérieurement, explique Paul Le Cour, d'autres religions naquirent sous d'autres signes zodiacaux. En 4320 avant notre ère, le Soleil, à l'équinoxe du printemps, pénétrait dans le signe zodiacal du Taureau. Il y restait jusqu'en l'an 2160. « Or nous trouvons pendant cette période, en Egypte, en Crète, en Chaldée,

42. Op. cit., p. 4 de couverture.

en Assyrie, des religions ayant le taureau pour emblème divin. A cette même époque, se situe le dieu Thor de la mythologie scandinave »[43]. Le dieu de l'Atlantide, continent actuellement disparu, était déjà assimilé au taureau sacré (Cf. Hésiode, *Théogonie*). On l'honorait par des sacrifices de taureaux noirs (Cf. *Iliade*, XX, 403 ; *Odyssée*, III, 5).

Mais en l'an 2160 avant notre ère, le Soleil quitte le site du Taureau dans lequel il se trouvait depuis vingt siècles et pénètre à l'équinoxe du printemps dans celui du Bélier. « Dès lors la religion va se transformer dans son symbolisme et son idéal. A une conception de la souveraineté de la force, qui se manifesta par des actes de barbarie, par les exactions d'une caste souveraine régnant sur des multitudes asservies aux plus durs travaux, va se substituer une nouvelle idée : celle d'un peuple élu vivant sous la protection de son dieu et auquel la justice est réservée. Et l'emblème de ce dieu sera précisément le Bélier qui devient le symbole de la divinité »[44].

De fait, explique notre auteur, aux temps bibliques de l'Exode, lorsque le peuple hébreu quitte l'Egypte, Moïse reçoit sur le Sinaï le commandement de Yahvé : « Vous n'adorerez plus le Veau d'or (le taureau égyptien Apis), vous le remplacerez par le bélier » (Ex 29, 31). Abram avait déjà sacrifié un bélier à la place de son fils Isaac sur le mont Moriah. De même, en Assyrie, la religion du bélier succéda à celle du taureau, des sculptures en font foi. Egalement en Gaule, en Grèce, en Crète, à Rome, en Inde.

Le christianisme et les Poissons

Mais voici que le soleil pénètre, le 21 mars de l'an I de notre ère, dans le signe zodiacal des Poissons. Que se passe-t-il ? La religion va à nouveau se transformer profondément car, poursuit Paul Le Cour, « le démiurge créateur de notre système s'incorpore dans l'organisme d'un être de haute vertu pour prêcher aux hommes pendant trois années une doctrine destinée à

43. Op. cit., p. 97.
44. Op. cit., p. 101.

remplacer les religions alors existantes. Et il se trouve qu'il fût représenté précisément par un poisson, tandis que du mot grec *Ichtus*, poisson, on tirait par anagramme *Iésous Christos Théou Uios Soter*, Jésus-Christ, Fils de Dieu Sauveur »[45].

Les premiers chrétiens dessinent un poisson pour se reconnaître. Les Pères de l'Eglise emploient le mot *Ichtus* pour désigner le Christ. Sur les représentations des repas rituels aux catacombes, on voit souvent un poisson placé sur un plat ou sur un autel.

Le Verseau, signe d'eau et d'abondance

Mais nous approchons de la fin de ce cycle. Car le soleil vers l'an 2160, suivant la datation de notre auteur, va pénétrer dans le signe du Verseau, qui s'étendra jusqu'en 4320. « Comme Virgile annonça l'avènement du Christ-Ichtus[46], il faut envisager maintenant la venue du Christ-Aquarius ».

Astrologiquement, c'est un signe d'eau. On le représente par deux lignes ondulées parallèles. Et sur les cartes célestes, par un jeune homme coiffé d'un bonnet phrygien tenant une urne d'où s'écoule un flot à travers le ciel. Ce jeune homme est le Ganymède de la mythologie grecque. Il est censé symboliser par ce geste le déversement des doctrines ésotériques sur la terre à l'ère aquarienne, la corne d'abondance caractérisant la nouvelle époque : abondance des produits de la terre et de l'industrie.

La description que Paul Le Cour donne de l'âge d'or, – lieu de transformations sociales structurelles dans le sens de la justice, de la communication mutuelle, de l'abolition des frontières, d'une conscience planétaire et d'un gouvernement mondial – a beaucoup d'analogies avec le paradigme du Nouvel Age.

Le second avènement du Christ

Mais, astrologiquement, les signes en opposition ont des rapports complémentaires. Quel sera le signe en opposition aux

45. Op. cit., p. 115.

46. Dans sa 4e églogue, op. cit., pp. 109-113.

Poissons ? Le Lion, symbole de la justice. D'où l'idée que l'ère du Verseau verrait le second avènement du Christ. Les Rose-Croix l'annoncent traditionnellement pour cette époque, en concomitance avec la disparition de l'actuelle Eglise chrétienne : « Le but de l'ordre est de préparer la voie pour la seconde venue du Seigneur »[47]. Et « cette transformation devra commencer par une réforme dans la morale et dans la religion sans se préoccuper de l'Ancien ni du Nouveau Testament ».

L'apôtre Jean serait alors chargé d'instaurer « lors du second avènement du Christ, une nouvelle hiérarchie supérieure au sacerdoce de Pierre et à l'Eglise romaine », avec l'aide des Rose-Croix.

Bref, « il y a interférence entre tout changement d'ère zodiacale et la forme spirituelle des civilisations ». Mais pourquoi la modification qui s'annonce doit-elle être plus radicale, plus « bouleversante » que celle des ères précédentes ?

La théorie des cycles de l'humanité

La théorie des cycles répond à cette interrogation[48]. L'évolution de la vie se manifesterait à travers des rythmes et cycles naturels : cycle jour-nuit, cycles solaire et lunaire, révolution cyclique des planètes, rythme des saisons. L'évolution de l'humanité elle aussi, selon les traditions de diverses civilisations – indiennes, celtes, grecques, égyptiennes, sumériennes, mazdéennes, hindoues, chinoises, – obéirait à la loi des cycles successifs. On parle classiquement de la succession des âges d'or, d'argent, de bronze (ou d'airain) et enfin de fer. Suivant la plupart de ces traditions, nous serions rendus à l'âge de fer qui précède un cataclysme annonciateur d'un retour à un nouvel âge d'or. Le kali yuga hindou, ou âge noir signant la fin de l'âge de fer, serait marqué par la dixième et dernière réincarnation de Vishnu qui s'incarne sur la terre chaque fois que la faiblesse et les erreurs de l'humanité rendent sa présence nécessaire.

47. In *Ordens Wahreiten* (1781). Cf. op. cit., p. 130.

48. Cf. Jean Phaure, *Le Cycle de l'humanité adamique. Introduction à l'étude de la cyclologie traditionnelle et de la fin des temps*, Dervy Livres, Paris. Cité par J. d'Arès, op. cit., pp. 238 ss., spécialement p. 243.

Le cycle durerait 64 800 ans, soit 30 x 2 160 ans, durée d'un signe zodiacal selon la précession des équinoxes. Nous serions à la fin d'un cycle composé de trente ères zodiacales, dont la dernière serait celle des Poissons. On divise en effet chaque cycle en quatre âges, suivant la règle de proportion donnée classiquement par la science traditionnelle des nombres et par Pythagore : 12, 9, 6 et 3. L'âge d'or correspondant au paradis terrestre durera 25 920 ans, l'âge d'argent 19 440, l'âge d'airain 12 960, l'âge de fer 6 480. Et après quoi : ère du Verseau, millénium de bonheur, parousie du Christ, jugement et début d'un nouveau cycle d'humanité.

Des « Instructeurs » préparant le retour christique

Or à mesure que l'on s'éloigne de l'âge de la création, on s'éloigne de son principe : comme on le voit en cette fin de cycle où les hommes nient l'existence du principe divin et sombrent dans le matérialisme. D'où le besoin d'un rappel de son existence, par des messagers – des « instructeurs », dira A. Bailey –. « Comme Moïse, Hermès, Zoroastre, Manou, Ram et les autres instructeurs propres à chaque civilisation n'ont pas été écoutés, il devenait indispensable que Dieu lui-même, à la veille du grand chambardement terrestre, s'incarne pour rappeler les hommes à la raison. D'où le caractère d'universalité du message christique »[49].

D'où aussi l'appel pressant qu'Alice Bailey lancera : il est urgent de faire monter à chaque instant vers le ciel, de toutes les parties de la terre, l'invocation instante pour que vienne au plus tôt le grand instructeur mondial. D'où enfin la multiplication des nouveaux christs pour notre temps.

Et c'est là qu'il faut discerner. L'idée d'un changement apporté par l'entrée dans l'ère du Verseau est en effet parfois récupérée abusivement à des fins bien intéressées. Paul Le Cour lui-même voyait dans certains engouements ambigus l'un des signes du proche retour du Christ : le surgissement de faux pro-

49. Op. cit., p. 196.

phètes annoncé par Jésus (Mt 24). Il se dressait déjà il y a trente ans contre les fondateurs abusifs de *Religions du Verseau*, les rédacteurs incompétents d'*Evangiles du Verseau* « sans rapport avec la question », et les faux christs soi-disant de retour. « Il nous faut discerner les imposteurs suscités par l'esprit du Mal pour entraver le retour de Celui que nous attendons »[50]. Voilà qui juge certains prophètes d'aujourd'hui.

An 2160 ou an 2000 ?

Honnêtement, notre auteur examine une possible objection : le retour du Christ ne serait-il pas avancé, devant « l'abîme d'iniquité et d'injustice dans lequel le monde se trouve plongé » (Cf. Mc 13, 20), ce qui justifierait les prophéties fixant son retour pour l'an 2000 ? C'est vrai, concède-t-il, du fait de l'accélération du déplacement du point vernal sur la sphère céleste, « l'entrée du Soleil, vu de la terre, dans la constellation du Verseau qui devrait coïncider avec le retour du Christ, sera sans doute avancée par rapport à la date traditionnelle de l'an 2160. Mais un simple calcul permet de constater que cette avance ne peut être importante au point qu'on puisse croire, comme certains le font à tort, que nous sommes déjà dans l'ère du Verseau »[51]. Dont acte.

Avènement mondial de l'ésotérisme chrétien et gnostique

Quelle forme revêtira la nouvelle religion du Verseau ? « Elle reprendra sous une autre forme la ligne de conduite qu'elle suivait au début de l'ère des Poissons. Elle possédait alors en effet un enseignement ésotérique pour les âmes susceptibles de le recevoir. Cette religion sera le christianisme hors duquel il n'existe rien de valable ni de véritablement initiatique »[52]. Ce sera donc un ésotérisme chrétien et gnostique centré sur l'évan-

50. Op. cit., p. 196.
51. Op. cit., p. 206.
52. Op. cit., p. 216.

gile de Jean, le véritable évangile du Verseau, lui « qui diffère si profondément des trois autres et renferme des renseignements précis sur Jésus, sur les rapports du Christ avec le Dieu suprême, sur la nature du démiurge qui est à la fois le Verbe, la Lumière et la Vie ». Il renferme « d'ailleurs la doctrine des véritables Rose-Croix chargés de préparer la seconde venue du Christ »[53].

Voici mis en place les concepts et convictions dans lesquels vont comme spontanément couler leur pensée et leur vocabulaire bien des enfants d'*Aquarius*. Alice A. Bailey leur fournira de nouveaux outils conceptuels dans la suite de la Société théosophique : la notion du Nouvel Age, l'approfondissement de l'idée du proche retour du Christ, et des matériaux pour une nouvelle religion mondiale.

III. La Société théosophique et A. Bailey (1880-1949). Le retour du Christ, le Nouvel Age, la nouvelle religion mondiale

Le thème du proche retour du Christ est constitutif de la spiritualité du Nouvel Age, un Christ qui n'est d'ailleurs qu'un Maître parmi d'autres. Certes, tous les courants et mouvements n'affirment pas avec la même intensité ce thème spirituel. Ils insistent surtout sur la transformation personnelle comme facteur de changement social, on l'a vu. Ils expriment une belle aspiration utopique à « changer la vie » par une médecine « différente », une organisation sociale « différente » ou une éducation « différente ». Mais aussi par la recherche d'une religion « différente ». Cette visée s'accompagne d'une nette prise de distance par rapport aux Eglises instituées et d'un esprit syncrétiste bien caractéristique de la nouvelle religiosité. Elle anime alors de nombreux groupes initiatiques visant à favoriser la prise de conscience intérieure, l'harmonie personnelle et planétaire.

La première à avoir énoncé de manière construite le concept de Nouvel Age fut une disciple de la Société théosophique,

53. Op. cit., p. 219.

Alice Ann Bailey (1880-1949). Chose curieuse, là aussi Marilyn Ferguson ne cite ni l'une ni l'autre dans l'index des *Enfants du Verseau*. Or, les emprunts du Nouvel Age à Madame Blavatsky et à Alice Bailey sont multiples. Tous les sympathisants ne sont pas conscients de puiser à ce patrimoine devenu une sorte de bien commun ; aussi certains ne voient pas les options philosophiques et religieuses sous-jacentes à leur adhésion. Mais pour être exactement informé de ce qui est en jeu, il faut reconnaître les paternités de doctrine. Et sur ce point la connaissance de l'œuvre d'Alice Bailey est incontournable.

De l'Ecole Arcane à la Bonne volonté mondiale

Alice A. Bailey, née en Grande-Bretagne, découvre à l'âge de trente ans les enseignements de la Société théosophique qu'elle suit en disciple fidèle jusqu'en 1920. Elle s'en sépare alors pour créer en 1923 une école ésotérique fondée sur la méditation occulte et le développement des pouvoirs spirituels : l'Ecole Arcane. En 1932, c'est la fondation de l'association Bonne volonté mondiale, une activité de Lucis Trust (1922). Elle se donne pour objectifs de « mobiliser l'énergie de bonne volonté de par le monde, éduquer l'opinion publique sur les causes des grands problèmes mondiaux et créer " une forme-pensée " de solution, préparer le retour de l'Instructeur mondial, du Christ ». Elle est organisée en unités de service et groupes de méditation reliés en pensée chaque semaine. Et en réseaux de « Triangles » (1937) : trois personnes s'unissant en prière chaque jour pour hâter sa venue par la récitation de la Grande Invocation. Ce sera la future religion mondiale pour le Nouvel Age.

La production littéraire d'Alice Bailey est de vingt-quatre livres. Mais dix-huit d'entre eux lui auraient été dictés en communication télépathique directe par un maître tibétain : Djwahl Kuhl. Un de ces ouvrages (1948) est intitulé *Le Retour du Christ*.

L'« Instructeur mondial »
et le « Gouvernement spirituel de la planète »

« Nous vivons une période de préparation, non seulement pour une civilisation et une culture nouvelle au sein d'un nouvel ordre mondial, mais également pour la venue d'une nouvelle dispensation spirituelle. L'humanité ne suit pas son cours au hasard. Il existe un plan divin dans le cosmos. A la fin d'une ère, les ressources humaines et les institutions établies semblent inaptes à répondre aux besoins et aux problèmes mondiaux. Lors d'une telle période, la venue d'un Instructeur, d'un Leader spirituel ou Avatar, est attendue et invoquée par les masses humaines dans toutes les parties du monde. De nos jours, le retour de l'Instructeur mondial, le Christ, est attendu par des millions de personnes, non seulement par ceux de foi chrétienne mais aussi par ceux de toutes croyances qui attendent l'Avatar sous d'autres noms : le seigneur Maïtreya, Krishna, le Messie, l'Imam Madhî, le Boddhisatva... L'important, c'est le fait de la transition dans un Nouvel Age[54].

Un tel changement est guidé d'en-haut. Car il existe « un Gouvernement spirituel à l'intérieur de la planète, connu sous différents noms, tels que la Hiérarchie spirituelle, la Société des esprits illuminés, ou le Christ et son Eglise, selon les diverses traditions religieuses ». Aussi, suivant le plan cosmique, « l'Instructeur mondial, le Christ, réapparaîtra à la tête de la Hiérarchie spirituelle pour faire entendre la note-clé de l'ère nouvelle »[55].

Nous développerons bientôt ces enseignements. Mais il nous faut auparavant faire un détour par les devanciers directs d'Alice Bailey. En effet, selon l'enseignement de Djwhal Kuhl, les révélations données par la Hiérarchie spirituelle à A. Bailey, de 1919 à 1939, furent précédées d'une phase préparatoire où elles furent pré-communiquées à H.P. Blavatsky entre 1875 et 1890. Ce détour nous aidera également à mieux comprendre la « théologie » du Nouvel Age.

Distinguons tout d'abord la « théosophie » de la Société théosophique, car on emploie souvent ces expressions de ma-

54. Présentation de *Bonne volonté mondiale*, C.P. 31, 1 rue de Varembé, 3e, CH - 1211 - Genève.
55. Ibid.

nière univoque. Or, le mouvement fondé par Mme Blavatsky a peu à voir avec la tradition théosophique originelle.

La tradition théosophique

Etymologiquement, la théosophie est la « sagesse de Dieu ». Aussi les théosophes sont-ils, jusqu'au XVIe siècle, ceux qui ont « la connaissance des choses divines », à la fois théologiens et philosophes[56]. La théosophie se rapproche de l'ésotérisme en ce sens qu'elle s'attache à des aspects doctrinaux que l'enseignement exotérique des Eglises aurait laissés de côté. Elle cherche à les éclairer à la fois par une réflexion fondée sur une vision analogique du monde (les « correspondances ») et par la médiation de l'illumination intérieure, fruit de la recherche personnelle et de l'initiation. En bon gnostique, le théosophe est assuré d'acquérir la connaissance en même temps qu'il reçoit l'inspiration. Eclairé à l'intérieur par l'Esprit, il accède à la vision du principe de la réalité du monde.

Parmi les plus connus de ceux que l'on qualifie classiquement de théosophes, on trouve les noms d'Origène et Clément d'Alexandrie, d'Ammonius Saccas et Plotin. En Occident, ce sont le Zohar de la Kabbale, Paracelse, Jakob Böhme, Antoine Fabre d'Olivet, Emmanuel Swedenborg, L. Claude de Saint-Martin, Novalis. Et plus récemment, Eliphas Lévi, Vladimir Soloviev, Nicolas Berdiaëff, Rudolf Steiner, René Guénon, Paul Sédir. Nous connaissons déjà plusieurs de ces noms.

La Société théosophique

Mais voici qu'à la fin du siècle dernier, dans les milieux spirites, H.S. Olcott (1832-1907) fait la connaissance de H.P. Bla-

56. Aujourd'hui « on entend essentiellement par théosophie une herméneutique ésotérique (Ta'-Wil, en Iran), c'est-à-dire une interprétation de l'enseignement divin (par exemple du livre révélé) à la fois selon des voies intellectuelles, spéculatives (mais fondées sur un mode de raisonnement essentiellement analogique, l'homme et l'univers étant symboles de Dieu) et selon la révélation d'une illumination intérieure ». A. Faivre, article « Théosophie » in *Encyclopedia Universalis*, p. 1095. Cf. p. 1096.

vatsky (1831-1891) et fonde avec elle aux Etats-Unis une société ésotéro-occultiste qui emprunte la dénomination de « Théosophie ». Son audience est telle que l'on confond couramment aujourd'hui la tradition théosophique authentique avec la société du même nom. Or, dit sévèrement René Guénon, entre « la doctrine de la Société théosophique, ou du moins ce qui lui tient lieu de doctrine, et la théosophie au sens véritable de ce mot, il n'y a absolument aucun lien de filiation même idéal »[57].

La Société naissante s'adonne à l'étude de l'ésotérisme, du spiritisme, des pouvoirs paranormaux, des traditions religieuses égyptiennes, mésopotamiennes, etc. Très vite (en 1878), elle se répand aux Indes, où se trouve encore son centre mondial près de Madras, à Adyar. Le colonel Olcott y enseigne un syncrétisme religieux qui fait une grande place au bouddhisme Téravada. Il passe d'ailleurs à Ceylan où il compose un catéchisme bouddhiste qui a été mis longtemps au rang des livres de référence.

Prenant la suite de Mme Blavatsky, Annie Besant (1847-1933) soutient le mouvement nationaliste indien et parvient à la présidence du Congrès national de 1918.

De Krishnamurti à Rudolf Steiner

Ils développent déjà l'idée messianique de la toute proche apparition de l'Instructeur mondial –, maître spirituel qui unifiera toutes les traditions religieuses ayant préparé sa venue, et fondera la religion mondiale garante du futur ordre mondial, – tous thèmes courants dans le Nouvel Age.

Un dirigeant de la Société, Ch. W. Leadbater (1847-1934) choisit en 1909 un jeune adolescent indien particulièrement doué, J. Krishnamurti (1895-1986) pour prendre la direction de ce grand dessein. Il est intensément préparé à sa future tâche. Accompagné de son jeune frère, il se forme en Angleterre, aux USA. Il est nommé en 1911 chef du nouvel « ordre de l'Etoile d'Orient », pour « préparer la voie à l'avènement de l'Instructeur du monde ». Mais il rejette ce rôle et dissout l'ordre en 1929 :

57. R. Guénon, *Le Théosophisme. Histoire d'une pseudo-religion*, (réédition Paris, 1965, cité par A. Faivre, op. cit., p. 1096).

« Aucune religion, aucune secte ne permet d'atteindre la vérité. Car elle est en chacun » – qui doit mener son propre itinéraire spirituel sans recourir à aucun maître ou guide. Jusqu'à sa mort, il restera fidèle à cet enseignement, qui ne sera pas toujours suivi, sans doute parce que trop exigeant. Nombreux sont les maîtres aujourd'hui qui se présentent comme les futurs instructeurs mondiaux, voire comme le Christ revenu, – nous allons le voir.

Un autre disciple se détachera (en 1913), Rudolf Steiner, qui récuse autant les pratiques spirites et l'antichristianisme de la Société que les tentatives de repérer en Inde une réincarnation du Bouddha ou du Christ. Il fonde à Dornach la Société anthroposophique, directement axée sur l'ésotérisme chrétien par la recherche de la voie christique. On lui doit aussi de nombreuses recherches en matière d'agriculture, de pédagogie, de biologie et de médecine, dont se sont inspirés ou qu'ont retrouvées nombre d'enfants du Verseau.

Après avoir exercé une large influence sur les cercles intellectuels au début du siècle, le mouvement de Mme Blavatsky s'est épuisé et fractionné en de multiples groupes et branches. Mais l'ensemble des enseignements qu'elle synthétise dans l'*Isis dévoilée* (1875) et la *Doctrine secrète* constitue aujourd'hui le fonds dans lequel puisent la majorité des groupes de la nouvelle religiosité.

Un fonds commun pour la nouvelle religiosité du Nouvel Age

De ce bric-à-brac idéologique peu sûr et souvent contradictoire, des thèmes ont émergé, comme une sorte de *credo* non dit mais évident. La réincarnation et le karma. La possibilité d'acquérir par initiation des pouvoirs parapsychiques, et l'existence d'une hiérarchie mystérieuse de maîtres résidant pour la plupart dans l'Himâlaya et appartenant à une Grande Fraternité Blanche. Un vocabulaire commun à base de symboles et clés de l'ésotéro-occultisme. Une doctrine mêlant des éléments de bouddhisme occidentalisé à un antichristianisme qui va parfois jusqu'au refus de toute la tradition judéo-chrétienne et abrahamique. Un syncrétisme appuyé sur des notions de tolérance religieuse et doctrinale qui vise à l'occasion à s'imposer comme *la* religion pour la nouvelle ère.

La vulgarisation de ces concepts par la Société théosophique avait déjà permis la réunion d'un Parlement des religions, lors de l'Exposition universelle de Chicago, en 1893. Cette assemblée offrit aux représentants des religions asiatiques une tribune pour la présentation de leurs croyances, et l'opportunité de prendre pied de manière assurée en Occident. A partir de là, on assistera à la fondation (1895) de la première Société védantique en Occident par Swami Vivekânanda, disciple de Ramakrishna. Le maître zen Soyen Shaku qui participait au Parlement contribua à la propagation de cette voie en Occident par un de ses disciples, Daisetz T. Suzuki. Le terrain était mûr pour la gnose du Nouvel Age.

Une gnose pour le XXe siècle

La théosophie est une gnose-type. Mme Blavatsky l'affirme clairement : « Elle n'est pas une religion, mais la Connaissance ou science divine, la Connaissance possédée par les dieux »[58]. Et cette connaissance est source de salut. Elle est communion avec l'objet connu et fusion avec le divin. Elle portera des noms divers suivant les groupes auxquels elle offre un cadre de savoir : science chrétienne, science spirituelle, science divine, science religieuse, science cosmique, science de l'intelligence créatrice, science du mental, psychosynthèse spirituelle, anthroposophie, astrosophie, connaissance primordiale, tradition. Ces groupes s'appellent l'Ecole Arcane, la Fraternité blanche universelle, les Ordres rosicruciens, Eckankar, l'Eglise de scientologie. Plusieurs se réclament de l'Orient : Subud, Baghwan, le centre Sri Chinmoy, Ananda Marga, Mahikari. Ils composent l'humus des religions du Verseau. Chacun pose d'ailleurs sa candidature pour être reconnu comme la nouvelle religion mondiale, à l'exemple même de la théosophie.

58. In *La Clé de la théosophie*, Editions Adyar, Paris, p. 2 ss., pp. 7-8.

Une revendication universaliste

« Sa visée est en effet de réconcilier toutes les religions en montrant l'identité de leur origine et d'établir une croyance universelle par une morale commune basée sur les vérités éternelles ».

Comme tous les groupes gnostiques, elle revendique un statut particulier dans l'histoire des religions. Ceux-ci en effet « refusent souvent l'appellation de « religion », mais ils se considèrent en fait comme le *cœur* de la religion, mieux comme *la* religion universelle, primordiale et intemporelle dont les religions établies ne sont que des manifestations exotériques plus ou moins dégradées. Sous des apparences d'ouverture et de tolérance, les nouveaux groupes gnostiques présentent une revendication universaliste. Ils se sentent pourvus d'une vérité valable pour tous. Tout en étant réservés aux parfaits, c'est-à-dire à ceux qui dans la présente incantation ont les qualifications nécessaires, ils ont conscience d'être des voies universelles de libération »[59].

La théosophie se réclame aussi d'illustres prédécesseurs et tout d'abord de Jésus. H.P. Blavatsky à la suite d'Ammonius Saccas, voit en lui l'un des restaurateurs émérites de la « grande doctrine de la Sagesse dans son intégrité primitive ». Mais à ses yeux, il n'était que l'une des nombreuses incarnations du Christ cosmique qui en aurait connu bien d'autres à certaines époques privilégiées. Entre autres, celle dans laquelle nous allons entrer, le Nouvel Age qui va le voir s'incarner à nouveau.

De nouveaux christs pour le Nouvel Age

Les idées d'Helena Petrovna Blavatsky ont fait leur chemin. Alice Ann Bailey les a développées. Jésus n'étant qu'un Avatar pour son temps, il est normal à ses yeux que surgissent de nouveaux christs pour les temps que nous vivons. Et, de fait, ils pullulent. Il suffit de feuilleter les catalogues des librairies spécialisées dans l'ésotérisme et l'occultisme.

59. R. Bergeron, *Pour une interprétation théologique des nouvelles religions*, in *Concilium* 181, 1983, p. 142.

Voici, par exemple, Maïtreya, le Christ du Nouvel Age, qui se présente comme le dernier et le plus grand des Avatars. Il est dit dans la Bhagavad Gita : « Chaque fois qu'il y a relâchement dans l'observation de la loi, je me manifeste pour la libération des justes et la destruction des mauvais, pour le ferme rétablissement de la loi ». Depuis la plus haute antiquité, lorsque les civilisations du monde parviennent à un point culminant de crise sociale, culturelle et religieuse, un Avatar apparaît. Les deux derniers furent Bouddha en Orient et le Christ en Occident. Aujourd'hui, le monde est dans un tel chaos que l'attente d'un sauveur est un fait universel. Et de reprendre le texte même d'A. Bailey : « Les Tibétains attendent Chamba. Les Japonais, Mirokou Bosatsou. Les Hindous, le Kali Avatara. Les musulmans, l'Imâm Madhî. Les chrétiens, le Christ. Et les bouddhistes, Maïtreya. Ce grand Etre que la tradition secrète identifie au Christ est celui qui, voilà 2 000 ans, incarna d'une manière exceptionnelle le grand principe de l'amour de Dieu »[60].

Un ésotériste écossais[61], Benjamin Creme (né en 1922) avait annoncé en avril 1982 sa proche arrivée « dans un délai de deux mois ». Il vivrait déjà au milieu de nous dans la communauté asiatique de Londres.

L'organisation Lifewave annonce elle aussi que le messie libérateur de l'humanité est parmi nous. Elle lui donne pour nom Ishvara : « L'être suprême qui prend une forme humaine d'âge en âge pour l'évolution et la protection de l'humanité ». Incarné dans un blanc, il résiderait dans le sud de l'Angleterre où il a commencé à enseigner en 1975.

Gabriele Wittek (née en 1933), de Würzbourg (RFA), « prophétesse de notre temps » se présente comme parole directe de Jésus-Christ, et fonde un nouveau mouvement millénariste, la Vie universelle : « Après la période des grands bouleversements où des tribulations et des catastrophes s'abattent sur la terre, la paix règnera. Avec le passage vers la nouvelle ère,

60. Michel Coquet, *Maïtreya, le Christ du Nouvel Age*, Editions de l'Or du temps, Grenoble, 1984, texte de présentation.

61. Benjamin Creme, *La Réapparition du Christ et des maîtres de la Sagesse*, Editions Partage, Paris, 1984.

l'ère du Verseau, une époque spirituelle est entamée pour nous, qui est conditionnée par une irradiation cosmique renforcée »[62].

En Inde, Saï Baba, sage hindou, né en 1925 à Putta Parthi, près de Bangalore, où se trouve son ashram, et célèbre par ses prodiges, en particulier par la matérialisation de cendres sacrées, se présente comme l'Avatar pour le Nouvel Age.

Je me limite à ces exemples choisis dans l'actualité au moment où je rédige ce livre. Mais ils seront de plus en plus nombreux, les « nouveaux christs », comme en toute période troublée. Or chacun des mouvements qui les présente se réfère explicitement à la fois à la Société théosophique et à Alice Bailey[63]. Ils leur empruntent en particulier l'idée que le Christ (cosmique) avait seulement commencé à travailler à travers Jésus pour inaugurer l'ère des Poissons, et qu'il va maintenant venir lui-même pour préparer l'entrée dans l'ère du Verseau ; et la thèse gnostique et orientale suivant laquelle ces nouveaux christs ne sont pas Dieu mais une manifestation du Divin cosmique. Nous approfondirons ces thèmes lorsque nous traiterons des conceptions religieuses du Nouvel Age.

Une religion mondiale

Alice Bailey a donné également les bases doctrinales de la future religion inaugurée par le grand Instructeur qui proposera le retour du Christ cosmique[64]. Ces vérités à croire concernent :

1. *L'existence de Dieu* : il est à la fois transcendant et immanent. Aussi les Eglises devraient-elles maintenant présenter une synthèse des deux idées, synthèse résumée par la déclaration de Shri Krishna dans la Baghavad Gita : " Ayant imprégné l'univers entier d'une parcelle de moi-même, je demeure... " — Le

62. In *La Bonne nouvelle,* 1984.

63. Pour Benjamin Creme, par exemple, le Christ est « l'Instructeur du monde qui nous guidera dans une ère de partage et de justice pour tous ». Pour Lifewave, Ishvara est le Principe divin « qui prend forme d'âge en âge pour l'évolution et la protection de l'humanité ».

64. Cf. *Le Retour du Christ* et *L'Extériorisation de la hiérarchie* (Editions Lucis Trust, Genève). Les citations qui suivent sont extraites de la brochure *La Nouvelle religion mondiale,* éditée par « Bonne volonté mondiale »,

Dieu de la future religion mondiale sera donc semblable au Brahman hindou

2. *Les rapports entre l'homme et Dieu :* " Vous êtes tous fils de Dieu ", dit l'apôtre Paul (Ga 3, 26). " Nous avons un seul Père, Dieu lui-même ", dit le Christ. Or " tous les instructeurs du monde, tous les Avatars l'ont répété d'âge en âge ".

3. *La vie éternelle et l'immortalité.* « L'esprit en l'homme ne meurt pas. Il vit éternellement, progressant d'étape en étape sur le sentier de l'évolution, développant l'un après l'autre les aspects et les attributs divins. Ce qui implique la reconnaissance des deux grandes lois naturelles : la loi de la réincarnation et la loi de cause et d'effet. Les Eglises d'Occident ont officiellement refusé de reconnaître la loi de la réincarnation et se sont ainsi égarées dans une impasse théologique et une voie sans issue. Les Eglises orientales ont trop insisté sur ces lois, au point que leurs fidèles ont adopté une attitude passive en face de la vie ». Pour sortir de ces deux impasses, un seul chemin : celui que propose la nouvelle religion d'Alice Bailey.

4. *« La continuité de la révélation et les approches divines ».* « Jamais il n'y eut d'époque, de site où l'enseignement et l'aide spirituelle nécessaires à l'homme lui furent refusés. Toujours le Sauveur, l'Avatar ou l'Instructeur du monde, est descendu pour apporter une nouvelle révélation ». Ces aides spirituelles viennent d'« un centre qui a reçu bien des noms : la Hiérarchie spirituelle, le Séjour de la lumière, le Centre des maîtres de la Sagesse, la Grande loge blanche. C'est de là que viennent les messagers de la Sagesse divine, gardiens de la vérité telle qu'elle est dans le Christ, ainsi que ceux dont la tâche est de donner la prochaine révélation et de manifester la divinité ». Or à la veille de l'ère du Verseau, « une nouvelle grande approche de la divinité est devenue possible. Une nouvelle révélation plane sur nous. Depuis quelques années, la Hiérarchie spirituelle de la planète se rapproche de plus en plus de l'humanité ».

Sans cesse revient cette idée comme un leitmotiv : l'immédiateté de la « divine approche ». La nouvelle religion mondiale est messianique.

Oui, le Retour du Christ est tout proche !

Pour accélérer cette venue, Alice Bailey, sur les instructions de Djwhal Kuhl enseigne :

— l'urgence de rejoindre le groupe des Serviteurs du monde, intermédiaires entre la Hiérarchie et l'humanité,

— l'urgence de s'organiser en réseaux pour lancer collectivement vers le ciel une concentration de vibrations positives, la Grande Invocation implorant ce retour : ce seront essentiellement les réseaux Triangles et le mouvement Bonne volonté mondiale.

— l'urgence de diffuser la dite Invocation qui engendrera à son tour « la précipitation d'énergie sur la terre afin d'implanter de nouvelles valeurs dans la conscience humaine ».

Cette prière sera pour la nouvelle religion « ce que le *Notre Père* a été pour la chrétienté. Pas un seul jour ne se passe sans que le Christ lui-même la prononce »[65]. En voici le texte :

« Du point de Lumière dans la pensée de Dieu
Que la Lumière afflue dans la pensée des hommes
Que la Lumière descende sur la terre.

Du point d'Amour dans le Cœur de Dieu
Que l'Amour afflue dans le cœur des hommes
Puisse le Christ revenir sur terre.

Du centre où la volonté de Dieu est connue
Que le dessein guide le faible vouloir des hommes
Le dessein que les maîtres connaissent et servent.

Du centre que nous appelons la race des hommes
Que le plan d'Amour et de Lumière s'épanouisse
Et puisse-t-il sceller la porte de la demeure du mal
Que Lumière, Amour et Puissance restaurent
le plan sur la Terre ».

Cette invocation est souvent récitée dans les fêtes du *New Age*.

Le mouvement Bonne volonté mondiale travaille en ce sens depuis 1937. A l'instar des réseaux de l'âge du Verseau, il

65. *La Grande Invocation*, même éditeur, pp. 7 à 8.

est surtout constitué de groupes fluides et de personnes isolées se sentant reliées par cet esprit, cette manière de voir les choses (ce « paradigme »). « Elle n'est pas une association, mais une manière de vivre, et cela des millions de personnes le vivent chaque jour dans le monde ».

Certains temps forts communs marquent toutefois l'unité spirituelle du mouvement. En particulier la célébration de trois fêtes situées respectivement à la pleine lune de printemps, de mai et de juin. Grâce à elles, promet l'organisation, « une grande unité spirituelle sera réalisée et les effets de la grande approche imminente seront stabilisés par l'invocation unifiée de l'humanité partout sur la planète »[66]. Ce sont les fêtes :

— de Pâques, fête du Christ vivant et ressuscité. « Ce jour-là, on reconnaîtra l'existence de la Hiérarchie ».

— de Wesak, « fête du Bouddha, intermédiaire entre le Centre spirituel suprême Shamballa et la Hiérarchie ».

— la Bonne volonté ou Journée mondiale de l'Invocation : « Tous les ans à cette occasion le Christ prêche le dernier sermon du Bouddha devant la Hiérarchie assemblée ».

Le syncrétisme entre religions d'Orient et d'Occident devient ici étonnant.

Le « Christ » est par ailleurs « l'administration mondiale » du plan révélé par Djwahl Kuhl. Aussi comme chef de la Hiérarchie céleste, vient-il mettre en place les institutions spirituelles de la civilisation planétaire du Nouvel Age. Alice Bailey les décrit longuement en plusieurs ouvrages[67]. Elles doivent contribuer à faire naître une humanité mentalement polarisée. Sous le terme de « nouveau paradigme », nous avons retrouvé les mêmes préoccupations. La filiation est évidente.

66. *Trois fêtes spirituelles*, même éditeur, p. 4.

67. *L'Etat de disciple dans le Nouvel Age*, *Psychologie ésotérique*, *Astrologie ésotérique*, *Guérison ésotérique*, *L'Ame et son mécanisme*, *Les Problèmes de l'humanité*, *L'Education dans le Nouvel Age*, *Traité sur la Magie blanche*, etc.

CHAPITRE III

Quelques expressions typiques du Nouvel Age

I. Le monde des thérapies alternatives et des mouvements de développement du potentiel humain

Le changement de paradigme opéré par le Nouvel Age est particulièrement frappant en matière de thérapies et de techniques de guérison. De plus en plus de groupes et de praticiens se réclament aujourd'hui de l'approche holistique, des médecines douces et des méthodes de développement du potentiel humain. Aussi importe-t-il d'instruire le dossier en discernant en particulier ce qui est en question au plan philosophique et doctrinal. Car les pratiques divergent parfois notablement sur ce point. Ce discernement doit s'opérer avec rigueur, mais aussi avec esprit ouvert et bon sens, pour ne pas glisser dans les excès de certains groupes chrétiens fondamentalistes qui amalgament sous la même qualification de « pratiques sataniques », la radiesthésie, la magnétothérapie, la sophrologie ou la médecine clinique de Rudolf Steiner, voire l'acupuncture ou l'homéopathie. Qu'il n'y ait pas à tout prendre pour argent comptant, soit ! Mais après étude sérieuse et en sachant raison garder, sous peine de ne plus être ensuite crédible sur l'essentiel du discernement.

Soigner, guérir : de quoi s'agit-il ?

Parle-t-on toujours de la même chose quand on parle de « soins » et de « guérisons » — et on en parle souvent dans le Nouvel Age, pour faire advenir le nouvel homme du Verseau ? Pas toujours exactement.

Au niveau le plus simple, la guérison représente le soulagement d'une douleur par une intervention extérieure : celle du thérapeute ou celle d'un médicament. Mais le mode d'intervention peut faire appel à des conceptions de l'homme relevant de philosophies fort différentes. Dans certaines thérapies on attribuera par exemple la guérison d'une maladie organique à une intervention du thérapeute sur le « corps subtil », sorte de double vibratoire du corps physique. Le corps éthérique qui contient, soutient et déborde le corps physique, est perçu comme un véritable organisme composé lui aussi de canaux circulatoires, de plexus — les chakras dans l'anthropologie orientale —. En agissant sur les centres énergétiques des chakras, on pourrait agir sur le corps physique — comme se le proposent les médecines traditionnelles d'Extrême-Orient. Dans cette conception, le travail sur soi opéré par la méditation pourrait lui aussi éveiller les énergies, les rééquilibrer — ou bien les déséquilibrer si l'on n'emploie pas les techniques appropriées. Cette anthropologie, qui fonde en particulier la médecine Ayur védique et la médecine tibétaine, est différente de celle que nous avons héritée d'Aristote et surtout de Descartes pour qui corps et âme seraient deux substances nettement hétérogènes. Dans les thérapies du Nouvel Age, on adopte souvent la première vision. Aussi y entend-on parler d'équilibrage du yin et du yang, d'ouverture des chakras, de couleur des auras. Pour certains, l'homéopathie ou l'acupuncture agiraient par une double action : sur le corps physique et sur les systèmes d'énergie du corps éthérique. On comprend mieux dans cette perspective l'auto-guérison par « action sur son mental » proposée par des mouvements comme le Penser nouveau, les groupes de Joseph Murphy, voire la Science chrétienne. Elle ne relèverait pas de la méthode Coué ou du seul effet-placebo, mais bien d'une action directe sur l'un des systèmes énergétiques du complexe être humain.

Retenons donc que toute thérapie s'enracine dans une vision philosophique particularisée des choses et en particulier de l'homme.

Mais d'autres glissent dans une conception magique de la guérison, perçue comme l'acte par lequel une puissance forte et bénéfique repousserait une puissance maligne et envahissante. On est passé à l'occultisme. La théologie chrétienne y discerne une déformation de la conception religieuse authentique de la guérison en tant qu'action de Dieu délivrant l'homme à la fois de la maladie physique et du mal/péché par la médiation des frères et de la communauté, ainsi qu'on le voit dans des groupes charismatiques guérisseurs en christianisme.

Des sources diverses, une anthropologie commune

Les techniques des médecines douces, alternatives, holistiques, parallèles, caractéristiques de l'ère du Verseau, relèvent de plusieurs héritages. Tout d'abord, des thérapies traditionnelles : alimentation saine (diététique), connaissance des plantes (phytothérapie). De la science anatomique intuitive (des rebouteux), des « dons » transmis par la famille (tel celui d'« arrêter le feu »). Des recettes ancestrales fondées sur l'expérience cumulée de génération en génération (en particulier dans les sociétés restées proches de la nature – en Afrique, dans les tribus indiennes, dans les îles). Parfois des connaissances et pratiques pragmatiques antérieures à l'instauration de la médecine expérimentale par Claude Bernard.

Cette médecine déborde l'héritage occidental et s'intéresse au vaste monde des thérapies d'Orient (dont l'acupuncture est le parangon). Elle s'alimente aussi au monde de l'ésotérique (magnétothérapie, hypnosophrologie, instinctothérapie), et à celui du mystérieux en l'état actuel de nos connaissances (radiesthésie, iridologie, auriculothérapie, astrologie médicale).

Mais chacune de ces thérapies, quelle que soit sa source, rattache l'acte thérapeutique – le diagnostic en particulier – à un système explicatif de l'homme en sa totalité physique, cosmique, sociale et métaphysique. Cela va plus loin que l'approche holistique qui se refuse à couper le client de son environnement global et à le soigner comme « par morceaux », attribuant une importance capitale à la relation personnelle au malade. C'est plutôt une vision proche de l'ésotérisme où l'homme est conçu comme un microcosme résumant en lui-même l'ensemble du cosmos, soumis aux influences de l'astral cosmique. En vertu de la « loi des correspondances », l'anthroposophie invite par exemple à utiliser le gui, plante anormale puisque étant la seule à avoir un cycle de dix-huit mois, pour traiter le cancer, expression d'un fonctionnement anormal de la cellule. Mais aussi, dans la vision de certains, le mal présent s'expliquerait par les existences passées ; la maladie serait le fruit pervers d'une non-observation des lois cosmiques universelles.

Un caractère quasi-religieux

D'où le caractère quasi-religieux (assez vague pour que chacun puisse y trouver sa pâture) de certaines thérapies qui les fait bénéficier du renouveau de crédit du religieux aujourd'hui. Le flou des théories sous-jacentes est typique. L'« énergie » par exemple dont sont dits bénéficier malades et thérapeutes, est un concept assez vague pour qu'on puisse l'employer dans les contextes les plus divers. Les guérisseurs la qualifient de « fluide », sorte d'effluve agissant par imprégnation douce et continue. Ou de « magnétisme » qui se manifesterait par une attirance des vibrations positives, ou une répulsion des vibrations néfastes. Ou encore « d'instinct » qui ferait percevoir intuitivement le mal et le remède à lui apporter. La guérison s'obtiendrait aussi bien par l'action d'un thérapeute possesseur d'un « don » que par la simple prise de conscience de l'énergie présente en nous.

Le théologien doit relever ici certaines caractéristiques qui différencient le « don » du guérisseur, du « charisme » de l'Esprit-Saint, sous un vocabulaire pourtant voisin (*charis* en grec signifie « don »). Le « charisme » au sens théologique n'est ni le fait d'une hérédité, ni le fruit d'un mérite personnel. Il est reçu d'un Autre, de Dieu. Il est grâce accueillie dans la communauté car donnée pour le bien commun — aussi le guérisseur charismatique agissant haut-le-pied est-il toujours quelque peu suspect —. Enfin il a un « sens » spirituel : comme la guérison « miraculeuse », il signifie que le Royaume à venir est déjà là, et que la Bonne nouvelle du salut produit déjà ses fruits. Telle n'est pas la conception du Nouvel Age.

Le dérapage en secte

Il faut noter par ailleurs que certains groupes à activité guérisseuse sont devenus des sectes, telles Mahikari-la-japonaise ou IVI*-la-catholique. Certains guérisseurs rassemblent de même autour d'eux des adeptes et créent leur propre religion : le père Antoine donne naissance à l'antoinisme, le Christ de Montfavet crée l'Eglise universelle. Comment discerner alors l'admirable de l'inacceptable dans les groupes naissants ? A certains critères de bon sens :

1. Le guérisseur utilise-t-il son don pour mettre les personnes en allégeance et aliéner leur liberté de penser ?
2. Prétend-il *tout* guérir ?
3. L'efficacité de ses interventions est-elle globalement positive ?
4. Profite-t-il de son don pour créer une religion nouvelle ? Utilise-t-il indûment la promesse de guérison comme appât publicitaire (ainsi qu'on le voit dans certains groupes pentecôtistes) ?
5. Dans le fonctionnement du groupe : — le leader est-il autocratique ou respectueux des personnes ? — D'où vient l'argent ? Qui en contrôle l'usage ? — Entre les mains de qui réside le pouvoir effectif ? — Quelle marge de liberté intérieure est laissée aux adeptes ?

* *I.V.I. : Invitation à la Vie.*

Ces critères de discernement sont importants car de nombreux groupes de thérapie dans l'esprit du Nouvel Age se sont peu à peu revêtus d'une aura quasi-religieuse.

Les nouveaux groupes de thérapie :
une saveur religieuse

Les clients des groupes de thérapie en attendent globalement la santé du corps et le salut de l'âme. Or une des maladies typiques de nos sociétés est le mal-d'être : on est mal à l'aise dans sa peau ou dans son esprit, dans sa famille ou dans sa profession. D'où la floraison actuelle de multiples groupes proposant une psychothérapie par la voie du corps. Comme ils entretiennent des liens de parenté étroite avec les groupes d'« élargissement de l'espace intérieur », certains prennent alors l'allure de nouvelles religions. On a dénombré aux USA plus d'une centaine de ces organisations spirituelles, ésotériques, thérapeutiques qui veulent conduire aux « états supérieurs de conscience ». Elles ont traversé en grand nombre l'Atlantique à la suite de la Méditation transcendantale, d'Arica ou de la Sophrologie. D'aucunes se sont même organisées officiellement en Eglise, telle la Scientologie devenue Eglise de la nouvelle compréhension.

On les découvre parfois dans le sillage de la psychologie dynamique et des mouvements de développement du potentiel humain. De la Gestalt à la Bioénergie, du Silva mind control au Cri primal, on y mène en effet une recherche de santé intégrale qui inclut le développement spirituel. Dans cette perspective, la maladie n'est pas uniquement corporelle mais aussi spirituelle. La guérison physique est affaire de processus mental et de conscience. Mme Baker Eddy l'enseignait déjà avec la Science chrétienne. Le Penser nouveau, Unity, les centres Joseph Murphy, la Psychosynthèse spirituelle, mettent en valeur la puissance de la pensée créatrice en tout domaine, y compris financier. On y apprend à devenir « christ », c'est-à-dire à réaliser en soi le moi divin, en se fondant dans la conscience cosmique. Des groupes offrant au départ une simple thérapie — comme l'Analyse transactionnelle, Anthropos, le Co-Conseil, la Biodynamique, l'Activation mentale –, peuvent alors susciter chez certains adeptes un type d'adhésion quasi-mystique.

« Je suis frappé par les aspects religieux et magiques du phénomène », écrivait un spécialiste de psychologie sociale bien connu[68]. « On va chez son psychothérapeute comme on allait autrefois à la messe, plus anciennement chez le sorcier du village, et l'on en attend et obtient les mêmes effets : un soulagement temporaire des misères et angoisses quotidiennes et l'identification à des leaders charismatiques ».

Des groupes se constituent autour du gourou devenu l'objet d'un culte. Les techniques et thérapeutiques fonctionnent ici de façon magique, comme des rites d'initiation, spécialement dans les groupes orientaux dont le mouvement néo-Sannyas de Bhagwan a représenté une réalisation-type. Esalen, en Californie, en est l'un des lieux saints.

La psychanalyse elle-même il est vrai, en tant qu'institution (« Eglise... ») n'échappe pas toujours à ces aspects religieux, voire sectaires : culte du leader (le « phénomène Lacan »), fermeture des castes, promesses de salut au terme du processus initiatique lourd de dîmes prélevées religieusement...

Le corps sacralisé

Lieux d'exploration de l'au-delà du corps, les thérapies corporelles sont aussi le lieu d'un recours irrationnel à des mythes protégeant contre l'angoisse et la solitude. A la suite de Wilhem Reich, le corps au même titre que la conscience apparaît dans le Nouvel Age comme un univers à éprouver et comme un terrain d'aventures. Il tend à fonctionner comme une référence absolue. Rebirth, intégration posturale, rolfing, massages de toutes sortes : près de 500 thérapeutes officient en grands prêtres de techniques vécues par un certain nombre d'adeptes comme une sorte de naturalisme primaire et religieux. Les vieux cultes païens d'Apollon, d'Adonis, de Vénus sont tout proches.

68. Max Pagès dans *Le Monde-dimanche*, 30 septembre 1979 : « Une nouvelle religion : la psychothérapie ».

Les explorateurs de l'au-delà du corps rejoignent alors ceux de l'élargissement de la conscience dans la recherche d'une expérience mystique (mythique ?) de l'Inconnaissable. Le yoga fonctionne ainsi en Occident à la fois comme une thérapie, un art de vivre et une religion. Or on dénombre en France 100 000 pratiquants, la seule Ecole française de yoga formant annuellement 400 professeurs.

Tout cela est légitime. Mais certains groupes n'en suscitent pas moins des interrogations que des tenants lucides du Nouvel Age ont eux-mêmes le souci de lancer vigoureusement, tant l'ivraie se mêle au bon grain.

Des questions se posent

Participer à certaines sessions regroupant les adeptes des thérapies new-look et des « nouveaux itinéraires spirituels » est, à ce point de vue, une expérience riche d'enseignement. Moins peut-être par les techniques proposées – de relaxation, de danse sacrée ou de méditation intérieure – que par le décalage étonnant entre les objectifs proposés – « communiquer », « s'ouvrir au réel », « se réaliser » – et l'absence de relations chez nombre de participants entre eux et avec le groupe. Une sorte d'égocentrisme narcissique semble les fermer sur leur seule autoréalisation au point de les rendre inaccessibles à cette communication simple et directe qui naît généralement du travail commun.

On observe le même type de régression – de la richesse d'être à la pauvreté émotionnelle, – dans des groupes centrés pourtant sur la désinhibition intérieure et promettant un merveilleux développement de la créativité : A.A.O., Saint-Erme, Ecoovie. Voire dans des mouvements visant spécifiquement à la libération totale du stress et à l'épanouissement de toute potentialité, comme l'Illumination intérieure ou la Scientologie, parfois la Méditation transcendantale.

Libération ou régression ?

Plus grave : dans certains groupes, en lieu et place de libération du carcan d'une éducation contraignante et des vieux démons, de retour au « sentir » immédiat et à l'expérience première, de libération de l'égo et du mental avec réapparition de « l'enfant-en-toi-qui-ne-demande-qu'à-naître », d'épanouissement des pulsions et du « moi authentique », on assiste à une régression psychique affligeante, le vocabulaire devenant pauvre, uniforme et répétitif. A une perte du sens critique, la référence de base demeurant éternellement celle des attentes et promesses du début : « Tu verras... » A une coupure du monde et des autres, entretenue par le sentiment de faire partie d'une élite.

Dans le monde des sectes-caricatures du Nouvel Age, le récit autobiographique d'une ex-adepte de l'A.A.O. (Secte de l'amour libre) – fait pénétrer dans un monde hallucinant où défilent des jeunes hommes et femmes entrés avec la plénitude de la richesse de leurs aspirations généreuses et transformés peu à peu en zombis au crâne rasé, ensachés dans les mêmes salopettes uniformes et mal-seyantes. Ils poursuivent dans ce paradis infernal leur rêve originel de libération totale, par la pratique pluri-quotidienne de l'amour physique avec le maximum de partenaires et le défoulement ritualisé des séances de thérapies de groupe, la *Selbst Darstellung*, sorte de psychodrame sauvage.

L'engrenage subtil d'une dépendance onéreuse

Dans d'autres groupes, l'une des visées cachées semble être le maintien du client en dépendance de la thérapie, financièrement onéreuse, dans laquelle il s'est engagé. Pour allécher le chaland et l'inciter à entrer dans le parcours du combattant qui est censé lui assurer la pleine maîtrise de soi et de son entourage, la Scientologie propose un test gratuit de personnalité (deux cents questions). Les résultats en sont systématiquement fort inquiétants : profil psychologique bas et grande fragilité réclamant d'urgence une intervention efficace. L'« audition » proposée semble alors tomber tout à fait à propos pour assurer un tel redressement de la barre. Mais s'engager dans ce processus, après les premières étapes assez gratifiantes, n'est pas inoffensif. Il en coûtera en tout état de cause quelques quarante millions de centimes pour devenir « clair » au terme de deux cents heures environ d'audition. Et le parcours ne sera pas terminé pour autant, car un état de dépendance et un besoin d'« aller plus loin » ont été souvent créés chez le client. Or la liberté à l'égard du praticien ou du groupe est un test de validité de toute thérapie.

Dans d'autres mouvements de développement du potentiel humain plutôt suspects, le leader, pour assurer la prise en main de la personnalité du disciple, l'invite à nier prématurément son ego (le moi paralysant). Prématurément, car si la libération de l'ego est bien au terme du processus de formation, celui-ci représente une réalité passagèrement nécessaire pour la structuration de la personne. Mais le maître profite de cette négation prématurée pour occuper la place rendue libre. Et au nom de la négation de l'égo, aucune remise en cause de l'enseignement du gourou ou du fonctionnement du groupe ne sera acceptée : « C'est encore ton mental qui se rebelle ! » Le mental est ainsi réduit au silence, interdisant le fonctionnement du jugement critique. C'est un viol psychique.

Les techniques proposées pour cette libération sont d'ailleurs d'un maniement délicat exigeant une compétence et une vigilance que l'on ne trouve pas toujours chez des praticiens occasionnels, quelle que soit leur sincérité. En thérapie corporelle, par exemple, le travail-sur-soi mené à partir d'une action sur le corps – par la danse, les postures, la relaxation, le jeûne, le végétarisme, la continence sexuelle – fait surgir des sensations nouvelles et apparaître des réalités inexplorées. D'où d'ailleurs l'intérêt du sujet pour une exploration aussi prometteuse dès le début. Mais bien des groupes se révèlent alors incapables de maîtriser ces processus dont ils ignorent certains aspects dangereux.

On sait, à l'extrême de la caricature, comment le zen macrobiotique, par exemple, fait entrer inconsidérément ses adeptes dans un processus d'alimentation-réduite de plus en plus carencée, mortelle à terme, comme il advint au fils de Roger Ikor. Ecoovie invite à ne pas se laver et à laisser se développer eczéma et boutons comme signes de purification. Et quand l'organisme détérioré se rebelle, l'adepte floué s'accroche souvent davantage encore au groupe dans l'espoir d'obtenir enfin la réalisation des promesses initiales pour lesquelles il a déjà payé si cher : devenir un être totalement libéré et réalisé.

Avant de s'inscrire pour une session – de réalisation de soi, de thérapie naturelle, de développement du potentiel humain – se réclamant du Nouvel Age, il est donc bon de s'informer soigneusement. Diverses approches thérapeutiques dans cette ligne ont fait leurs preuves, nous allons en parler. Mais elles se situent dans un certain esprit et respectent une certaine déontologie. Un rapide parcours au pays des nouvelles thérapies va nous permettre de dégager quelques principes de discernement.

Petite histoire des nouvelles thérapies

Et si ce que l'on appelle maladie était d'abord et essentiellement un ralentissement du développement de la personne ? En aidant quelqu'un à devenir davantage responsable de son devenir et à prendre en charge sa croissance, on lui permettrait d'être l'agent de sa propre guérison. Ce noble dessein est celui des courants de la psychologie humaniste. Elle est animée d'un profond respect de la personne humaine, de sa liberté, et soucieuse avant tout de prendre l'homme dans sa globalité. Pour ce faire, le thérapeute est invité à offrir un long temps d'écoute et une relation humaine de qualité, à prendre au sérieux l'intégralité de la dimension intérieure de la personne.

Freud le premier, à la fin du siècle dernier, avait montré l'importance pour la guérison, de la communication verbale avec le malade. Sa psychothérapie consistait à aider le patient à ramener à la conscience ses souvenirs inconscients et à revivre ici-et-maintenant l'émotion accompagnant l'événement traumatisant du passé.

Wilhelm Reich, son disciple, découvre en 1936 que cette émotion, ce blocage ont pu s'inscrire directement dans le corps sous forme de raideurs musculaires. Dans cette hypothèse, l'approche du corps et de ses blocages pourrait ouvrir, au même titre que le rêve ou l'association libre, un accès direct à l'inconscient.

Pourquoi ne pas tenter alors de libérer l'esprit de ses inhibitions par une approche thérapeutique du corps ? C'est ce que tentera Alexander Lowen. Dans cette perspective vont naître une foule de nouvelles thérapies fondées sur l'inter-relation du corps, de la psyché et particulièrement de la vie émotionnelle. Elles se veulent holistiques, prenant l'homme comme un tout en développement, et capable-de-devenir : nous sommes au cœur du paradigme du Nouvel Age. – Elles se développent à grande allure car elles rejoignent ce rêve que nous connaissons bien maintenant, des fils de la contre-culture en Amérique et de mai 68 en France : changer la société par le biais du changement personnel. Or ce changement apparaît possible grâce à de nouvelles techniques de travail sur soi. Le choix ne manque pas. Elles foisonnent sur le marché, apparaissant comme particulièrement adaptées pour traiter les nouvelles maladies du monde occidental : le stress, la dépression, l'énervement.

Des techniques pour mieux se connaître et mieux vivre, pour guérir et grandir.

Analyse transactionnelle. Créée en 1954 par le psychiatre américain Eric Berne (1910-1970), elle est basée sur une conception particulière de la relation et de la communication. L'enfant a un grand appétit de contact physique avec sa mère. L'adulte a un grand besoin de la satisfaction affective d'une reconnaissance par autrui. L'Analyse transactionnelle consiste à analyser la manière dont le client situe sa communication à autrui, et à quel niveau de son moi elle s'établit. Ainsi seront diagnostiquées les origines des difficultés de relation et des conflits.

Bioénergie. Née vers 1950 d'un médecin américain, Alexander Lowen, qui avait suivi une analyse avec Wilhelm Reich. Il reprend l'orientation thérapeutique de celui-ci – travail sur les tensions, sur les zones de contractions, sur la respiration. Il développe la « lecture du corps » – de son allure générale, de ses divers « segments », de la « cuirasse musculaire », – et certaines techniques thérapeutiques comme les « positions de stress ».

Thérapie reichienne. Née de Wilhelm Reich, disciple dissident de Freud. Il fait l'hypothèse d'un fonctionnement unitaire de l'organisme – des sentiments les plus élevés de la psyché aux réactions les plus biologiques –, autour du rythme tension/relaxation. L'orgasme serait le prototype de ce fonctionnement. Tel trouble psychosomatique serait dû à une perturbation de la fonction orgastique. Aussi prône-t-il la « révolution sexuelle ».

Les mécanismes de refoulement et de défense liés à ces perturbations névrotiques se manifesteraient dans le psychisme par des troubles caractériels, la *cuirasse caractérielle* ; et dans le corps par des contractions et rigidités, la *cuirasse musculaire.* Sa thérapie vise à dissoudre la rigidité musculaire en faisant retrouver par exemple une amplitude respiratoire plus complète. Elle libèrerait l'énergie végétative et ramènerait à la conscience les traumatismes de l'enfance qui sont à l'origine des refoulements. Ces concepts ont donné naissance à la plupart des nouvelles disciplines.

Gestalt thérapie. Fondée à New York en 1950 par Friedrich Perls (1899-1970), médecin juif, psychanalyste à l'origine et disciple de Wilhelm Reich. Le nom de *gestalt* signifie qu'il considère l'individu dans sa globalité, corps et esprit, inséré dans son environnement ; et qu'il vise à « combler les failles de la personnalité pour rendre à l'individu sa totalité ». Ce n'est pas une approche analytique mais « intégrative » : elle vise à favoriser le processus de maturation et à développer le potentiel humain. Le névrosé, dans cette perspective, serait l'homme qui utilise son potentiel pour manipuler les autres, au lieu de se développer soi-même. Cette discipline met l'accent sur la prise de conscience de l'ici-et-maintenant, sur le ressenti émotionnel trop souvent censuré dans nos cultures occidentales. Elle vise ainsi à reconnecter le sujet avec ses sensations, ses sentiments en réintégrant sa totalité (y compris spirituelle).

Gymnastiques douces. A la différence des gymnastiques traditionnelles qui mettent l'accent sur la force, l'effort, la compétition, elles veulent développer l'harmonie, la conscience du corps, la détente, chacun travaillant à son rythme et sans excès. Elles visent non au dressage du corps mais à la recherche de l'unité profonde avec l'esprit, à l'épanouissement et la libération de toute la personne. Déjà le suisse Jacques Dalcroze appelant à une nouvelle éducation corporelle fondée sur les noces de l'âme et du corps et Rudolf Steiner, père de l'anthroposophie et de l'eurythmie, avaient ouvert la voie. La pratique du yoga se situe dans la même ligne tout comme le taï-chi-chuan, nous le verrons plus loin. Ces techniques ne sont pas à l'origine des méthodes thérapeutiques mais elles favorisent une meilleure économie énergétique et un meilleur équilibre psychique.

Dans cette ligne on connaît en France : – la méthode Mézières (travail sur les muscles postérieurs et dorsaux en particulier), – l'eutonie de Gerda Alexander (harmonie des mouvements et de la tonicité), – la méthode Feldenkrais (travail sur l'image que nous nous faisons de notre corps).

Il faudrait aussi parler ici des *massages* très en honneur dans les ateliers du Nouvel Age, en tant que techniques de relaxation, de relation et d'éveil sensoriel. Ils sont utilisés dans les nombreuses approches de la psychologie humaniste et des thérapies alternatives ; par exemple :

– le *massage californien*, euphorisant, utilisé à Esalen pour un éveil et une prise de conscience sensoriels,

– le *massage reichien*, surtout utilisé dans le *Rolfing* (ou Intégration posturale, d'Ida Rolf) qui vise à remodeler l'équilibre harmonique du corps,

– les massages orientaux tels le *Do-In* (auto-massage sur une cinquantaine de points du corps, inspiré de l'acupuncture), le *Shiatsu* japonais (par pression sur certains points du corps).

Thérapie primale. Démarche thérapeutique élaborée par Arthur Janov (né en 1924 en Californie) et exposée dans son best-seller *Le Cri primal* (1970). A ses yeux, toute perturbation psychique a son origine dès la petite enfance dans la souffrance. Si celle-ci est trop forte, la tension fait sauter le disjoncteur et elle demeure enfermée sous le couvercle de la névrose, étouffant peu à peu la personnalité réelle. Le but de la thérapie est de reconnecter le patient à cette souffrance enfouie, en revivant la scène primale. Alors le cri jaillira, au moment où est revécu ce traumatisme douloureux.

Personnalité et relations humaines (P.R.H.). Née en 1970, en France, n'est pas une thérapie « Nouvel Age » mais se situe bien dans le courant de la psychologie dynamique (et en particulier de Carl Rogers, psychologue américain né en 1902). A partir de l'observation par chacun de son propre vécu, elle propose une psycho-pédagogie de croissance (tant personnelle que de groupe). Elle a pour visée de permettre progressivement à une personne : – de déchiffrer sa propre expérience pour la mieux comprendre, – d'améliorer son développement personnel et ses relations sociales, – de réaliser toutes ses potentialités et ses objectifs, – de découvrir expérimentalement un système cohérent d'explication de l'homme et des relations humaines, – de prendre ainsi en main personnellement sa formation et sa croissance.

Rebirthing (« Renaissance »). Elaboré par l'américain Leonard Orr, à Esalen, dans les années 60. C'est une technique centrée sur le souffle et l'hyper-ventilation. Elle permet de libérer son potentiel vital et de se guérir des traumatismes anciens (accouchements, désapprobation parentale, désir de mort inconscient) en revivant sa propre naissance. La thérapie vise aussi à découvrir les pensées négatives nées de ces traumatismes, avec lesquelles nous nous torturons habituellement, et à les remplacer par des pensées positives.

Sophrologie (du grec « devenir sage »). C'est la recherche de l'harmonie de la conscience. Fondée vers les années 60 par un professeur à la faculté de médecine de Barcelone, Alfonso Caycedo, c'est un essai de synthèse de l'hypnose, de la relaxation et de la méditation. Ses techniques visent à favoriser un niveau de conscience dénommé *conscience sophronique*, situé entre la veille et le sommeil ; à détourner le sujet des sentiments négatifs pour stimuler ses sentiments positifs. En accumulant de nouvelles expériences positives dans le corps (sentiment de bien-être né de la respiration, de la relaxation), la personne se construit un schéma corporel positif qui agit sur le système neuro-végétatif et permet de vivre positivement des situations stressantes (interventions dentaires, chirurgicales, accouchements, trac aux examens) ou de re-vivre des traumatismes du passé en les évacuant progressivement.

Les méthodes utilisées visent à agir sur tous les niveaux de conscience : relâchement progressif des différentes parties du corps, concentration sur les sensations de chaleur et de froid, accentuation de l'expiration, activation de la chaleur au niveau du plexus solaire, imagination de situations positives accompagnées de leur sentiment de bien-être, ressenti affiné des perceptions et affects, relaxation méditative proche du zen.

Les *techniques de relaxation*, en dehors de la sophrologie, sont multiples. Elles s'appuient sur la concentration, la suggestion et le lâcher-prise par rapport à l'environnement. On connaît en Orient les techniques des yogis et des soufis. En Occident, la première prise-en-compte scientifique de la relaxation s'est faite à la fin du siècle dernier avec les recherches sur l'hypnose. Depuis, les méthodes se sont multipliées et constituent une donnée de base des pratiques du Nouvel Age. Notons par exemple, en sus des méthodes orientales :

— le *training autogène* de J. H. Schultz,

— la « relaxation à inductions multiples » de *Michel Sapir*,

— la régulation du tonus musculaire d'*Eugène Jacobson* et l'*eutonie* de Gerda Alexander,

— la *rééducation psychotonique* de J. de Ajuriaguerra. Et bien d'autres.

Les disciplines orientales connaissent un regain d'intérêt de par leur dimension psychologique qui a mis au second plan leur enracinement philosophique et religieux. Les techniques de *méditation*, dans les mouvements de développement du potentiel humain, ne sont utilisées ni comme des démarches spirituelles ni comme des méthodes de réflexion, mais comme des moyens de mettre au repos le fonctionnement mental à la manière d'une relaxation profonde.

Dans la perspective du Nouvel Age, la méditation *zen* est alors prise comme une technique permettant le développement de la connaissance intuitive et absolue par-delà les élaborations rationnelles, la dissolution du moi dans l'univers engendrant un sentiment d'unité cosmique.

Et le *yoga* est prisé comme une méthode favorisant l'équilibre, la souplesse et la concentration, accessoirement comme une démarche spirituelle conduisant au sage détachement et à la paisible sérénité. L'aspect mystique de la démarche est second. De même dans la *Méditation transcendantale* de Mahareshi Mahesh Yogi ou la *Voie des Siddhas* de Baba Muktananda.

Le *Tai-chi-chuan*, lui, est une discipline chinoise traditionnelle visant à la concentration, l'équilibre et l'« harmonie du corps et de l'esprit ». L'ensemble du corps joue dans un travail combinant les mouvements harmonieux, fluides et précis des membres et des articulations, et une grande concentration sur la respiration, sur le schéma corporel et sur sa place dans l'espace lors des déplacements. Il a inspiré plusieurs méthodes de gymnastique douce, à côté des médecines douces et pédagogies douces chères aux enfants du Verseau.

Le *courant métaphysique* du Nouvel Age dépasse le cadre des pratiques de thérapies que nous venons d'évoquer, par un aspect quasi-religieux. Il insiste sur la guérison du physique par l'action sur le mental, mais en l'accompagnant aussi de prières. Le Penser nouveau par exemple, qui prit la suite du guérisseur Phineas P. Quimby à la fin du siècle dernier, est proche de mouvements comme la Science divine, l'Eglise unie de la science religieuse, ou comme Unité-école de christianisme. Voilà qui nous amène directement à préciser les rapports entre les thérapies du Nouvel Age et la pensée chrétienne.

Nouvelles thérapies, techniques de développement du potentiel humain et christianisme

Que penser en tant que chrétien des nouvelles thérapies et des techniques de développement du potentiel humain caractéristiques du Nouvel Age ? — Nous parlerons ici seulement des disciplines reconnues comme authentiques par leurs pairs, à l'exclusion des offres de multiples charlatans ayant mis à profit l'engouement *New Age* pour concocter une foule de produits suspects, à base d'orientalisme de bazar et de rognons de psychanalyse. —

Dans leur visée d'aider la personne à croître et grandir, elles semblent bien rejoindre la perspective biblique d'une croissance harmonieuse de l'homme qui, créé à l'image de Dieu, doit tendre à lui ressembler en réalisant toutes les potentialités qu'il a déposées en lui. La guérison de la personne consiste alors à redresser ce qui s'était gauchi, à développer les talents enfouis, à soigner les blessures intérieures ayant défiguré l'empreinte divine.

Mais ces blessures, dans une perspective chrétienne, ne peuvent se ramener aux seuls incidents de parcours ayant traumatisé quelqu'un dans son enfance. Elles sont liées aussi au péché personnel qui l'a amené à s'égarer dans des impasses intérieures ou à se durcir dans des haines et des refus. Le résultat est d'ailleurs le même : l'être profond, d'essence spirituelle, est atteint. Il s'est étiolé en se coupant de sa source, bloqué dans des raideurs orgueilleuses, coupé de lui-même, des autres et de Dieu.

Le travail de guérison totale consistera à dégager des broussailles la source intérieure pour qu'elle puisse à nouveau couler. A faire naître la réconciliation plénière : avec soi-même, avec les autres, avec Dieu. Car l'amour guérit. Les techniques des nouvelles thérapies peuvent alors aider à ce travail d'ouverture et de résurrection de l'homme intérieur. Ce sont des moyens utiles, mais en collaboration avec ce que la théologie appelle la « grâce », qui est don et action propre de Dieu.

Dans la perspective de maîtres spirituels comme saint Ignace, l'homme est créé en effet pour aimer, louer et servir Dieu. Mais les blocages intérieurs freinent ce dynamisme et défigurent le Visage. La guérison spirituelle vise à donner à nouveau champ libre à ce mouvement et à redonner sa transparence à la conformité au Modèle divin. Par la grâce de Dieu qui libère des enfermements et des peurs, et apporte le salut plénier à la personne.

Des moyens valables quand ils demeurent moyens

Mais l'action divine a besoin de la coopération de l'homme. Car Dieu n'est pas un magicien, et Jésus a refusé d'être pris pour un thaumaturge faiseur de prodiges. Les thérapies sont aux yeux du chrétien une expression de cette collaboration, comme des *moyens* offerts par le Seigneur pour la guérison. A côté de la prière et des sacrements, mais non en opposition avec eux. Aussi le chrétien n'a-t-il rien à craindre de l'usage des nouvelles disciplines de développement du potentiel humain — à condition qu'elles soient authentiques et qu'elles s'inspirent de schémas éthiques acceptables (ce qui n'est pas le cas de l'approche de Wilhelm Reich ou de certains types de massages) — quand elles demeurent des *moyens*. Le praticien peut valablement se situer dans la perspective de Jean Baptiste aplanissant le chemin intérieur pour la venue du Seigneur : « Préparez ses chemins ! Rendez droits ses sentiers ! »

Elles collaborent au salut de l'homme en Jésus-Christ. Mais elles ne peuvent par elles-mêmes apporter ce salut total. Et là se situe le dérapage dangereux de certaines thérapies du Verseau et de leurs tenants : guérisseurs se prenant pour envoyés de Dieu, techniques de guérison devenues religions de remplacements (telles la Scientologie, Mahikari ou I.V.I.). Car en perspective chrétienne, aucun moyen purement humain — Analyse transactionnelle ou Illumination intensive, Psychosynthèse ou Sophrologie, — ne peut conduire à la réalisation plénière de notre humanité : sa divinisation par conformation à la personne de Jésus-Christ.

Pour le chrétien, le moyen reste un moyen. Un moyen reçu d'en-haut : « Qu'as-tu que tu n'aies reçu ? », souligne saint Paul. Et il est alors légitime d'en user, professait le mystique Ignace de Loyola, dans la mesure où il contribue « à une plus grande gloire de Dieu ». Car disait déjà au IIe siècle un Père de l'Eglise, disciple de l'apôtre Jean, saint Irénée de Lyon : « La gloire de Dieu, c'est l'homme vivant ». Il ajoutait aussitôt après : « Et la vie de l'homme, c'est la contemplation de Dieu ».

Quand une technique de développement du potentiel humain ou une thérapie alternative permet à quelqu'un de développer sa personnalité, de prendre conscience de ses talents, d'exploiter ses richesses intérieures jusque-là paralysées par des disfonctionnements inhibants, l'homme est restauré et la gloire de Dieu grandit.

Et par-delà la restauration de l'homme individuel ayant réalisé l'unité de son être physique, affectif, émotionnel, spirituel, la société elle-même est authentiquement restaurée. Les premiers enfants du Verseau l'avaient perçu : « C'est par la somme des changements personnels que la société changera ! » Alors pourra naître un véritable nouvel âge de lumière et d'amour : quand tous ceux qui auront fait individuellement l'expérience de la restauration-libération intérieure se regrouperont pour restaurer-libérer la planète en élaborant ensemble des projets mondiaux au service de l'homme. Et au cœur même de cette œuvre de restauration, les chrétiens savent qu'en travaillant à la cité terrestre, ils construisent déjà la Cité éternelle. Celle qu'ils appellent aussi à la suite de Jésus le « monde nouveau » ou le « royaume de Dieu ». Mais nous avons alors changé de niveau.

II. **Communiquer avec l'au-delà : le « channelling », spiritisme pour le Nouvel Age**

La soif de dialoguer avec les morts est de toujours, de même que l'existence de médiums servant d'instruments de communication. Et le spiritisme fait à notre époque un retour en force remarqué. Mais il le fait dans le cadre du changement de paradigme constitutif du Nouvel Age. L'humanité sombrerait dans le chaos, disent certains enfants du Verseau, si celle-ci ne prêtait une oreille attentive aux sages avis que sont prêts à lui prodiguer sur ce point les entités de l'autre-rive. On se branche alors sur l'au-delà comme on se branche sur l'un des canaux de son poste de télévision ou de radio : un channel. Le spiritisme style New Age s'appelle Channelling. Il est soutenu par des célébrités du star-system. Shirley MacLaine, par exemple, tire en 1983 d'une de ses expériences de channelling un film étrange, *L'Amour foudre,* qui réalisera à la télévision un des plus hauts indices d'écoute. Car les gens sont très attentifs à ce genre de propos.

Nous allons entrer ici dans un monde confus, marqué par ses origines culturelles, quelque peu déconcertant pour la raison.

Mais il est indispensable d'avoir les informations nécessaires pour un premier repérage.

« Se brancher » sur la conscience universelle

Il s'agit, disent les enfants du Verseau, de « se brancher » sur la Conscience universelle, mondiale. Ce fut à un tel *Channel to the Univers* (« Branchez-vous sur l'univers ») que le Horus Institute du docteur Thomas Bfeiffer convia récemment les chercheurs du Nouvel Age pour la première conférence internationale de Channelling. « La conférence s'est tenue à Murnau, dans les Alpes de Bavière, en juin 1988. Les organisateurs y définirent le channelling comme la communication avec des maîtres non-incarnés par l'intermédiaire d'individus particulièrement sensibles. Voilà qui renvoie au spiritisme classique. Avec, en plus, l'attente du Nouvel Age et la conviction que le channelling est une méthode indispensable pour entrer dans le troisième millénaire »[69]. Or le programme de la conférence s'ouvrit par une référence à Shirley MacLaine et à son film *L'Amour foudre*.

Le channelling aux Etats-Unis, au Canada et même en Angleterre, semble prendre ainsi progressivement la place du spiritisme classique comme un élément essentiel du Verseau. Qu'est-ce que le channelling ?

Des entités envoyant des messages

De même que, pour téléphoner, il faut quelqu'un qui parle, quelqu'un qui écoute, et un dialogue entre les deux, de même pour qu'il y ait channelling il faut :

— un « canal » (channel), terme préféré à celui de médium, capable de recevoir des informations d'un niveau supérieur au monde physique,

— une entité non-physique située dans l'au-delà, à l'autre bout du fil,

— un message allant de l'entité au canal receveur.

69. R. Ladous, *Le Spiritisme*, Cerf, Paris, 1989, p. 11.

Il n'y a là à première vue rien de bien différent du spiritisme classique. Mais les tenants du *channelling* veulent en étendre la définition à *tous* les phénomènes de l'histoire des religions où une entité supérieure – qu'on l'appelle ou non « Dieu » – parle par la voix de quelqu'un d'autre. Dans cette hypothèse, on pourrait voir en Jésus-Christ un « canal » envoyé sur la terre pour transmettre les messages d'une entité appelée « Dieu le Père ». La Pentecôte serait un phénomène de channelling collectif. La Pythie de Delphes aurait servi de « canal » à l'entité « Apollos ».

Seront de même « canaux », des prophètes comme Mahomet, des mystiques comme saint Jean de la Croix, des fondateurs de nouvelles religions comme Joseph Smith, initiateur du mormonisme.

A l'origine de plusieurs nouvelles religions japonaises par exemple, on trouve des fondateurs ayant connu une possession par Dieu. En 1838, « Dieu-parents » (Oyagami) se révèle au monde par le canal de Miki Nakayama (1798-1887) qui fondera l'une des nouvelles religions les plus diffusées au Japon, Tenri Kyô. On identifiera même cette dernière au « Dieu originel, le Dieu véritable ». –

Quand on fait le compte des entités se manifestant dans le channelling, on en trouve la plus grande variété : – « Dieu » (c'est la voix qu'entendit la fondatrice de Findhorn, E. Caddy), – « le Christ » (il dicte des « nouveaux évangiles », le plus important actuellement étant le *Cours sur les miracles*), – des anges (Michaël, Raphaël et bien d'autres venant d'un « monde parallèle »), – des elphes, des farfadets, des gnomes, des lutins, des esprits de la nature – (tels les dévas habitant les plantes du Jardin de Findhorn), – des « Maîtres ascensionnés » (libérés du cycle des réincarnations) et des esprits de défunts (en attente ou non de réincarnation), – des extra-terrestres (tels les élohims, les « êtres venus du ciel », de Raël), voire des entités collectives. Des psychologues pourront y voir une manifestation de l'inconscient collectif (à la manière de Jung). Des théologiens pourront y voir aussi une manifestation du démon (Satan et ses sbires). Mais c'est un fait, le channelling fait recette.

Le spiritisme après Jung

En quoi diffère-t-il du spiritisme classique ? Tout d'abord, il ne tend pas toujours à évoluer en mouvement de type religieux, à la différence de celui-ci.

Ensuite, les entités se manifestant dans le spiritisme classique sont le plus souvent les esprits des défunts, alors que, dans le channelling, on rencontre une large diversité d'émetteurs : des extra-terrestres au Christ. En référence aux théories de C.G. Jung, ces entités sont perçues, soit comme des manifestations de l'inconscient, soit comme l'expression des niveaux supérieurs de la conscience personnelle du canal : la différence est là encore nette (on pourrait même définir le channelling comme le spiritisme après Jung).

Par ailleurs, les manifestations de type physique (coups, guéridons frappeurs, apparitions d'ectoplasmes) fort nombreuses dans le spiritisme classique, sont fort rares dans le channelling.

Autre différence : dans le spiritisme, l'identité personnelle de l'individu continue après la mort. Alors que, dans le channelling, elle peut se mêler à des entités pluri-individuelles, quand elle ne se dissout pas purement et simplement dans un esprit appelé Dieu ou grand tout.

Il se différencie par ailleurs du chamanisme, où le chaman entre en transe, ce qui n'est pas le cas du canal. – Il faut noter toutefois que les expériences rapportées par Carlos Castaneda, dans ses contacts avec des sorciers indiens, sont parmi les lectures favorites du Nouvel Age.

Il se différencie enfin de la clairvoyance, en ce que les événements avec lesquels le voyant entre en contact relèvent en général du monde physique. Alors que le canal s'affirme en contact avec des niveaux de réalités *au-delà* du monde physique.

Le channelling, transmission des messages des maîtres.

Parmi les entités évoquées couramment dans le channelling, on fait allusion souvent aux maîtres cachés et supérieurs (*Ascended masters*) réunis en Grande fraternité blanche, ou Loge blanche universelle, guidant l'humanité vers un destin meilleur. Il n'est pas facile de déterminer s'ils font encore partie de notre monde physique. On retrouve ici l'un des thèmes favoris de l'ésotéro-occultisme du début du siècle avec Alice Bailey, repris par différents courants : les groupes *Full Moon Meditation*, le groupe *I am* fondé par Guy Ballard qui se dit en contact avec le « maître Saint-Germain » (le comte de Saint-Germain du XVIIIe siècle), l'Eglise universelle et triomphante, de Mark L. Prophète. Nombre de mouvements plus récents du Nouvel Age se disent de même en contact avec des maîtres cachés : Eckankar, Agasha Temple of Wisdom, Telephone Between Worlds[70].

L'enseignement de l'humanité par les maîtres, selon Alice Ann Bailey (1880-1949) se déroulerait en trois étapes :

– une phase préparatoire, on l'a dit, avec la Société théosophique de Mme Blavatsky et sa *Doctrine secrète*, de 1875 à 1890,

– une période intermédiaire avec elle-même et la fondation de l'Ecole Arcane, de 1919 à 1949,

– une troisième et ultime étape avec l'enseignement de la Sagesse éternelle délivré par un initié spécialement préparé à cette mission au début du XXIe siècle, pour le Nouvel Age.

Alice Bailey représente elle-même un bel exemple de channelling, puisqu'elle affirme, nous l'avons vu, avoir écrit vingt-quatre de ses livres sous la dictée télépathique de Djwahl Kuhl, « le Tibétain », d'abord par clair-audience, ensuite directement par concentration, à mesure que le maître introduisait ses pensées dans son mental (et non à la manière inconsciente du médium pratiquant l'écriture automatique) : « Au début de mon travail par le Tibétain, je devais écrire à des heures régulières et c'était une dictée claire et concise. C'était donné mot-à-mot, de telle sorte que je puisse affirmer qu'indubitablement j'entendais une voix... Mais très vite je découvris que, nos pensées étant en harmonie, cette technique n'était pas nécessaire »[71].

70. Cf. Massimo Introvigne, « *Il Channelling : uno spiritismo moderno ?* », in *Lo spiritismo*, Ed. Elle Di Ci, Turin, 1989.

71. A.A. Bailey, *Autobiographie inachevée*, Editions Lucis Trust, Genève, 1978, p. 176 ; cité par J.F. Mayer in *Lo spiritismo*, op. cit., « *Spiriti e medium nelle nuove religione* ».

On peut situer dans cette ligne Benjamin Creme, une des figures du Nouvel Age. Artiste et ésotériste écossais né en 1922, il pratique dans différents groupes religieux, de la Société théoso-

Channelling, révélations privées et nouvelles religions.

On trouve aujourd'hui aussi des mouvements de « nouvelles révélations » où les canaux entendent directement une « parole intérieure » sans passer par un médium : pour éviter l'intrusion d'entités d'origine douteuse. J. F. Mayer[72] décèle l'existence des précurseurs de ces *Neuoffenbarungen*, non seulement dans Swedenborg (1688-1772) mais aussi dans l'expérience d'un musicien autrichien, Jacob Lorber (1800-1864) qui écrivit, par locutions intérieures énoncées directement du Christ, vingt-cinq volumes de cinq cents pages. Les héritiers spirituels de cet héritage ne fondèrent cependant pas d'Eglise séparée.

Et pourtant certains bénéficiaires de ces nouvelles révélations ne veulent pas les garder pour eux. Ils entendent faire connaître leur message spirituel à l'humanité entière. On en a un exemple particulièrement éclairant avec l'Oeuvre de réintégration christique – devenue Vie universelle – de Gabriele Witteck (née en 1933), la « prophétesse de notre temps » délivrant des messages issus de sa « parole intérieure ». Où l'on voit comment un channelling privé peut donner naissance à une religion néo-gnostique à vocation mondiale.

Gabriele perd sa mère à l'âge de trente-sept ans. Elle la « voit » le jour anniversaire de sa mort. Elle participe alors à des réunions où l'« esprit du Christ » parle à une femme médium. Du coup, celui-ci se met à lui parler clairement, en 1975, par une parole intérieure transmise d'abord par son « instructeur spirituel » – un ange de haut niveau – frère Emmanuel. En deux ans, elle accède du rang de médium doué à celui de « prophétesse de notre temps ».

La nouvelle appellation du mouvement en 1984, Vie universelle, marque le début de sa mission grandiose : à partir de

phique aux religions d'Ovnis. Il se présente finalement en 1959 comme ayant reçu mission d'un maître de la Hiérarchie spirituelle et, par voie télépathique, du futur Instructeur mondial « Maîtreya le Christ », de préparer la venue de celui-ci, lequel aurait quitté en 1977 les Himâlayas pour habiter Londres. Il développe l'idée que les maîtres de la Hiérarchie se manifestent à certaines personnes comme à des canaux de leur énergie de Sagesse – un immense réseau de Lumière pour le plus grand bien de l'humanité. Cette « transmission » se réaliserait sur les plans supérieurs de l'astral et n'aurait que peu à voir avec les messages qui circulent dans les groupes spirites.

72. Op. cit., p. 17.

son centre de Wurtzbourg, engager l'édification du Royaume de Dieu pour le Nouvel Age qui vient.

« Le type humain de Nouvel Age va croître à partir de l'accomplissement des lois spirituelles. Ce type humain, pacifique, compatissant et fort, peuplera le royaume de Dieu sur terre, l'état du Christ, qui s'exprimera également à l'extérieur à l'échelle mondiale après le changement d'ère »[73]. Et il s'agit de le construire concrètement, ce Nouvel Age : « C'est pourquoi les nombreuses activités extérieures commencent dès maintenant » — entreprises, magasins, cliniques dénommées christiques. « Une partie des établissements christiques n'est acquise que pour enseigner aux miens la manière dont des hommes spirituels doivent procéder à des échanges, qui ne se font pas dans le sens de ce monde où l'on marchande et où l'on négocie pour amasser toujours plus d'argent »[74]. Le Nouvel Age dépasse ici le simple statut d'utopie religieuse. Il devient système social organisé. Pour mettre en œuvre la révélation transmise par Gabriele.

Toujours en Allemagne, voici encore Uriella (Erika Bertschinger-Warter) qui fonde en 1980 le mouvement *Orden Fiat Lux*. En tant que simple intermédiaire de Jésus-Christ, dit-elle. Son activité de leader religieux s'enracine dans ses dons de guérisseuse et de voyante. Elle se manifeste dans des séances de transe publique où Jésus-Christ parle par sa voix. Mais il ne révèle qu'un syncrétisme banal où l'on trouve pêle-mêle réincarnation et karma, messe tridentine et anti-pape Grégoire XVII.

En France, dans le domaine des révélations privées issues du Christ ou de la Vierge, on a un assez vaste choix qui va du groupe du Fréchou, dans le Sud-Ouest à la Révélation d'Arès, en Gironde, ou la Croix glorieuse de Dozulé, en Calvados.

La religiosité du Nouvel Age est ainsi caractérisée par un mélange étonnant de doctrines ancestrales et de concepts de l'Orient, mêlés à des révélations toutes personnelles. Et la pratique banalisée et universelle du channelling — car elle est voulue par ses adeptes comme telle — ouvrira toutes larges les van-

73. *Expériences et connaissances mystiques de la prophétesse du Seigneur*, Würtzburg, Universelles Leben, 1986, pp. 89-90, cité par J.-F. Mayer, op. cit., p. 27.

74. *L'Etat du Christ*, Würtzburg, Gemeinschaft Zur Förderung des Heimholungswerkes J. C., 1985, pp. 10-12, cité par J.-F. Mayer, ibid.

nes d'un religieux sauvage qui risque de devenir incontrôlable.

Surtout quand ces religions naissent en Extrême-Orient. Corée et Japon ont connu l'influence du chamanisme. Or celui-ci attache une grande importance aux rapports des hommes avec les entités spirituelles. Le Révérend Moon, par exemple, a commencé par recevoir une révélation de Jésus, dit-il, un matin de Pâques 1936. Mais il affirme aussi avoir rencontré dans le monde spirituel de hautes figures religieuses de l'histoire. Et il continuerait à entrer en communication avec certains membres de ses congrégations par mode de communication spirituelle. « Le monde des esprits, explique-t-il, est toujours autour de vous, à l'écoute et attentif. Il est à portée de main ». Aussi, note J. F. Mayer, s'agit-il pour le mooniste de savoir utiliser ce monde afin de bénéficier de son assistance et de son influence gratifiante. Dans la perspective unificationniste, la multiplication des canaux entre le plan spirituel et le plan physique à l'époque présente, est un signe des temps, lié au second Avènement : au Nouvel Age.

L'origine de plusieurs nouvelles religions japonaises est également liée à la prise de possession du fondateur par un dieu. Ainsi en fut-il pour le père du mouvement guérisseur Mahikari, M. Okada. Les esprits interviennent souvent dans le monde pour le perturber, enseigne-t-il : « Plus de 80 % des problèmes du monde, aussi bien individuels que collectifs, sont dus à des dérangements à l'origine desquels se trouvent des esprits »[75]. Quand on porte le médaillon sacré Omitama, on devient canal pour transmettre la Lumière et purifier les hommes et les choses, des esprits possesseurs, ceux-ci retournant alors dans le monde astral.

Bref les nouvelles religions prennent parfois naissance dans des révélations privées à des « canaux » privilégiés. Le channelling est un trait marquant de la nouvelle religiosité. On trouvera en annexe[76] la description d'un certain nombre d'ouvrages, de groupes et de courants qui le monnayent de manière courante sur le marché du mysticisme banalisé. Massimo Introvigne[77] attribue comme origine lointaine à ce foisonnement :

75. Op. cit., p. 44.

76. Cf. Annexe I, en fin d'ouvrage : *Channelling et religiosité New Age.*

77. *Lo spiritismo*, op. cit., pp. 17 ss.

— les *nouveaux évangiles* : l'évangile du Verseau de Jésus-Christ », le « Livre d'Urantia », « A course in miracles »,

— les *mouvements d'extra-terrestres* ou soucoupistes,

— les *« guides » indiens.*

Et il retient surtout parmi les personnes ou manifestations les plus représentatives du channelling, spécialement Outre-Atlantique, les ouvrages de Jane Roberts, l'expérience du Jardin de Findhorn, le Cours sur les miracles, le channelling-spectacle de Shirley McLaine[78].

Jane Roberts et Seth.

Jane Roberts est synonyme de channelling pour le public américain par la diffusion de ses livres tirés à des millions d'exemplaires. Depuis 1963, elle a successivement pratiqué l'écriture automatique, le *Oui-jà* (planchette épelant des messages graphiques), l'écoute directe des voix et la transe. L'entité parlant à travers elle se présente comme Franck Whiters, partie d'une entité de plus forte énergie appelée Seth. — Mais pour compliquer les choses... Jane Roberts publie également les communications du peintre Paul Cézanne ou du psychologue William James, venues d'une « galerie de l'Esprit de l'humanité » regroupant l'ensemble des « visions individuelles du monde », (comme une sorte de mémoire akashique, dirait-on en ésotérisme). Les révélations de Seth donneront naissance à un mouvement quasi-religieux constitué de centaines de groupes voués à la diffusion de ses messages.

L'expérience du Jardin de Findhorn.

Elle est plus complexe. Eileen Caddy la raconte dans son autobiographie[79]. Epouse d'un pilote de la RAF, elle entend un jour une voix lui dire : « Sois forte, et sache que je suis Dieu ». Deux de ses amis, Peter et Sheena, lecteurs par ailleurs de *l'évan-*

78. Op. cit., pp. 39-59.

79. *Flight into freedom*, Element-Books, Longmead (Shaftesbury, Dorset), 1988.

gile du Verseau de Jésus-Christ, l'invitent à prendre cette voix au sérieux. Après divorces respectifs, Peter et Eileen, toujours guidés par la voix, commencent un parcours qui les conduira à fonder en 1962 une communauté-jardin dans le nord de l'Ecosse, a Findhorn.

Village global et communauté écologique selon le modèle type du Nouvel Age, Findhorn est encore le lieu de rencontres (le plus souvent psychiques) entre Peter, Eileen et leurs compagnons, avec différents types d'entités : Dieu, les dévas – esprits de la nature –, des anges, et même un « centre de lumière », composé d'un groupe de prisonniers politiques russes morts ou mourants, et communiquant depuis le fond d'une mine de sel sibérienne. A la rencontre avec les dévas est attribué en particulier le succès de leurs travaux agricoles sur des terrains pourtant infertiles et dans des conditions climatiques inhospitalières. Findhorn est devenu à la fois la Jérusalem et La Mecque du Nouvel Age.

Des phénomènes nombreux de channelling continuent à s'y produire que leurs bénéficiaires portent régulièrement à la connaissance du public. Voici par exemple Dorothy Mac-Lean, canal favori des anges. La littérature du mouvement[80] la présente en ces termes : « La voix des anges après quelques siècles de silence se fait à nouveau entendre aujourd'hui par sa bouche. Messagère du plan divin, Dorothy vient à Findhorn où elle fonde la communauté avec Peter et Eileen Caddy. C'est là qu'elle découvre les êtres subtils de la nature. Elle nous les fait connaître au détour de ses aventures dans le jardin : les dévas des plantes, « l'Ange du paysage » les dévas des grands arbres, les êtres du feu, les esprits de la vie ».

Findhorn a de nombreuses filiales, en particulier en France.

Les « Dialogues avec l'ange ».

Il faudrait citer aussi ici un channelling étonnant avec les anges devenu best-seller traduit en toutes les langues : *Les Dialogues avec l'ange*, de Gitta Mallasz[81].

80. *La Voix des anges*, Editions Le Souffle d'Or, F-05300, Barret le Bas. Présentation du livre.

81. 1976, Aubier-Montaigne, Paris. Cf. *Les Dialogues tels que je les ai vécus*, Ibid., 1984. *Les Dialogues ou l'enfant né sans parents*, Ibid., 1986.

L'histoire se passe en Hongrie durant les années 1943-1944, au plus fort de la dernière guerre mondiale. Trois jeunes femmes se retrouvent durant le week-end pour approfondir leurs problèmes personnels. L'une est catholique, Gitta. Les deux autres, juives : Hanna et Lili. Pour aller plus loin dans leurs échanges, elles décident d'arriver désormais chacune à la rencontre avec un texte écrit.

Le 25 juin 1949, après avoir écouté le texte de Gitta, Hanna veut lui dire sa déception de ce travail qu'elle juge trop superficiel. Lorsque tout à coup elle sent monter en elle comme une force et une voix inconnues qui par sa bouche reprennent vertement Gitta.

Durant dix-sept mois et presque tous les vendredis à quinze heures, les messages de l'au-delà s'expriment au long de quatre-vingt-huit entretiens à travers Hanna, leur channel. Ils se présentent comme étant les anges des différents membres du groupe.

Nous sommes ici au cœur de l'inspiration du Nouvel Age qui revendique d'ailleurs les *Dialogues* comme son patrimoine. Gitta voit en effet dans le message de l'Ange l'annonce que l'humanité est arrivée à un tournant de son évolution dans le grand plan divin. Les *Dialogues* en seraient un signe précurseur, comme un guide pratique pour réaliser dans notre vie de tous les jours un changement fondamental, la naissance de ce qu'elle appelle la PSDN, « présence simultanée sur deux niveaux » : un nouvel état de conscience aussi pleinement éveillé sur le plan matériel que sur le plan spirituel. « Avec la PSDN, dit-elle, c'est l'homme du Verseau qui s'annonce »[82]. Nous sommes au centre du nouveau paradigme.

Un nouvel évangile : A course in miracles

C'est peut-être le texte reçu par channelling le plus diffusé[83]. Il se situe dans la tradition des « nouveaux évangiles ».

82. Interview dans *Sources*, 23/1989, pp. 8 ss.

83. *A course in miracles*, Fundation for Inner Peace, Tiburon, (California), 1975, 3 volumes.

A l'origine, en 1965, une psychologue américaine d'origine juive, Helen Schuman, athée mais tourmentée par les questions religieuses et déjà familière des phénomènes paranormaux, entend une voix lui répéter instamment : « Ceci est un cours sur les miracles. Prends des notes je te prie ». Elle s'en réfère à son professeur à l'Université Columbia de New York, lequel l'invite à s'exécuter. Et la voix (celle de Jésus-Christ ?) lui dicte le nouvel évangile dont les messages seront réunis successivement à partir de 1975 en trois ouvrages : un livre de textes, un manuel pour les enseignants, un livre pour les étudiants.

Helen Schuman, jusqu'à sa mort en 1981, affirmera son scepticisme quant aux messages reçus tout en niant énergiquement les avoir jamais inventés. Cette attitude ambiguë par rapport aux communications qu'ils enregistrent est l'attitude commune des canaux. Mais la voix parlait avec une autorité impressionnante, dit Helen. Aussi s'exécute-t-elle au point de mettre sur pied une Fondation pour la paix intérieure à laquelle se rattachent des centaines de groupes d'étude du *Cours*, dans l'esprit du Nouvel Age.

Le Cours nous intéresse en ce qu'il représente comme une synthèse des enseignements implicites du channelling[84] : – Dieu est un esprit impersonnel ; – la création n'est qu'une émanation de son être (Il n'a authentiquement « créé » que son Fils) ; – l'homme est un fragment de l'unique Fils de Dieu ; – le Fils de Dieu à une certaine époque s'endormit et songea à devenir créateur comme Dieu ; – l'Esprit-Saint fut chargé de « réveiller » le Fils ; – des milliers d'« ego » sont nés de ce songe et s'identifient illusoirement à leur corps physique tout en se croyant faussement séparés de Dieu (nous sommes donc tous des fragments de l'unique Fils de Dieu) ; – la « rédemption » est le redressement de cette fausse croyance ; – il n'y a pas de mort mais seulement une fausse croyance à la réalité de la mort, tout vient en effet du « songe » (on évoque ici la *maya* – illusion chère à l'hindouisme) ; – Jésus-Christ n'est pas mort pour nos péchés, il n'est pas l'unique Fils de Dieu mais seulement le premier à avoir pris conscience de l'être.

84. Cf. Massimo Introvigne, op. cit., p. 48.

Nous avons ici tous les éléments du gnosticisme et donc de la création éventuelle d'une religion nouvelle. Une nouvelle croyance qui deviendra très médiatique avec l'apparition de stars du spiritisme *New Age*.

Shirley McLaine et le channelling-spectacle californien[85]

La Californie, on l'a vu, est le lieu du surgissement par excellence des nouvelles religions pour l'Occident. C'est également le lieu de prédilection du cinéma, avec Hollywood. Aussi lorsque l'actrice Shirley MacLaine se convertit au channelling, vers les années 80, elle put répandre la nouvelle doctrine comme un produit classique du show-business. Les trois volumes de son autobiographie connurent un fort beau succès[86] : deux millions d'exemplaires pour seul *Out on a limb*. Problèmes sentimaux, théorie de la réincarnation, messages médiumniques se mêlent dans ce livre qui se hissa longtemps à la première place des best-sellers américains. Pour situer la texture syncrétiste du produit, signalons seulement que dans la série télévisée qui en a été tirée, le « canal » est un certain Jean de la fraternité essénienne contemporaine de Jésus...

La même Californie, spécialement la région de Los Angeles et Hollywood, est riche en bien d'autres stars du channelling. La blonde de J.Z. Knyght, comme Shirley MacLaine, transmet les enseignements d'un certain Ramtha venu de la Lémurie aux Indes, au travers de plus de neuf-cents heures d'enregistrement et au gré de multiples séminaires de week-end rassemblant jusqu'au sept-cents personnes à quatre-cents dollars l'inscription. Jack Pursel transmet les messages de Lazaris, un groupe censé vivre dans une autre dimension. Ken Carey reçoit des messages de Michaël, entité reconstruite à partir de milliers de fragments de « vieilles âmes ». Et des dizaines d'autres encore soigneusement managés par des impresari avisés ayant su faire du chan-

85. Op. cit., pp. 58 ss.

86. *Out on a limb*, Bantam-Books, New York, 1983. *Dancing in the light*, Bantam-Books, New York, 1985. *It's all in the playing*, Bantam-Books, New York, 1987.

nelling un spectacle aux profits particulièrement juteux. On a retrouvé ainsi la tradition du spiritisme naissant devenu lui aussi show-business particulièrement efficace sous l'action énergique de Mrs Fish, sœur aînée des deux jeunes initiatrices de la nouvelle mode, Margaret et Kate Fox, dans l'Etat de New York, en 1847. Ne dénombrait-on pas déjà 10 000 médiums au premier congrès spirite à Cleveland et plusieurs millions d'adeptes ? Un siècle plus tard, l'engouement est de la même veine.

Channelling et foi chrétienne

Devant un tel engouement, il est bon de rappeler que la grande Tradition catholique[87] affirme, elle aussi, la possibilité d'une communication avec l'au-delà et ses habitants, et tout particulièrement – nous nous en tiendrons là – avec ceux qui nous ont quittés : les trépassés, ceux qui ont fait le « passage » de la mort. S'ils ont disparu de notre regard, en effet, ils sont toujours vivants ; non comme des entités désincarnées mais bien comme des personnes pleines de vie. Ils sont sur l'autre rive, mais nous demeurons toujours en lien avec eux ; non par un médium, un channel ou une table tournante, mais par la vie même de Dieu qui bat identiquement en leur cœur et dans le nôtre. Aussi le *Credo* des chrétiens affirme-t-il, en se fondant avec assurance sur la Parole de Dieu : « Je crois à la communion des saints, à la résurrection de la chair, à la vie éternelle ». Qu'est-ce à dire ?

1. Nos disparus nous sont *présents* d'une présence et spirituelle et réelle. Ils attendent eux aussi le moment des retrouvailles car Jésus a dit : « Celui qui croit en moi, même s'il meurt vivra » (Jn 11, 25). L'amour est en effet plus fort que la mort. Et le Christ a vaincu la mort en ressuscitant. Il est passé de l'autre côté et il nous y attend : avec ceux que nous aimons et qui nous ont précédés. Leur mort, qui est absence pour nous, est aussi nouvelle naissance pour eux. Et pour communiquer avec nous, ils n'ont pas besoin du « canal » d'un voyant.

87. Nous développons ce thème dans *Occultisme, magie, envoûtements*, Ed. Salvator, Mulhouse, 1986.

2. Nous sommes en effet *proches* d'eux. Et d'autant plus proches que nous essayons d'être plus proches de Dieu. Eux-mêmes sont d'autant plus proches de nous qu'ils sont plus proches de lui. Car ils vivent alors de sa vie.

Ceux qui se sont « endormis dans le Seigneur » sont dans le « royaume de Dieu » : un lieu de vie, dit Jésus (1 Jn 3, 2). Ils sont « en Dieu ». Et comme Dieu, par son Verbe, est présent à toute sa création, ils nous sont eux aussi présents d'une présence non-sensible mais réelle. Il n'est pas besoin pour cela de passer par le channelling.

3. Ce sont même des *intercesseurs*. Nous pouvons leur parler, ils nous entendent. Nous pouvons les aider s'ils sont en cheminement de purification. Car nous appartenons tous au même Corps où chaque membre est au service de l'autre : le corps mystique du Christ. Et ils sont prêts à nous apporter leur aide efficace, réelle, si nous la leur demandons. Sainte Thérèse de l'Enfant-Jésus promettait : « Je passerai mon ciel à faire du bien sur la terre ». Nos intercesseurs d'en-haut ne sont pas des entités imaginaires, comme Ramtha ou Lazaris, mais des personnes bien réelles, en communion avec un Dieu qui est tout-puissant d'amour. Aussi ne peuvent-elles que vouloir nous faire bénéficier de cet amour prévenant.

Car nous sommes solidaires. Nous sommes une immense communauté dont le Christ est la Tête. Et la communication se fait par l'Esprit de Jésus qui circule dans tous les membres du corps et les unit : non par des entités ou des désincarnés.

Nous pouvons prier pour leur libération. Et de leur côté, ils sont nos libérateurs. « Conscients de la communion qui unit tous les membres du Corps de Jésus-Christ, l'Eglise en marche vers Dieu a honoré avec une grande piété la mémoire des défunts, et cela dès les premiers siècles de l'ère chrétienne. Et puisqu'il est sain et salutaire de prier pour les défunts afin qu'ils soient absous de leurs péchés » (2 M 12, 46), elle a même offert pour eux des suffrages » (Concile Vatican II, LG 7, 50).

4. Ils gardent toute *leur personnalité* et leur caractère, toutes leurs affections et leur tendresse. Ils n'ont rien perdu. Ils continuent à nous aimer de tout leur cœur.

Ils ne sont pas noyés dans un immense océan cosmique où ils perdraient leurs traits propres, dans une autre dimension éthérée ou dans un nirvana impersonnel. Car nous sommes chacun une personne unique pour Dieu-Père. Ils ne sont pas des esprits errant à la recherche d'un channel pour se faire entendre.

Car nous nous retrouverons un jour. Et nous croyons à la résurrection de la chair, à la grande rencontre finale « sous les cieux nouveaux et sur une terre nouvelle ».

5. Le moment de la *plus grande proximité* dans la rencontre, c'est l'Eucharistie. Notre communication intime est alors assurée par la vie même de Dieu sur laquelle nous sommes chacun branchés comme des sarments sur le même cep de vigne. Et non par un médium.

C'est le lieu privilégié de la communion des saints : quand nous communions au Christ ressuscité qui rassemble en lui « les vivants et les morts ». De même la prière quotidienne où par l'Esprit de Jésus nous sommes reliés les uns aux autres. Là est le vrai channelling.

III. Croyance à la réincarnation et expériences de survie

Les enfants du Verseau sont très attentifs à la dimension mystique de l'existence humaine. Le changement de paradigme, pensent-ils, va nous faire passer d'une conception scientiste et rationaliste de la vie limitée à l'immédiatement observable, à une conception ouverte sur un au-delà dont on pourrait même acquérir quelque expérience directe et vérifiable.

La croyance à la réincarnation en est une vérité-phare. Le Nouvel Age hérite comme naturellement de cette conception de l'au-delà parce qu'elle est d'une part dans le droit fil des religions orientales, de l'ésotérisme et de la gnose, d'autre part parce qu'il l'a reçu de ses précurseurs immédiats en particulier d'Allan Kardec et du spiritisme, d'Helena P. Blavatsky et du théosophisme. Cette doctrine découlerait enfin de la Sagesse primordiale et universelle que l'on retrouve dans l'hindouisme, le pythagorisme et l'hermétisme.

Les enfants du Verseau sont par ailleurs très attentifs aux expériences de contact avec l'au-delà qui casseraient une vue trop étroitement rationaliste de l'homme et du cosmos : voyages hors du corps, reportages des « rescapés de la mort », remémoration des vies antérieures. Elles témoigneraient chacune du changement de paradigme à l'entrée dans l'ère d'*Aquarius*.

Nous étudierions donc successivement le thème de la réincarnation – en le situant dans la religiosité du *New Age*, puis celui des expériences de survie dans l'au-delà.

LE THEME DE LA REINCARNATION DANS LA NOUVELLE RELIGIOSITE DE L'AGE DU VERSEAU.

C'était une antique croyance apparemment tombée en désuétude. Or voici qu'à l'approche de l'an 2000, plus de 22 % des occidentaux y accordent à nouveau foi[88]. D'où vient donc le retour en force d'une croyance que l'on croyait réservée à l'Orient ?[89] Chez certains, du sentiment fugitif d'avoir vécu « ailleurs » d'autres existences. Quelques-uns poussent même l'exploration jusqu'à pratiquer la « descente dans l'astral » avec l'aide réelle ou supposée de médiums spécialisés. Chez d'autres, de l'appel pressant à une rétribution après cette vie, du besoin d'une justice postérieure qui compense les inégalités actuelles. Quel scandale de voir heureux des méchants endurcis et malheureux des pauvres méritants ! De toutes façons, pensent-ils, on ne peut jouer le quitte-ou-double de l'éternité sur une seule existence. Une nouvelle chance doit nous être donnée !

Pour beaucoup, l'assurance d'avoir vécu antérieurement à d'autres niveaux d'existence, – dans une plante, sur une autre planète ou dans un animal – amène l'homme à prendre conscience qu'il fait partie intégrante du cosmos. Nous ne sommes en effet qu'un élément, un maillon de la chaîne de la vie animé d'une énergie qui bat identiquement dans nos veines comme en

88. Selon l'enquête sur « Les valeurs du temps présent » de M. Stoetzel (1983), 21 % des Européens dont 22 % de catholiques partagent cette croyance. Aux U.S.A. 23 %, suivant l'enquête Gallup 1982 ; au Canada suivant la même enquête de 1983, 23,9 %.

89. Cf. Jean Vernette, *Réincarnation, résurrection, communiquer avec l'au-delà*, Salvator, Mulhouse, 1988.

chacun des êtres vivants. Cette perspective d'une conscience cosmique planétaire est au cœur des enfants du Verseau. D'où le respect de l'environnement sous toutes ses formes. On fait ici appel à Teilhard de Chardin et à sa vision du Christ cosmique. Ne baignons-nous pas dans un océan de vie qui est la vie même de Dieu ?

Plusieurs voient dans la croyance en la réincarnation l'antidote assuré de tous les racismes. Si j'ai été dans une existence antérieure jaune ou noir, si je peux être dans une existence future juif ou arabe, comment ne pas respecter tout homme quel qu'il soit ? Voilà qui fonde la visée du village planétaire du Nouvel Age.

On voit aussi se profiler l'influence grandissante de l'Orient. A l'entrée dans l'ère du Verseau, à côté de neuf-cents millions d'Européens, il y aura 4,5 milliards d'Asiatiques. Or l'âme de l'hindouisme, c'est la croyance à la transmigration des âmes, à la chaîne inéluctable des renaissances jusqu'au nirvana bienheureux. Combien de cycles d'existences avant d'atteindre le centre de la roue cosmique des réincarnations dont le Bouddha s'est libéré... Il est finalement sympathique de renouer, par-delà la diversité des religions à estampille officielle, avec une tradition millénaire qui appartient au patrimoine spirituel de l'humanité et qui entrera dans le credo commun de la religion mondiale du Nouvel Age.

Par ailleurs, la faillite des idéologies, la crainte d'un cataclysme mondial, font ressortir les questionnements sur le sens de la vie, sur la destinée, sur l'ici-bas et sur l'au-delà. D'aucuns pensent alors que la perspective de la réincarnation permet d'aborder avec plus de sérénité la pensée traumatisante de la mort, puisque ce n'est qu'un passage avant une nouvelle existence. Sur cette bonne terre. Et même la perspective du bouleversement de l'âge noir à l'issue du deuxième millénaire, qui anime bien des millénarismes, devient moins inquiétante : puisque l'univers est cyclique et que l'éternel-retour nous conduira à reprendre la ronde des existences. Sur cette bonne terre. Avec le retour de l'âge d'or.

Le thème de la réincarnation est ainsi devenu une donnée commune de la religiosité du Nouvel Age. C'est qu'il s'enracine théologiquement dans une conception gnostique de l'homme et de l'univers.

La réincarnation dans le schéma gnostique

Le schéma gnostique est en effet porteur d'une cosmologie et d'une anthropologie spécifiques qui intègrent « naturellement » la transmigration[90]. Ce schéma et cette croyance concernent en particulier la Théosophie, l'Anthroposophie, les différentes Rose-Croix, la Fraternité blanche universelle, le Graal, la Spiritualité vivante, l'Ordre martiniste traditionnel, Atlantis, la Scientologie, la Nouvelle Acropole, le Penser nouveau, les groupes spirites, les groupes de science cosmique (sauf le mouvement raëlien) et quelques groupes de moindre importance.

Une cosmologie : Dieu, le monde, les êtres animés

La gnose non-chrétienne se veut totalisante et affirme apporter une vision complète du monde en tous domaines. Dieu est impersonnel, il est Energie et constitue le tissu même de l'univers. Cet univers se déroule imperturbablement selon les lois cosmiques universelles. La loi de la réincarnation est l'une d'entre elles. Dieu est présent comme Energie cosmique au cœur de tout être, d'une présence proportionnée à son degré d'émanation.

La matière elle-même est d'essence divine, comme une condensation de l'esprit ou son envers. Tout l'univers est un même être, une substance unique à base d'énergie, un organisme vivant. Marilyn Ferguson, pour illustrer ces « nouvelles frontières de la science », cite le mystique persan Aziz Nasafi : « Le monde spirituel est un unique esprit qui se tient, comme inondé de lumière, derrière le monde concret. Lorsqu'une créature vient à l'existence, en elle il resplendit comme à travers une fenêtre. Il dépend du genre et de la taille de la fenêtre que plus ou moins de lumière pénètre le monde »[91].

90. Nous avons déjà développé ces thèmes dans : *Jésus dans la nouvelle religiosité*, Desclée, Paris, 1986.

91. Marilyn Ferguson, *Les Enfants du Verseau*, Calmann-Lévy, Paris, 1981, p. 131.

La matière est douée de pensée, de conscience : les tenants de la Gnose de Princeton, en Amérique ou en France, le physicien Jean Charon, fondent leur système sur cette affirmation de base qui découle pour eux d'un constat expérimental. Et les multiples formes de conscience que l'on rencontre dans l'univers, – animale, humaine, végétale et minérale – sont l'émanation d'une unique conscience divine. Aussi la transmigration des âmes peut-elle jouer du haut en bas de l'échelle, d'un pôle à l'autre, de la matière à l'esprit dans un même mouvement. C'est ce qu'exprime une formule classique de l'ésotérisme : « Ce qui est en bas est comme ce qui est en haut »[92]. Notons que certains limitent son champ au seul règne humain, d'autres la veulent toujours ascendante et jamais régressive.

Une anthropologie

L'homme résume en lui-même l'ensemble des degrés de l'échelle, comme le microcosme d'un macrocosme englobant. « Veux-tu te faire une idée vraie du monde, regarde aux profondeurs de ton âme. Veux-tu te connaître toi-même, regarde le monde sous tous ses aspects », écrit le père de l'anthroposophie, Rudolf Steiner. C'est en lui que se fait la rencontre de la matière montant vers l'esprit et de l'esprit se penchant vers la matière, dans un double mouvement d'évolution et d'involution. Et le monde physique apparaît comme un bon laboratoire de travail pour libérer l'énergie spirituelle. Exercices du corps, développement des facultés paranormales, hygiène alimentaire, expression corporelle, mais aussi utilisation des sons, des couleurs, des parfums, de la lumière font partie de l'enseignement commun aux multiples ateliers du Nouvel Age tout comme aux initiations des Rose-Croix ou de la Fraternité blanche universelle.

Car le corps ne fait pas à proprement parler partie de la nature ontologique de l'homme. Ce n'est qu'un vêtement, une « coque » utilisée par un être humain dont l'essence est de nature divine. Il en change plusieurs fois au long de réincarnations successives qui doivent l'amener à s'exhausser jusqu'à l'esprit divin.

92. Cf. par exemple Max Heindel, in *Cosmogonie des Rose-Croix*, Editions *Association rosicrucienne*, Paris, 1974.

L'homme est essentiellement un *esprit* (principe divin immortel) qui possède une *âme* (subtile, pour rattacher l'esprit au corps) et un *corps* (fait de matière périssable).

Plus finement, certains diront qu'ils est composé de sept corps, à l'image des sept degrés de l'univers, lui permettant de communiquer avec chacun des sept plans d'émanation. Mme Blavatsky, précurseur du Nouvel Age, dénombre : le corps physique, le principe vital, le corps astral, le kama rupa (siège des désirs et des passions, de l'animalité), l'intelligence (mana), l'âme spirituelle (buddhi), l'esprit (atma). Atma, buddhi et mana constituent le soi, qu'elle appelle *christos*, « christ »[93].

L'anthroposophie énumère de même : le corps physique, le corps éthérique, le corps astral, la forme du moi, le moi spirituel, l'esprit de vie, l'homme-esprit.

De ce corps fait de matière périssable, l'homme est captif. Il est « en prison » disaient les Grecs faisant un jeu de mots : *soma, séma*, le corps est un tombeau. Et les mouvements de développement du potentiel humain proposent des techniques de libération de cette conscience par la « réalisation » du soi. L'enfouissement du moi divin dans la matière aveugle l'homme en effet sur son identité véritable et le fait vivre dans l'illusion, la trompeuse *maya*. Pour s'en libérer il doit acquérir la Connaissance, seule voie de salut : c'est la gnose.

Une libération au long des existences

Mais cette ignorance est telle que la libération du monde des apparences demande plus d'une existence terrestre. L'ancienne personnalité donne alors lieu à une nouvelle, « comme une chandelle avant de s'éteindre peut en allumer une nouvelle et ainsi continuer la série »[94]. Car pour prendre conscience de sa vraie nature divine et la réaliser, pour réintégrer l'état divin primordial dont il est émané, le principe spirituel doit se réincarner. C'est le même esprit qui perdure alors sous différents vêtements corporels.

93. *La Clé de la théosophie*, Editions Adyar, Paris, pp. 130-131, 102.

94. J.-L. Siémons, *La Réincarnation*, Editions Retz, Paris, 1982, p. 37.

L'accomplissement intégral du cycle spirituel est réglé rigoureusement par la loi du *karma* : toute cause produit irréversiblement son effet, l'acte bon produit de bons fruits, l'acte mauvais de mauvais fruits. Notre existence actuelle, notre « sort », heureux ou malheureux, notre statut social, sont le résultat direct de nos actions dans nos vies antérieures. « Il faut payer la dette jusqu'au dernier sou ». Et pour cela, reprendre en sens inverse le processus d'involution, pour entrer dans le chemin de libération que propose à sa manière chacun des mouvements spirituels. Au terme, l'étincelle divine de l'esprit, ayant enfin échappé à la roue des renaissances, retrouvera le Feu divin originel et s'y fondra comme la goutte d'eau dans l'océan. C'est en particulier le nirvana du bouddhisme, terme du chemin des humains.

Tel est le schéma gnostique sous-jacent aux mouvements intellectuellement plus construits du Nouvel Age. Tous les enfants du Verseau ne le formuleraient pas de manière aussi nette. Mais leur foi en la réincarnation y prend bel et bien ses racines... Car nous sommes à une époque-charnière de notre civilisation. Or la croyance à la réincarnation réapparaît toujours lors des grandes crises du sens de l'existence.

UNE CROYANCE QUI APPARAIT LORS DES GRANDES CRISES DU SENS ET DES CHANGEMENTS DE PARADIGME

La croyance à la réincarnation fait donc partie d'une conception philosophique globale du monde[95]. Elle n'est pas universelle et contemporaine de la naissance de l'humanité, comme le voudraient certains. Elle semble même relativement récente dans son expression réfléchie. Elle n'apparaît historiquement dans une société que lorsque celle-ci a déjà mis en place un système de pensée, comme le fruit d'une civilisation et d'une culture. En Inde, par exemple, elle ne se fait jour comme clé d'interprétation du monde qu'avec les Upanishads (700 av. J.-C.) alors que les textes de Védas (2 000 av. J.-C.) ne la connaissent pas encore.

95. Nous développons ces thèmes dans : *Réincarnation, résurrection, communiquer avec l'au-delà*, Salvator, Mulhouse, 1988, pp. 75 ss.

En Grèce, elle apparaît à peu près à la même époque avec l'orphisme, mais elle était inconnue de l'Iliade et l'Odyssée. Les textes religieux du Moyen-Orient (assyriens, babyloniens, hébreux) ne s'y réfèrent pas. L'Egypte non plus : dans sa conception de l'au-delà, les morts sont nettement séparés des vivants. Et l'Afrique se situe dans une toute autre vision des choses.

La croyance à la réincarnation semble apparaître au moment de grandes crises du sens : quand on cherche une nouvelle réponse « religieuse » aux questions métaphysiques sur l'origine et la fin de l'homme, sur le mal et la souffrance. Ce fut le cas avec l'apparition des religions à mystères, dans la Grèce antique, au moment où l'institution religieuse officielle s'écroulait. C'est le cas aujourd'hui où un certain retour du religieux dans nos sociétés industrialisées révèle une quête intense du sens ultime de l'existence. Et en particulier du sens de la mort.

On a difficulté en effet à l'affronter. On tente de la nier : technique de la thanatopraxie, de la cryogénisation (comme une mort en espoir de survie). Ou de la cacher : gommage de la mort à l'hôpital. Mais il est difficile de l'exorciser totalement. Le retour de la croyance à la réincarnation exprime sans doute une tentative pour l'apprivoiser, pour introduire une nouvelle conduite rassurante devant l'inéluctable refusé.

Croyance en la réincarnation et nouvelle religiosité

Cette croyance, tout comme la recherche spirituelle du Nouvel Age, aide des gens enfermés jusque-là dans l'univers clos d'un certain matérialisme à envisager une autre dimension de l'existence et à y trouver un nouveau dynamisme. Lorsqu'ils se posent la question de l'au-delà, à l'occasion d'un deuil par exemple : « Je suis un élément de l'histoire de la vie qui a commencé avant moi, se poursuivra après que j'ai joué ma partie, et quelque chose demeurera... »

Elle donne le sentiment que les morts, surtout ceux de nos familles, ne disparaissent pas pour toujours dans la grisaille de l'oubli, mais vivent à jamais avec nous, riches de leur expérience passée.

En nos pays d'ancienne chrétienté, elle est née par ailleurs dans le vide laissé parfois par une trop grande discrétion des Eglises à parler des « fins dernières », de la résurrection de la chair, du jugement, de la vie éternelle. On a laissé sans réponses claires des questions qui ne sont pas de pure curiosité : que se passe-t-il après la mort pour notre esprit ? Pour notre corps ? Pour le cosmos ? Alors que la réincarnation offre à première vue des perspectives claires et consolantes : la série des existences est infinie, il reste toujours des chances d'être heureux dans l'avenir, rien n'est définitivement réglé.

Pourtant, rétorquera-t-on, le christianisme parle bien d'un au-delà où Dieu rétablit la justice pour ceux qui n'ont pas eu leur compte de bonheur durant cette vie. Oui certes, mais pour certains le bonheur dans l'au-delà, ce n'est quand même pas la même chose ! Et, disent-ils, c'est dans la vie qu'on a manquée et mal vécue – *cette* vie terrestre – qu'il faut remettre sur le métier le travail : le *même* métier, mais en mettant à profit la nouvelle chance donnée.

A leurs yeux, la croyance à la réincarnation fait alors cesser le scandale du mal. Si quelqu'un souffre beaucoup dans cette vie, voire injustement, c'est qu'il a une lourde dette à payer d'une existence antérieure : « C'est normal, c'est son destin, c'est son karma ! » Mais il acquiert aussi par là les bons atouts pour une nouvelle partie à jouer, gagnante cette fois, dans une vie à venir. Elle permet à l'imagination de vagabonder : qui étais-je dans une existence antérieure ? Quels stades d'existence vais-je poursuivre tout au long du cycle cosmique ? Les voyages dans l'astral, le channelling y trouvent une matière de choix. Et s'insérer dans la ronde des existences à un certain point de l'évolution de l'humanité, semble nous enrichir à chaque naissance de tout le capital spirituel, moral et intellectuel accumulé depuis les origines. Elle rend possible le changement actuel de paradigme à l'entrée dans l'ère du Verseau.

Bref, ce n'est pas une croyance médiocre. Elle répond à certaines aspirations de nos contemporains. Elle leur apporte en un premier temps une bouffée d'espérance : « Tout n'est pas fini ». Mais est-elle fondée sur le *besoin* subjectif d'un au-delà et d'une justice compensatrice, ou sur la *réalité* objective des *choses* ? *Et n'y a-t-il pas d'autres hypothèses ?*

La Révélation de Jésus introduit ici un élément radicalement nouveau dans l'histoire du monde et la vie de l'homme : « Dieu a tant aimé le monde qu'il a donné son Fils unique, pour que tout homme qui croit en lui ne périsse pas mais ait *la Vie éternelle* » (Jn 3, 17). Comment cela ? Par la résurrection de l'homme tout entier, corps, âme et esprit : « Je suis *la Résurrection et la Vie,* dit Jésus. Quiconque vit et croit en moi ne mourra jamais » (Jn 11, 25). Sur ce point le christianisme diverge radicalement d'un thème majeur de la nouvelle religiosité du Nouvel Age[96].

A l'approche de l'an 2 000 où certaines de ces thèses semblent s'imposer et où près de 60 % de la population mondiale est asiatique, il importe que les chrétiens occidentaux soient bien au fait de leur foi sur ce point, pour en rendre raison avec assurance mais aussi avec pertinence.

IV. **Des expériences de survie dans l'au-delà ?**

« Parmi ceux qui ont rempli le questionnaire sur la conspiration du Verseau, écrit Marilyn Ferguson[97], beaucoup racontent que leurs expériences les ont contraint d'abandonner la conception selon laquelle la mort corporelle signe la fin de la conscience. Les plus assurés rapportaient également des expériences *peri mortem* (...). Charles Lindbergh décrit dans *The spirit of Saint Louis* (1953) une expérience de décorporation, de transcendance de l'espace et du temps, de perte de la peur de la mort, d'un sentiment d'omniscience, d'un souvenir d'autres vies conduisant à un changement durable dans ses valeurs. Vers la dix-huitième

96. A la loi cosmique de la réincarnation, le christianisme oppose en effet la promesse divine de la résurrection. Au terme de notre existence terrestre, Dieu nous ressuscitera, chacun *personnellement,* comme il a ressuscité son Fils. Nous ne sommes pas une collection de destinées enfilées en chapelets au long du cycle des renaissances, destinés à mourir à chaque étape, serait-ce pour renaître. Car la mort a été *définitivement* vaincue par le Christ en sa Passion-Résurrection. Il nous a délivrés *et* de la mort, *et* de l'obligation de nous réincarner pour mourir à nouveau. Il nous fait échapper à la rigide loi du karma qui nous imposerait rigidement de « payer jusqu'au dernier sou ». Car, par sa passion, Jésus a payé toute la dette, définitivement. Cf. Jean Vernette, op. cit., pp. 79 ss.

97. Op. cit., pp. 286-287.

heure de son voyage, il se sentit comme « une conscience s'étendant à travers l'espace, dégagée du temps et de la substance ». Et il ajoute : « La mort ne m'apparaissait plus comme l'ultime fin, mais plutôt comme l'entrée dans une existence neuve et libre »... »

Dans les milieux du Nouvel Age, on est très attentif à ce genre de récits qui répondent, il faut le dire, à une noble interrogation métaphysique sur l'après-vie.

Peut-on toutefois faire état de « preuves » *directes* d'une survie après la mort, – et non plus seulement de preuves *déduites*, comme pour la réincarnation[98] ? Ces preuves ne peuvent certainement pas être du type de celles des sciences expérimentales, fondées sur l'observation, la réitération des expériences, leur vérification par des protocoles de mesures et de calculs rigoureux et précis. Au mieux, l'approche scientifique pourra décrire des observations et recueillir des témoignages qui traduisent – comme celui de Lindbergh – sinon d'autres modes d'existences, du moins d'autres modes de relation à l'espace, au temps et au cosmos. Ces expériences personnelles sont rapportées souvent en termes de voyages hors du corps, de communications avec les trépassés – comme dans le channelling –, de « voyages dans l'au-delà », de souvenirs des vies antérieures. Elles concernent autant des états de transe médiumnique que les souvenirs des rescapés de la mort.

Elles ne constituent pas des preuves objectives de la survie, mais peuvent se regrouper en faisceaux de preuves subjectives, attestant chez certaines gens aujourd'hui une croyance en la survie fondée sur l'expérience de modes d'existences différents de la vie terrestre. Certains disent qu'ils seraient spécifiques des mutants du *New Age*.

LES VOYAGES HORS DU CORPS

On fait parfois état d'expériences de « sorties du corps » : de quoi s'agit-il ?

98. Jean Vernette, op. cit., pp. 89 et ss.

Voici une personne psychiquement normale étendue sur son lit. Elle se relaxe, ralentit sa respiration. Elle ressent que le moment est venu où elle est prête à se dédoubler. Elle éprouve alors le sentiment de planer au-dessus de sa couche. Elle voit son corps physique en train de dormir mais comme sans vie. Toutes ces sensations sont transférées à son « double ». Elle se sent légère, paisible dans son nouveau statut. Elle réintègre enfin son corps avec plus ou moins de plaisir. Tel est le schéma type des expériences et des récits.

On comprend qu'ils amènent à faire l'hypothèse d'une autre forme d'existence que l'existence corporelle. Il est bien évident qu'il n'y a pas à proprement parler séparation totale du corps physique, dont l'esprit aurait « coulissé », puisque la pensée du décorporé et ses perceptions ont pour siège le cerveau. Mais cet ensemble de sensations neuves et bien particulières peut laisser entendre que le sujet vit un type d'existence nouveau.

Le temps et l'espace semblent en effet abolis, ou du moins ne sont plus tout à fait les mêmes. Plusieurs voyageurs narrent comment ils ont pu rejoindre, en se dédoublant, des membres de leur famille fort éloignés : en voyage, à l'étranger, en prison. Et il ne s'agissait pas de télépathie, de communication de pensée, mais d'un état subtil du corps lui-même qui traversait, disent-ils, murs et cloisons : comme si la matière avait acquis une densité plus fine. Ils parcouraient en planant de longues distances et à de très grandes vitesses, pour rejoindre l'être aimé, tout proche de lui, mais non perçu.

On a vérifié plusieurs fois que les détails donnés par les visiteurs sur les scènes vécues – description de la cellule de prison, des personnes rencontrées, de la ville visitée, confirmés par la suite par des témoins fiables – correspondaient exactement à la réalité.

Dépassant les limites de l'ici-bas et du présent, plusieurs font même état de la rencontre de personnes décédées ou de scènes du passé.

Les témoignages sont multiples. Le sérieux *Journal of Society for psychical research* dénombrait, lors d'une enquête auprès des étudiants d'Oxford, que 34 % d'entre eux en auraient fait l'expérience au moins une fois dans leur vie.

Ne nous prononçons pas pour le moment sur l'origine et la validité de ces manifestations. Retenons seulement que plusieurs y fondent leur certitude que la vie ne se termine pas toujours quand la personne est séparée de son enveloppe charnelle. Que nous pourrions dès ici-bas « fabriquer » notre corps de demain en accédant à de nouveaux états de conscience. Que dans cette perspective, l'éternité commence dès maintenant. Que des exercices appropriés – d'« attention juste », comme dit le bouddhisme, – de présence vigilante à l'ici-et-maintenant, comme suggère la psychologie dynamique, – de lâcher-prise, comme enseigne le zen, – d'éveil à une nouvelle qualité de l'attention, comme disent les conspirateurs du Verseau, – d'élargissement de l'état de conscience par la fusion du soi avec un Soi plus universel et primordial, comme on l'apprend à Esalen ou à Findhorn, permettraient déjà de lancer une passerelle entre la vie corporelle d'ici-bas, temporelle, et la Vie universelle, éternelle. Hors du corps ou dans le corps, ce serait la même continuité de vie.

Une vie hors du corps

Pour certains, les faits de « vibration à des niveaux d'existence différents » doivent amener à conclure que la vie existe indépendamment de l'enveloppe charnelle, comme un océan cosmique où naissent et meurent des formes sans cesse renouvelées et renaissantes. Il n'y aurait pas un « autre monde » mais un monde qui est sans cesse en train de devenir « autre » sous des formes différentes. – Nous sommes bien dans la perspective moniste (tout le réel est Un) du Nouvel Age. –

On expliquera alors que le décorporé entre en contact avec une énergie « transmatérielle » : l'Energie pure, avec une majuscule. D'autres recourent directement à des hypothèses avancées d'astrophysique et de physique nucléaire pour parler de « matière invisible » entourant les galaxies. Ou bien à des hypothèses de neuro-physiologie et de biologie, faisant état d'expériences non mesurables par les sens parce que relevant d'états de conscience « autres ». Ou encore aux notions orientales de shakti, de yin et de yang, de kundalini : toutes dénominations désignant des systèmes d'énergie pure non perceptibles scientifiquement mais observables dans leurs effets. La plupart des conspirateurs du Verseau s'y réfèrent à quelque degré.

Mais on le voit : on est sorti alors de l'expérimental pour passer insensiblement à l'ésotérique. On a opéré un changement de système de référence et de pensée, avec le risque de confondre les données, lorsqu'on utilise par exemple des notions de physique sur le registre symbolique : « transmatériel », « Energie pure ». Une telle extrapolation risque de faire illusion. La notion de « corps astral », sorte de double du corps physique dont il pourrait se détacher pour mener une vie autonome, relève de l'ésotérisme qui est un système philosophique et religieux d'explication du monde, et non de la science expérimentale. Développons un peu cette explication.

Le plan astral

On parle beaucoup d'« astral » dans le Nouvel Age. L'hypothèse d'un plan astral en particulier et d'une projection du corps sur ce plan veut expliquer les sensations de dédoublement, de dépassement du temps et de l'espace, dont font état les décorporés. Ce sont des projections de l'esprit du « dédoublé », fruits de son cerveau, mais bien spécifiques et non maladives. A la différence du malade souffrant d'hallucinations qui voit son double à partir de son propre corps, le voyageur voit son corps à partir de son double comme si son champ de conscience s'était déplacé du corps physique à un autre corps que l'on appelle alors « éthérique », « subtil », « spirituel ». Il semble être passé sur un autre plan.

On qualifiera cette séparation de « projection astrale ». On pourrait s'y entraîner dès son vivant. Et la mort représenterait la dissociation définitive des corps physique et astral, passage d'autant plus aisé à accomplir que l'on se serait habitué durant sa vie terrestre à vivre sur l'un et l'autre plan.

Mais la notion d'astral relève, avons-nous dit, de l'ésotérisme, cet ensemble d'enseignements cachés visant à donner une explication totale de l'homme et de l'univers qui ne s'opposerait pas aux sciences expérimentales, mais les dépasserait et les compléterait[99]. C'est en particulier par comparaison, par analogie que l'on va découvrir ce qui échappe aux sens : « Ce qui est en haut est comme ce qui est en bas ». L'homme est en effet composé d'au moins trois principes : – le physique, d'origine terrestre (le corps), – l'astral, d'origine astrale (le corps subtil), – le spirituel, d'origine divine (l'esprit). Ces principes correspondent à trois plans d'existence expliquant aussi bien les voyages hors du corps que la voyance, la divination, le channelling et d'autres phénomènes annexes comme l'aura ou la lévitation. Etudions donc la conception de l'homme que propose l'ésotérisme, car cette anthropologie est commune à bien des chercheurs du Nouvel Age.

Une anthropologie New Age

Au-delà des groupements moléculaires et cellulaires qui constituent le corps physique, circulerait une sorte de charge d'énergie accumulée. Les théosophes l'appellent « double éthérique » parce que des voyants le décrivent sous la forme d'un corps lumineux, *l'aura*, débordant le corps. Le corps astral est le plan architectural de ce capital énergétique, une sorte de condensation qui pourrait en certains cas former un double du corps physique, comme dans la bilocation. Les peintures de l'Egypte ancienne le représentent par une silhouette placée derrière les personnages évoqués. C'est le corps astral qui maintiendrait l'unité du corps physique et la permanence de sa forme à travers le renouvellement régulier des tissus. Il existerait aussi chez les minéraux et les végétaux. Un cristal abîmé se recompose suivant sa forme propre : son astral. Un crabe perdant une

99. Sur l'ésotéro-occultisme, voir notre *Occultisme, magie, envoûtements*, Editions Salvator, Mulhouse, 1986. Nous n'ignorons pas que certains chercheurs se réclament de l'ésotérisme, spécialement de l'ésotérisme traditionnel, tout en n'adhérant pas exactement en ces termes à la théorie explicative de l'astral. De même certains enfants du Verseau. Nous donnons ici la position commune.

patte verra une autre patte repousser, un peu atrophiée : suivant son astral.

Le corps astral serait l'intermédiaire entre le corps physique et la raison, l'esprit. Il jouirait aussi de la propriété de s'extérioriser dans l'astral atmosphérique, ce qui expliquerait justement les voyages hors du corps par la projection du double.

« La projection astrale n'exige qu'un seul article de foi : croire que nous sommes deux en un, qu'il y a donc le système somatique et un autre, que ce second système est habituellement rattaché au corps, mais qu'il a la possibilité de le quitter dans certaines circonstances, de sorte qu'il peut arriver que nous soyons parfois véritablement en deux endroits à la fois »[100]. – Notons l'expression « article de foi » : on est sorti en effet du domaine de la preuve scientifique pour entrer dans l'adhésion croyante. –

Dans l'astral seraient inscrits tous les faits passés, présents et même à venir: ceux que rejoindrait précisément le décorporé dans ses voyages. L'astral serait comme la bibliothèque – les « annales akashiques » – des actions, des pensées, des événements, de la vie des hommes d'autrefois. Certaines personnes particulièrement douées y aurait accès par des « sorties dans l'astral ». On fait largement état de telles explorations, dans la littérature du Nouvel Age, par exemple pour décrire « l'authentique vie de Jésus »[101].

Durant le sommeil, en particulier, la partie supérieure de la personne pourrait avoir accès à ce plan et s'y déplacer sans fatiguer son corps physique. On comprend ainsi que certains rêves soient prémonitoires, puisque l'astral contiendrait aussi notre futur.

Les rapports normaux du corps astral avec la personnalité pourraient être modifiés par l'usage de drogues. – Certains conspirateurs du Verseau les ont utilisées. – Ainsi s'expliqueraient les « trips » des drogues, ou « voyages » en un autre monde. Les dédoublements corporels lors de graves accidents ou d'intervention chirurgicale ayant entraîné un coma apparent : lorsque le

100. L. Watson, *Histoire naturelle de la vie éternelle*, Albin-Michel, Paris, 1976.

101. Cf. A. et D. Meurois-Givaudan, *De mémoire d'Essénien*, Editions Arista (1984).

sujet a le sentiment de flotter dans la pièce et d'assister de l'extérieur à ce qui se dit de lui et se fait sur son corps. – Mais on pressent aussi que d'autres explications sont possibles : une production en overdose au moment de la mort de neuromédiateurs donnant naissance à une euphorie paradisiaque naturelle, par exemple.

L'hypothèse d'un double constitué, sorte de copie de l'être humain, et d'un autre plan du réel dont il relèverait – l'astral – n'est pas médiocre. L'Orient en est familier. Mais elle amène à sortir de l'observation scientifique pour entrer dans la systématisation philosophique. Certes, on pourrait alors induire de la capacité de la conscience à se détacher de son enveloppe physique l'hypothèse d'une survie appuyée sur le support du double énergétique après la décomposition du corps. Mais les conceptions du monde et de l'homme sur lesquelles s'appuient ces hypothèses ne sont pas neutres. Elles sont fort éloignées en particulier de la pensée biblique quand elles s'originent dans le spiritisme, le théosophisme et l'occultisme. On comprend qu'un discernement attentif s'impose. Nous y procèderons plus tard.

LES RECITS DES RESCAPES DE L'AU-DELA

Les expériences « aux frontières de la mort », grâce aux progrès de la médecine, se multiplient à travers le monde. Elles révèlent des faits étonnants, extraordinaires, qui semblent indiquer un changement de paradigme quant à la perception de la mort et de l'après-mort. Le *trou noir* tant redouté ne serait que la continuation vers une nouvelle vie. Et l'on pourrait prouver la validité scientifique de cette affirmation par les récits de voyages aller-retour d'où certains rapporteraient des images réelles de l'au-delà. D'aucuns affirment même que des messages des disparus nous parviendraient par enregistrements sur magnétophone et sur magnétoscope[102]. Cette perspective d'une globalité de l'ici-bas et de l'au-delà intéresse passionnément, on le comprend, les conspirateurs du Verseau. Ils accordent massivement foi à ces documents et récits. Qu'en est-il exactement ? Regardons d'abord les faits.

102. Cf. François Brune, *Les Morts nous parlent*, Editions du Félin, Paris, 1988.

Voici un accidenté en état de mort apparente. Ou bien un malade cliniquement décédé après arrêt du cœur. Ou encore un opéré gisant inerte sur la table d'opération. Chacun raconte à son réveil des choses troublantes. Ils se sont sentis flotter au-dessus de la table d'opération. Ils assistent alors, depuis cette position, aux efforts que l'on fait pour ranimer leur corps. Et à un moment donné, une force les oblige à redescendre et à le réintégrer. Avec grand regret cependant, car durant cette « escapade » ils se sont sentis attirés par une chaude lumière rayonnant d'un intense sentiment d'amour. Certains ont même rapporté de véritables visions paradisiaques, d'amis les accueillant avec joie, de parents retrouvés, voire d'un Etre suprême de lumière faisant défiler comme dans un film ultra-rapide leur existence entière et posant la redoutable question : « Qu'as-tu fait de ta vie ? »

Ces états de conscience spécifiques ont un nom : Near Death Experiences (NDE), expression rendue en français par « Expériences aux portes de la mort ». Et les sujets sont les *experiencers*. Ce sont les enquêtes de deux médecins américains, Elisabeth Kübler-Ross et Raymond A. Moody, qui ont éveillé l'intérêt du grand public. Le livre du docteur R. Moody notamment, *La Vie après la vie*[103] publié en France en 1977, joua le rôle de « récit déclencheur de récits », déliant les langues de ceux qui n'osaient parler de crainte d'être pris pour des fous, et ouvrant la voie aux histoires les plus étonnantes.

Témoin le cas récent de Béatrice, cette petite fille de Foligno près d'Assise qui, atteinte d'une tumeur à la gorge, tombe le matin de Noël dans un coma profond. Au bout de trois heures, son cœur cesse de battre. Le médecin la déclare morte. Or voici qu'elle se réveille et décrit un pays merveilleux d'où elle revient. Il n'en faut pas plus pour qu'on l'appelle « la petite fille qui a vu le paradis ».

103. Cf. également *La Lumière de l'au-delà*, R. Laffont, Paris, 1988. Cf. aussi Patrice Van Eersel, *La Source noire*, Grasset, Paris, 1986.

Des études approfondies aux résultats convergents

Depuis une dizaine d'années, aux Etats-Unis, en Grande-Bretagne, en France, sont nées des Associations pour l'étude des états proches de la mort, dans le but d'approfondir le phénomène avec « rigueur et ouverture d'esprit » et « en l'absence de tout parti-pris théorique ».

Les scientifiques ont été amenés en effet, devant l'abondance des témoignages, à se pencher sur le problème de la mort. Au début, dans ces milieux, c'était un haussement d'épaules sceptique. Il ne pouvait s'agir que de délire puisque dans la pensée matérialiste l'homme est identifié purement et simplement à son corps : un composé d'ondes et d'atomes dont la décomposition à son décès signe une fin définitive sans que rien puisse demeurer et survivre.

Mais voici que des médecins étudiant de près ces récits doivent se rendre à l'évidence : ceux-ci sont conformes à la réalité. Le docteur Michaël Sabom vérifie au long de multiples cas cliniques que les rescapés donnent des précisions convaincantes sur les propos échangés et les gestes accomplis par les soignants au moment de la réintégration dans le corps. Le psychosociologue Kenneth Ring identifie cinq étapes dans le déroulement d'une NDE, de l'état initial de bien-être et de paix heureuse au retour à regret au monde réel.

Ce qui frappe dans ces expériences, c'est leur fréquence : une personne sur vingt, aux Etats-Unis, d'après un sondage Gallup. Et surtout la transformation intérieure du sujet, qui fait penser à un véritable éveil de la vie spirituelle. La NDE provoque en effet un bouleversement complet des systèmes de valeur de l'individu concerné. Vouloir faire bonne impression, désirer la célébrité, craindre le rire des autres, tout cela disparaît de la vie, comme s'il s'agissait d'une maladie infantile. A l'inverse, l'attention aux autres, un mélange complexe de patience, de tolérance, de compréhension, de compassion, connaît une hausse à la verticale. Et la peur de la mort a disparu pour laisser la place à une immense volonté de vivre.

Cet « éveil de la conscience » est justement un des lieux spécifique de changement de paradigme à l'approche de l'ère du

Verseau, disent les enfants d'*Aquarius*. Prouvent-ils pour autant l'existence d'une autre vie ?

Les NDE prouvent-elles l'existence d'une autre vie ?

Doit-on voir dans ces récits des reportages sur l'au-delà ? La mort connaîtrait-elle des allées et venues permettant de rapporter une image circonstanciée du passage et de l'après-passage ? En fait, non : il n'y a pas de vie après la vie qui puisse entrer dans notre champ d'expérience. Raymond Moody dit lui-même : « Je ne peux pas jouer aux échecs avec les règles d'un autre jeu ».

La petite fille de Foligno pas plus que les sujets des NDE n'étaient cliniquement décédés. L'arrêt du cœur, de la respiration et la chute de la tension artérielle, dont le docteur Moody fait état, ne sont pas des signes suffisants de mort. Si le patient est soumis à ce stade à des soins intensifs, il n'est pas impossible qu'il s'en sorte. Tout ce que l'on peut dire, c'est que Béatrice a franchi un seuil, qu'elle s'est avancée au plus proche de l'autre rive de la vie.

D'où proviennent-elles ?

Mais alors d'où viennent les NDE ? Par quels mécanismes ces « états de conscience spécifiques » se fraient-ils un chemin dans les esprits ? Car, fait troublant, les *experiencers* tout en étant déconnectés du corps restent quand même conscients. Peut-on demeurer conscient tout en étant entièrement déconnecté d'un support neuronal avec le cerveau ? Qu'est-ce donc que la conscience, l'énergie, le réel ? Les recherches récentes de la physique quantique peuvent-elles fournir une explication ? Bernard d'Espagnat parle de « réel lointain, voilé, donc inattingible, qui ne pourrait être compris en termes ordinaires ». David Bohm suggère qu'il y aurait une succession de niveaux de matérialité de plus en plus subtils. Oui : quelle est l'origine des NDE ?

Une première réponse pourrait venir du fonctionnement de l'organisme lui-même placé en état de choc. Du manque par exemple d'oxygénation du cerveau ou de l'excès de dioxyde de carbone survenant au moment d'un arrêt du cœur. Mais de l'aveu même du Docteur Moody, bien des années de recherche lui ont laissé dans ce domaine les mains vides.

Peut-on rapprocher à nouveau ces incursions dans l'au-delà, des voyages des toxicomanes ? Peut-être, tout en notant que leur point de départ est fort différent : drogue d'un côté, violent traumatisme corporel de l'autre.

On cherchera alors du côté des religions orientales et on parlera d'« expériences spirituelles » voire « mystiques » dans la perspective chère au Nouvel Age.

Le réveil de la kundalini, signe de l'apparition d'une nouvelle race de mutants ?

L'hindouisme traditionnel propose une vision de l'homme où la force vitale est représentée comme un serpent lové sur lui-même au bas de la colonne vertébrale : la kundalini. Lorsqu'on l'éveille par des techniques appropriées, son énergie jaillit progressivement de bas en haut. Elle se glisse dans des canaux peu connus, dont le réseau est comparable au maillage énergétique qu'éveillent les acupuncteurs.

En montant depuis le bas du bassin jusqu'au sommet du crâne, elle éveille en particulier les sept « nœuds de vie » ou chakras. Ceux-ci sont comme des réservoirs de puissance qui ne mettent en œuvre qu'une partie très réduite de leur potentiel de vitalité tant qu'ils ne sont pas réveillés. Au dire des yogis expérimentés, quand les sixième et septième chakras – ceux de la tête et du crâne – s'éveillent, le sujet accède à des expériences de voyage hors du corps, de sensations uniques de paix, de lumière, très voisines des NDE. La seule différence tient à ce que cet éveil est le fruit d'une longue discipline intérieure acquise par le long entraînement du yoga. Alors que la NDE survient sans apprentissage préalable. Les *expériencers* seraient-ils donc des hommes d'un type nouveau ?

De là à faire l'hypothèse que nous soyons à l'époque où justement, à l'approche du Nouvel Age, de profondes mutations psychiques seraient en train de se réaliser sur la planète, il n'y a qu'un pas idéologique à franchir. La multiplication des NDE et des sorties du corps serait le signe qu'une race de mutants est en train de naître. Eux tout particulièrement feraient partie des enfants du Verseau, précurseurs d'une vaste mutation de l'humanité. Mais nous sortons une fois encore du terrain du réel pour passer au plan de l'analogie, du symbolisme, mais aussi du syncrétisme. Cette rêverie cosmique est incitative pour l'imagination, mais sans validation scientifique assurée.

La NDE n'est pas un reportage sur l'au-delà.

Il faut le redire clairement : le récit de ces instants autour du coma ne peut être pris pour un reportage sur l'au-delà. C'est l'ultime point jusqu'où un homme peut aller. Mais puisqu'il en revient, c'est qu'il n'y a pas eu véritablement mort. Il y a description d'états de conscience spécifiques, mais non expérience de survie.

Quand Raymond Moody parle de mort temporaire et surtout de mort clinique pour parler de l'état de mort apparente, il y a quelque abus de langage. L'expression « Near Death Experience » (expérience aux portes de la mort) parle plus vrai que celle trop ambiguë de *Vie après la vie*. Elle n'évoque pas en effet un voyage dans l'au-delà, mais seulement des sentiments éprouvés lors d'un événement dramatique de la vie raconté avec toute la puissance émotionnelle que recèle le registre du symbolique, de l'imaginaire, de l'affectif. Lorsqu'une personne est confrontée à la violence extrême de la mort, elle mobilise pour se défendre tout l'arsenal d'images — y compris les représentations religieuses — qu'elle porte dans son subconscient mais qu'elle refoule dans la vie courante.

Bref les NDE nous aident à découvrir qu'il existe en nous un esprit qui peut vivre en certaines circonstances une vie apparemment déliée du corps, mais elle ne nous renseigne pas directement sur ce qui se vit dans l'au-delà. Car cette connaissance, s'appuyant sur une Révélation, relève de la foi.

Comment expliquer alors qu'une grande majorité des rescapés de la mort en reviennent complètement transformés ? Quelle valeur accorder à leur expérience spirituelle ?

Ici encore il faut discerner dans le vocabulaire employé fréquemment dans le Nouvel Age. Le spirituel n'est pas à confondre avec l'émotionnel. Même si les fruits de beaucoup de NDE semblent relever de ce niveau de profondeur.

Et pour que la mort devienne source d'inspiration et de sens de la vie, il faut discerner dans les expériences. On doit faire référence ici à l'enseignement des grands maîtres spirituels. Tous disent qu'il faut juger l'arbre à ses fruits. Si la NDE est porteuse de joie et de paix, il y a des chances qu'elle soit authentiquement spirituelle parce que fruit du bon Esprit. Si elle est source d'angoisse, de tristesse, de dépression, si elle fait glisser dans le confusionnisme religieux où l'on confond vie éternelle et état de conscience altéré, résurrection et réincarnation, théologie spirituelle et para-psychologie, ère du Verseau et retour du Christ, elle risque d'être le fruit d'un mauvais esprit proche du *diabolos* (étymologiquement, l'« embrouilleur »). Le paranormal n'a rien à voir avec le surnaturel, ni le spiritisme avec la communion des saints.

Si, en théologie chrétienne, le désir d'immortalité qui s'exprime dans les NDE n'apporte pas de preuves objectives de l'après-vie pour l'observateur, il faut reconnaître cependant que pour l'*experiencer*, ces expériences valent comme preuves personnelles ayant valeur d'évidence, irréfutables à ses yeux : « Ayant vu ce que j'ai vu, je ne peux plus nier qu'il existe quelque chose dans l'au-delà ». L'unanimité des témoignages incline à conclure à leur authenticité, mais il s'agit d'une authenticité subjective. Elle traduit aussi une immense aspiration à l'espérance et un irrépressible désir de la vie éternelle qui sont signes patents d'une dimension religieuse inaliénable en tout homme.

V. Un nouveau paradigme de la science ? La gnose de Princeton

La recherche d'un savoir unifiant et unifié

Un des exemples les plus représentatifs du nouveau paradigme, à la fois en matière d'approche *scientifique* et de perspective *gnostique*, est le mouvement de pensée né aux USA vers les années 65 en milieux de physiciens, astronomes et biologistes, qui s'est fait connaître sous le nom générique de *Gnose de Princeton*. Cette dénomination lui a été donnée en 1969 par des opposants, mais le mouvement l'a finalement faite sienne avec quelque humour[104]. Il rassemblerait des astrophysiciens, cosmologues, médecins, chercheurs en biologie dans les domaines les plus pointus de la science contemporaine, autour des universités américaines de Pasadena et Princeton – d'où son nom –, sites des grands observatoires du Mont Palomar et du Mont Wilson. Parmi eux, plusieurs Prix Nobel.

La Gnose de Princeton en tant que telle ne relève pas du mouvement du Nouvel Age. Mais elle exprime de manière vigoureuse un changement de manière de voir les choses qui est bien caractéristique de la conspiration du Verseau. Marilyn Ferguson y voit une « fraternité de casseurs de paradigme qui se rencontrent sur le territoire des autres pour faire naître de nouvelles idées »[105]. Déjà dans *Le Matin des magiciens*, Pauwels et Bergier avaient imaginé l'existence d'une « conspiration ouverte de scientifiques » cherchant dans ce sens.

Comme toute gnose, ce mouvement de pensée veut atteindre la Connaissance, une connaissance supérieure qui dépasse le savoir ordinaire. Il vise à construire une vision plus synthétique et plus profonde que celle donnée par la science cou-

104. On ne connaît pas tous les noms de ce mouvement discret. La meilleure synthèse de leur pensée, au dire de certains de ses représentants, a été publiée en langue française en 1974 par un universitaire professeur de philosophie des sciences, R. Ruyer, sous le titre *La Gnose de Princeton. Des savants à la recherche d'une religion* (Paris, Fayard, 1974). Cf. aussi l'article de James Lovebook dans *New scientist*, février 1975. Les doutes émis parfois sur l'authenticité du rapport de R. Ruyer ne semblent pas tenir aux vues de la compétence et de la probité de l'auteur.

105. Marilyn Ferguson, *Les Enfants du Verseau*, op. cit., p. 110.

rante, tout en s'appuyant sur elle mais en la dépassant. La science aujourd'hui demeure en effet fragmentaire : la gnose veut présenter un savoir unifiant et unifié. Elle s'arrête au seuil des questions fondamentales sur le sens de l'homme, du monde, de l'origine et de la fin : la gnose veut répondre à ces interrogations en proposant des significations ultimes à la destinée humaine et au cosmos. La science affirme donner le dernier mot objectif sur le réel ; la gnose récuse cette prétention, au regard du caractère réducteur des approches scientifiques courantes. Le dogmatisme naïf de certains scientifiques les enferme dans les limites d'un rationalisme étriqué. La gnose ne contredit pas la science mais veut dépasser ces limites imposées par une volonté illusoire de pureté totale.

Des savants à la recherche d'une religion

Elle s'apparente à une philosophie religieuse. Mais d'un genre particulier. La nouvelle gnose en particulier ne veut pas être confondue avec les mystiques orientales – même si elle n'est pas sans lien avec le taoïsme et le bouddhisme zen. Ni avec le gnosticisme antique : elle ne considère pas la matière comme mauvaise, ne recherche pas la vision illuminatrice de l'essence des choses, et surtout ne vise à procurer aucun salut religieux par la Connaissance. Ni encore avec une religion spécifique, même si le livre de R. Ruyer porte en sous-titre : *Des savants à la recherche d'une religion*, même si elle affirme que la science loin de rejeter Dieu est amenée par son propre fonctionnement à poser son existence comme nécessaire.

Elle ne veut pas être confondue non plus avec l'ésotérisme, même quand il est animé du désir d'une connaissance globale des « choses cachées depuis la fondation du monde ». Ni avec ses produits annexes que certains du Nouvel Age amalgament parfois dans un syncrétisme hâtif : numérologie, arts divinatoires (spécialement l'astrologie). Ni avec les spéculations utilisant sans esprit critique des notions de physique quantique pour exprimer symboliquement des faits relevant de la parapsychologie.

Il est par contre étonnant de constater que la gnose a retrouvé certaines intuitions du père Teilhard de Chardin, lequel est réclamé par ailleurs comme figure de proue par les enfants du Verseau. On pourra alors lui reprocher, comme on en a fait grief au savant jésuite, une certaine confusion des genres entre la science et la philosophie. Ou encore, — mais le paléontologue l'avait soigneusement évité — de ne pas distinguer suffisamment les divers niveaux de conscience et d'esprit dans le monde. Nous y reviendrons.

Des questions de toujours, dans un nouveau paradigme

Bref, la Gnose de Princeton retrouve les grandes interrogations de la philosophie sur l'être et la fin de l'homme et du monde, celles auxquelles Aristote, Lucrèce, Descartes, Leibniz, avaient déjà apporté réponse à partir de la science de leur temps, mais en se fondant sur les données les plus actuelles de la connaissance la plus avancée. Et elle a su cristalliser ces questions : « En physique, il s'agit de la thermodynamique, de la mécanique statistique, de la théorie de l'information, de la cybernétique et de la toute récente théorie générale des systèmes. En biologie, des acquisitions majeures réalisées dans les domaines de la génétique, de la biologie moléculaire, de l'embryologie. Dans les sciences du comportement, des vues nouvelles sur le psychisme animal et sur les instincts. Il faut enfin mentionner les théories cosmologiques qui, depuis un demi-siècle, ont connu un si remarquable essor. L'honnêteté même de leur démarche a conduit les scientifiques à reconnaître que, dans ces divers domaines, se posaient des problèmes dont la solution semblait dépasser les possibilités de la connaissance objective »[106].

Tous les êtres sont conscients, pleins de sens

Quelle est la pointe de ce nouveau paradigme ? La thèse suivant laquelle la science ne nous permet de connaître que l'« envers » des choses, alors qu'elles ont un « endroit » qui est conscience. Nous retrouvons ici par un autre bout la conception

106. F. Russo, *La Gnose de Princeton*, in *Etudes*, 1975, pp. 390 ss.

gnostique et orientale d'un cosmos taillé dans une étoffe unique, de nature consciente sinon spirituelle. Il y a conscience même dans les atomes et les constituants élémentaires de la matière : « L'univers n'est fait que de formes conscientes d'elles-mêmes »[107]. La gnose vise à réaliser la « transposition de l'univers en conscience ». On voit la parenté avec la notion de conscience cosmique familière au Nouvel Age, héritée elle-même du gnosticisme et de l'hindouisme.

« Tous les êtres sont conscients, signifiants, ou plus exactement pleins de sens ». La nature n'est donc pas le lieu d'une finalité aveugle. « L'univers de la gnose ne diffère par aucun détail de l'univers de la science, mais il y a entre les deux univers la même différence qu'entre un être vivant et animé, et le robot qui l'imiterait parfaitement mais dont nous saurions qu'il ne sent rien ». « La gnose consiste, au-delà et à travers les observables de la science, à *connaître* la vie propre des êtres ».

Cette vie n'est toutefois pas assimilable, dans la pensée des chercheurs de Princeton, à quelque « âme » ou être surnaturel qui les animerait. Ils se différencient ainsi de l'animisme. Et aussi sans doute de la perspective des initiateurs de Findhorn entretenant conversation avec les *dévas* habitant les plantes, ou des communautés du Verseau rendant un culte à Gaïa, la Terre, perçue comme une entité personnelle. Mais certaines formulations en sont proches : « Même les énormes amas de matière des étoiles et des nébuleuses sont de la conscience à l'état pulvérisé ». On note ainsi que la nouvelle Gnose n'a pas toujours su distinguer les différents degrés de conscience. Alors que Teilhard dont elle se réclame, avait toujours eu le souci de distinguer décisivement la conscience humaine réfléchie, des autres formes de conscience dans le monde.

La gnose veut surtout souligner les rapports étroits entre l'esprit (explicitation de la conscience) et la matière ; elle rejoint ainsi par un autre bout une intuition chère aux enfants du Verseau. Elle ne glisse pas pour autant dans la perspective gnostique enseignant la négativité d'une matière dans laquelle l'esprit serait comme enlisé : « La disjonction Esprit-Matière dans

107. R. Ruyer, op. cit., p. 35. Citations suivantes, pp. 285, 53, 296, 38, 35, 166 à 167.

l'emploi du cerveau ne doit pas tromper sur l'allure générale de la vie dans le cosmos (et) conduire aux mythologies et aux divagations de l'ancienne gnose sur le pneuma et sur l'esprit, imaginés comme tout à fait indépendants de la matière dans laquelle ils s'enlisent... En aucun domaine l'autonomie de l'esprit ne devient absolue. L'esprit ne devient jamais un fantôme ou un Dieu hantant librement l'espace ».

L'existence de Dieu est postulée par la science

Qui est Dieu alors ? Il est postulé par le développement même de la réflexion scientifique. « Pour les gnostiques, dès lors que l'on a reconnu des projets, des desseins dans l'univers, on en doit conclure à l'existence d'une Intelligence englobante et animant l'univers... L'unité du cosmos, l'interaction des consciences, l'action multiforme de l'Esprit impliquent l'existence d'une conscience universelle, d'un domaine qui apparaît comme l'Esprit par excellence »[108].

Les gnostiques se refusent de croire « que l'univers soit un aveugle absolu ou un bâton d'aveugle menant un aveugle d'abord inconscient et qui ne va nulle part, jusqu'à le faire devenir miraculeusement une conscience qui se met à vouloir aller quelque part... Dieu est la pensée dont le monde constitué est le cerveau ».

Il est un « participable » — notion-clé de la nouvelle Gnose —, c'est-à-dire une de ces structures constituant des totalités que la science, essentiellement réductrice, ne peut entièrement saisir. On voit la parenté avec la notion d'« holisme » chère au Nouvel Age. Il est toujours à l'œuvre dans l'univers. On peut en faire l'expérience. Ainsi pour la nouvelle Gnose « l'expérience psychologique, biologique et linguistique de la participation est bien une sorte de *révélation* naturelle à saveur religieuse »[109].

Cette expérience « religieuse », typique des enfants du Verseau, n'est pas identifiable — notons-le — avec l'expérience mys-

108. F. Russo, op. cit., p. 399.

109. Ibid., p. 129.

tique du christianisme. D'ailleurs ce dieu cosmique n'est pas une personne. Il est proche de celui auquel on s'adresse parfois dans les réunions du Nouvel Age en répétant la Grande Invocation d'Alice Bailey. Mais que des savants de ce niveau affirment être amenés à postuler sa nécessaire existence au terme de leur démarche proprement scientifique, voilà qui témoigne d'un singulier sens du mystère, en des temps où l'on se plaît à chanter sa mort.

CHAPITRE IV

La parole est à l'accusation
Des mises en garde vigoureuses

Le Nouvel Age se présentant avec assurance comme un mouvement à vocation mondiale, il ne pouvait que susciter des réactions aussi assurées, mais de rejet.

Avant d'apporter en finale nos propres éléments de discernement au titre de la grande tradition chrétienne, écoutons en contrepoint de la thèse que nous venons d'exposer à partir du discours même de ses initiateurs, la formulation de l'antithèse. Elle est parfois aussi extrême dans son refus virulent que l'était l'enthousiasme des fidèles dans leur adhésion inconditionnelle.

Après avoir entendu un des leaders du mouvement lui-même, David Spangler, en fustiger un certain nombre de déviations et contrefaçons, nous écouterons deux mises en garde argumentées identifiant respectivement le Nouvel Age avec :

– le retour de l'Antéchrist tel qu'il serait prédit par la Bible,

– une expression contemporaine particularisée du vieil ésotéro-occultisme occidental.

En annexe, on trouvera aussi un étonnant pamphlet accusant la conspiration du Verseau d'être une manifestation spécifique du satanisme, à la manière d'un cheval de Troie de la subversion et du communisme mondial[110].

I. **Des ombres au tableau contrefaçons et déviations du Nouvel Age**

Un mouvement humain, bien orienté dans ses intentions de départ, risque toujours de se tourner en son contraire si l'on n'y prend garde. C'est, explique David Spangler, ex coresponsable de la communauté-phare des Enfants du Verseau, à Findhorn en Ecosse, et l'un des maîtres à penser du Nouvel Age[111], le principe d'*énantiodromie* (du grec *enantios*, opposé, et *dromos*, course). Carl Jung l'a énoncé clairement : nos intentions et nos actes ont toujours quelque tendance à se transformer en leurs contraires. C'est ainsi qu'une réforme sociale louable comme la Prohibition a pu engendrer aussi de nouveaux crimes et de nouveaux criminels.

Appliquant le principe à la quête du Nouvel Age et à ses tenants, il reconnaît avec une belle lucidité que de nombreuses ombres sont apparues au tableau, ombres portées sur une ère que les enfants du Verseau décrivaient pourtant comme devant être celle de la lumière et de l'illumination.

Ce discernement nous intéresse particulièrement car il est de première main.

Première série de distorsions, celles qu'engendre naturellement tout groupe dans son fonctionnement et toute recherche

110. Annexe II, *Le Nouvel Age, cheval de Troie de la subversion et du communisme mondial.*

111. In *Emergence. Quand grandissent les enfants du Verseau,* traduction Editions Le Souffle d'Or, F - 05300 Barret-le-Bas, 1986, pp. 153 et ss. Edition anglaise en 1984. Un premier livre, l'une des bibles du Nouvel Age, avait paru quatorze ans auparavant sous la même plume : *Révélation* (1970, même éditeur). David Spangler y reconnaissait déjà que le Nouvel Age est une vieille histoire qui doit beaucoup à des courants de recherche plus anciens et qui apparaissait tout au début, vers les années 65, comme une « sous-culture » faisant sa farine aussi bien des enseignements du spiritisme, de la théosophie et des Rose-croix, que de divers cultes et Eglises comme Unity ou la Science de l'Esprit, de visionnaires comme Edgar Cayce, ou d'études sur les OVNI.

dans son déroulement : la soif de pouvoir, une certaine fringale de la nouveauté pour elle-même, la tentation de s'évader de la réalité. Ici, il suffit d'être vigilant.

Les dérapages de la créativité sans limite

Mais certaines distorsions tiennent plus directement au caractère millénariste propre au Nouvel Age. Il engendre en particulier le refus idéaliste de toute limitation à la spontanéité, à la créativité, au développement personnel. « Vers la fin des années 60, écrit David Spangler, près d'un quart des couples mariés que je connaissais se sont séparés au nom de " l'épanouissement personnel "... »[112]. La recherche mythique du sans-limite peut ainsi déformer toute recherche spirituelle, car il n'est pas de spiritualité authentique sans reconnaissance des limitations inhérentes à notre condition humaine.

L'attrait d'une spontanéité sans contrainte peut conduire à fuir l'engagement concret, chacun se créant son propre univers et refusant de se sentir responsable en quoi que ce soit de la condition des autres : « Ce n'est pas mon problème ! » — « J'ai assisté à des réunions de groupes où des individus déclaraient n'être pas responsables de la souffrance dans le monde, affirmant que ceux qui souffrent avaient choisi et provoqué leur sort ».

La recherche mal comprise d'un Dieu purement intérieur peut également obérer toute reconnaissance d'un Dieu indépendant de l'homme et du monde. « Si l'expérience du Dieu intérieur n'est pas complétée par l'expérience vivante d'un Dieu transcendant, il devient une idole que nous nous forgeons à l'image de notre propre personnalité. Nous sommes alors plus limités qu'auparavant, ayant perdu le sens de ce qui peut nous aider justement à nous transcender ». Nous devons en effet nous souvenir, poursuit le maître à penser du Nouvel Age, « que nous sommes aussi des créatures. Nous ne sommes pas pour notre monde des sources autonomes de changement. Nous sommes redevables de notre existence à une *autre* source. Nous sommes créés par Dieu ».

112. Op. cit., p. 154. Cf. p. 156.

L'attrait du sans-limite va mener parfois à un manque affligeant de bon sens et de sens critique : — quand on réunit des gens et des équipes totalement hétérogènes, au nom d'une idée mythique de la synthèse et de l'union qui devrait transcender toute différence, — quand on met sur le même plan l'œuvre parfaite du maître accompli et l'ébauche laborieuse du débutant, sous couvert de respect de la créativité. « Le vrai développement personnel ne va pas sans esprit critique. Nous aidons les gens à grandir autant en leur signalant leurs erreurs qu'en les félicitant pour un travail bien fait ; ce qui implique d'établir des limites ».

Sortir du bavardage et de l'utopie irréaliste

On sent qu'un travail de maturation réaliste s'est opéré chez les conspirateurs d'*Aquarius* depuis le début des années 70. « Pour que le Nouvel Age fleurisse, il faut des individus prêts à reconnaître la réalité de leur état de créatures. Des gens capables d'exercer leur esprit critique avec rigueur et amour, d'appeler une faute une faute et une erreur une erreur, et non une « expérience vécue ». Il nous faut des gens capables de secouer l'engourdissement de l'esprit provoqué par un bavardage pseudo-psychologique et un jargon dont les enfants du Verseau sont malheureusement amateurs. Des gens capables de regarder le mal en face et de l'appeler par son nom. Il faut des individus qui sachent ce qu'est la liberté pour avoir compris leurs limites et saisi que l'absence de limite n'est possible que dans la communion et en Dieu »[113]. On ne peut qu'applaudir à un tel programme.

Accéder à une maturité prenant en compte l'histoire

David Spangler épingle avec bonheur un autre dérapage fréquent dans le Nouvel Age : le refus de l'Histoire. Refus du passé, quand on oppose « Nouvel Age » à « Vieil Age ». Mémoire courte, quand on oublie qu'entre les deux guerres s'est développé un courant de pensée proche de celui du Nouvel Age et qui a abouti

113. Op. cit., p. 157. Cf. pp. 158-159. Nous retrouverons plus loin cette mise en garde.

à terme à l'aventure nazie. Mentalité « de bord de gouffre » caractéristique des années 60, où l'on se complaisait dans l'attente d'un événement apocalyptique qui marquerait l'arrivée d'une nouvelle ère prédite comme imminente. Ceux qui réduisent, dans le Nouvel Age, l'intérêt de l'Histoire au dernier quart du XXe siècle, poursuit-il, perdent de vue la perspective à long terme. Si l'on veut que la notion de Nouvel Age reste pertinente, il faut la concrétiser par des projets de longue haleine au service de l'humanité, respecter l'émergence d'une nouvelle culture. « Le Nouvel Age est une démarche, une maturation, et non pas un événement ».

Il y a, on le voit, Nouvel Age et Nouvel Age.

II. **Le Nouvel Age, retour de l'Antéchrist annoncé par la Bible ?**

Il est dit dans la tradition biblique qu'à la fin des temps se dressera un Antéchrist contre l'Eglise du Christ pour la détruire. Son apparition coïnciderait avec la grande apostasie, la grande défection dont parle saint Paul. Des chrétiens de sensibilité fondamentaliste et/ ou évangélique interprètent l'avènement du Nouvel Age comme l'un des signes annonciateurs de l'avènement de l'Antéchrist, certains précisant même qu'il serait amené sur la scène de la fin des temps par un mouvement politique à visée mondialiste. En voici deux exemples éloquents, bien représentatifs d'une vigoureuse réaction au nom de la Bible.

L'ARC-EN-CIEL DU NOUVEL AGE, SIGNE DE L'ALLIANCE AVEC LUCIFER

Sous une jaquette illustrée d'un arc-en-ciel, un ouvrage particulièrement typique est paru aux Etats-Unis dans le cadre des réactions de certains chrétiens contre un développement du Nouvel Age, perçu comme dangereusement envahissant : celui de Constance E. Cumbey[114]. « Comme les adeptes du Nouvel Age, beaucoup collent un autocollant représentant l'arc-en-ciel, en signe de reconnaissance, sur leur voiture ou aux devantures des librairies. Ils sont inconscients de sa signification occulte et de ses dangers cachés ». L'auteur nous révèle ces dessous pernicieux. Ce logo du Nouvel Age, l'arc de lumière réfracté par les gouttes de pluie, serait le symbole du pont qu'il veut jeter, comme une alliance divine déformée, entre l'homme et Lucifer. Donnons-lui la parole.

Le « Christ » annoncé « de retour » est l'Antéchrist

N'est-il pas étrange, commence par relever l'auteur, que depuis quelques années fleurissent nombre d'articles et annonces publicitaires annonçant la présence du Christ parmi nous ? Ce « Christ » attendu sous différents noms viendrait résoudre tous les problèmes du monde, spécialement ceux de la faim et de la paix universelle. Son nom : « Maïtreya, le messie du Nouvel Age ». — Nous connaissons déjà le personnage (Cf. chapitre II, *De nouveaux christs pour le Nouvel Age*).

Or, seuls les initiés de la hiérarchie du Mouvement connaîtraient la véritable identité de cet « Enseignant mondial », très au fait des problèmes du monde moderne, qui viendrait prochainement bâtir un monde nouveau sous un gouvernement unifié. Ce serait la cinquième réincarnation du Bouddha. Lucis Trust a déjà révélé son plan : élimination du christianisme et création de la nouvelle religion mondiale. C'est en fait, révèle Constance Cumbey, l'Antéchrist en personne, incarnation de Lucifer.

Et notre auteur d'ouvrir sa Bible. Maïtreya, c'est la « Bête qui monte du sol », décrite par Apocalypse 13, 11-17. Elle impose son autorité à la terre entière et fait adorer Satan. Elle est annoncée aussi par 2 Thessaloniciens 3, 4 : « Avant l'avènement du Seigneur arrivera l'*apostasie*, et l'on verra paraître l'homme du péché, le fils de la perdition, l'adversaire qui s'élève au-dessus de Dieu, et qui se proclame lui-même Dieu ».

114. Constance Cumbey, *The Hidden dangers of the rainbow. The New Age movement and our Coming Age of barbarism*. Hunting House, Shreveport, Louisiana, USA, 1983.

L'apostasie de la fin des temps est engagée

Or tous les thèmes du Nouvel Age apparaissent comme la traduction pour aujourd'hui de cette apostasie dont 1 Jean 2, 22 et 4, 3 disent qu'elle est le signe de l'arrivée de l'Antéchrist : « Tout esprit qui ne confesse pas Jésus n'est pas de Dieu, c'est celui de l'Antéchrist dont vous avez appris la venue et qui maintenant est déjà dans le monde ».

Or, de fait, dans les mouvements du Nouvel Age, on ne reconnaît pas en Jésus le Fils de Dieu et Dieu lui-même, mais seulement un avatar du Christ cosmique ou un maître de Sagesse[115]. « L'évangile du Verseau de Jésus-Christ », bréviaire des enfants d'*Aquarius*, est très explicite sur ce point. La multiplication des christs et messies se proclamant de retour est donc la claire confirmation des avertissements de saint Jean et de saint Paul.

L'auteur énumère les signes de l'infiltration de la Bête en tous milieux par le biais des pratiques apparemment les plus inoffensives. Depuis l'infiltration des séminaires par la méthode Montessori et des universités par la méditation transcendantale, jusqu'à l'infiltration de la politique et de l'économie mondiale par le projet d'une carte de crédit universelle... Sous-jacente à ces aspirations apparemment innocentes se profilerait en effet la pernicieuse croyance que l'homme est Dieu et qu'il a créé Dieu à sa propre image.

Constance Cumbey fait le compte des multiples sources démoniaques à l'origine du Nouvel Age. Eileen Caddy, par exemple, initiatrice de Findhorn – le Vatican du New Age – qui recevait ses inspirations d'« êtres spirituels qu'elle identifiait à Dieu et qui étaient en fait des êtres démoniaques ». De même David Spangler, son second, dans lequel elle voyait un détenteur des énergies christiques. C'est le responsable d'un des réseaux les plus actifs la Lorian Association.

La multiplication et la diversité des mouvements composant les réseaux du Nouvel Age – écologiques, pacifistes, d'entraide, de soutien des droits de l'homme, de lutte pour le déve-

115. Voir Jean Vernette, *Jésus dans la nouvelle religiosité*, Desclée, Paris, 1987.

loppement et contre la faim — cache, aux yeux de l'auteur, sa perversité. Sous couvert de paix et d'amour, les objectifs cachés sont en fait la construction d'un nouvel ordre mondial de type totalitaire et nazi, à base d'ésotéro-occultisme et de lutte contre le christianisme. On ne s'étonnera pas de le voir soutenir en corollaire l'avortement, les plans d'insémination artificielle, de limitation imposée des naissances, d'eugénisme et d'euthanasie.

Une reviviscence du nazisme

Et les discours officiels sur la fraternité universelle cacheraient en fait un véritable racisme prônant la supériorité de la race arienne occidentale sur des races restées inférieures parce que n'ayant pas encore accédé à son degré de développement.

L'assurance de l'homme du Nouvel Age, l'*homo-noeticus*, d'avoir constitué une race nouvelle par les techniques de développement du cerveau, rejoint la théorie d'Hitler sur la race supérieure. Celui-ci la voyait comme issue du continent disparu de l'Atlantide et des sept races humaines qui en descendent (dont les Ariens sont les supermen).

Pour Constance Cumbey, le Nouvel Age est d'ailleurs la reviviscence littérale du nazisme, la Bête immonde. Selon l'Apocalypse, en effet, le gouvernement de l'Apocalypse doit avoir pour chef « la Bête qui était morte et qui est revenue à la vie ». Or, Hitler invoque l'esprit de « la Bête du fond de l'abîme ».

De plus, « la Bête qui montait de la mer » (selon Ap 13) a les pattes d'un ours (la Russie ?), la gueule du lion (l'Angleterre ?), l'apparence d'un léopard (les Etats-Unis ?). Elle porte dix cornes et sept têtes. Voilà qui ressemble étrangement au dessein de la hiérarchie du Nouvel Age d'unifier l'Europe sous son autorité.

Au terme, l'auteur pose la question en clair : le Nouvel Age ne serait-il pas le IVᵉ Reich ? Même si tous les enfants du Verseau ne sont pas nazis et si très peu sont au fait de la nature réelle du Mouvement dans lequel ils œuvrent, les similitudes sont troublantes.

Nazisme et Nouvel Age sont fondés en effet intellectuellement sur une doctrine secrète de nature ésotérique présentée comme la doctrine luciférienne par excellence et l'antithèse radicale du judéo-christianisme.

Nazisme et Nouvel Age représentent ensuite des voies soigneusement programmées pour accéder à la « conscience transcendantale » par l'initiation aux mystères et par des disciplines spirituelles, telles que le yoga, le contrôle du mental et les différentes méditations. Ils veulent conditionner les masses par une « initiation planétaire » de type luciférien.

Nazisme et Nouvel Age croient enfin à l'existence d'une hiérarchie de maîtres, au sommet de laquelle se trouverait un Instructeur mondial : le « christ » du Nouvel Age, le « messie » que croyait être Hitler.

Le procès, on le voit, est sévère. Nous le retrouverons avec une étude historique des sources ésotéro-occultistes de l'« autre monde » du nazisme. Mais voici d'abord, en complément de la thèse de Constance Cumbey, celle d'un autre courant fondamentaliste : des chrétiens évangéliques.

L'« ILLUSION DU NOUVEL AGE » A LA LUMIERE DE LA BIBLE

« J'ai pratiqué le Nouvel Age pendant 15 ans »

« Pendant une quinzaine d'années, je me suis fourvoyée dans les pratiques du Nouvel Age. J'y ai même milité pendant cinq ans. Je ne dois qu'à la grande miséricorde du Dieu tout-puissant d'en être venue à suspecter dans ce mouvement une énorme imposture cosmique. Deux ans plus tard, je me suis convertie à Jésus-Christ. Je me suis mise alors à étudier de façon systématique la pensée et les pratiques du Nouvel Age et à comparer les expériences que j'avais faites pendant tant d'années avec l'enseignement de la Bible. C'est ainsi que je vis mes soupçons d'alors confirmés par la Parole de Dieu »[116].

Tel est le témoignage d'une chrétienne « née de nouveau » : évangélique. Il traduit, par-delà la simple aventure

116. Katrin Ledermann, *L'Illusion du Nouvel Age*. Service des cassettes Jonas, F-68300 Saint-Louis, 9 rue du Paradis. Nous transcrivons dans la suite du texte les points essentiels de ce témoignage. Cf. aussi Caryl Matrisciana, *Les Dieux du Nouvel Age*, Ed. Brunnen Verlag, Bâle, 1989.

d'une recherche personnelle, la réaction d'une fine sensibilité biblique et fondamentaliste à ce « phénomène d'envergure mondiale » qu'est le *New Age*. Elle y décèle un objectif ambitieux : « Régler tous les problèmes existant sur terre en aidant l'humanité à puiser en elle-même les ressources pour faire naître une ère nouvelle ».

A ses yeux, cela n'a rien de tellement nouveau. L'origine de l'utopie du Nouvel Age remonterait au début de l'humanité : à la chute au jardin d'Eden. Et par la suite, les apôtres Paul, Pierre et Jean en ont dénoncé vigoureusement les dangers. Animés de pensées résolument antichrétiennes, les conspirateurs du Verseau prépareraient la venue de l'Antéchrist en mettant en œuvre un potentiel inouï de séduction en tous genres : « Par les horoscopes, l'astrologie, la guérison psychique, la magnétothérapie, le yoga, les exercices mystiques, le training autogène, etc. ». Cette énumération est habituelle chez les évangéliques qui y voient autant de formes cachées de l'action du Malin. Mais l'infiltration en goutte-à-goutte a fait place aujourd'hui à une marée montante de périls qu'il convient de dénoncer. Le chrétien « scellé du Saint-Esprit par le baptême » est cependant protégé s'il sait y prendre garde. Ecoutons attentivement ce discours bibliquement bien argumenté.

Les promesses du serpent au jardin d'Eden

Quelle serait la visée profonde du Nouvel Age ? De faire advenir un âge d'or facteur de paix mondiale, de rassemblement des religions et d'unité politique et économique. Un âge d'or qui verrait la solution de tous les problèmes d'environnement et serait vecteur d'une fantastique évolution spirituelle. Or, la Bible montre que ce dessein d'autorédemption planétaire, dont l'homme serait le seul maître d'œuvre, a pour point de départ la tentation au Paradis terrestre. La séduction actuelle du Nouvel Age est étrangement voisine de celle qu'exerçaient déjà sur Eve les affirmations mensongères du serpent-démon.

On sait en effet qu'au début, Adam et Eve vivaient en harmonie parfaite avec Dieu. Mais cette relation harmonieuse fut brisée lorsqu'ils cédèrent aux promesses mensongères du serpent : « Vous ne mourrez pas. Vos yeux s'ouvriront. Vous serez comme des dieux » (Gn 3, 4-5).

Satan n'a cessé de répéter depuis ces mêmes promesses à l'humanité, en leur donnant l'emballage le plus adapté à l'époque. Au début du christianisme, c'était la gnose. Aujourd'hui, c'est le Nouvel Age qui « présente les mêmes mensonges et les mêmes impostures, mais élevés à leur summum. Cette apogée de la tromperie est d'ailleurs un signe de la fin des temps ».

Les promesses du Nouvel Age

Reprenons ces promesses.

– « *« Vous ne mourrez pas »*. Le Nouvel Age affirme l'existence en tout homme d'un noyau foncièrement bon, « l'être éternel », qui aurait la faculté de se reproduire indéfiniment en de nouveaux corps en se réincarnant. Jusqu'au moment où, ayant atteint un degré de réalisation suffisamment avancé, il n'aurait plus besoin de transmigrer. Le Nouvel Age « garantit ainsi une vie heureuse après la mort ».

– *« Vos yeux s'ouvriront et vous connaîtrez le bien et le mal »*. Le Nouvel Age affirme que « l'être éternel » est doté d'un « œil intérieur » que les pratiques de méditation et les psychotechniques aideront à ouvrir, de telle sorte que l'homme pourra à la fois devenir voyant et devin et atteindre la Connaissance suprême.

– *« Vous serez comme des dieux »*. Par ces mêmes techniques de développement du potentiel humain, l'homme réalisé atteindrait la perfection divine. Les gourous orientaux enseignent ainsi que l'homme deviendra Dieu. Alors que « tout chrétien, né de nouveau et croyant aux affirmations de la Bible, sait qu'il n'y a rien de bon dans l'homme, qu'il mourra un jour et qu'après viendra le jugement. Le chrétien sait qu'il a un Seigneur, Jésus-Christ, et qu'il est sauvé par grâce. Il rejettera donc toutes ces pseudo-sciences qui visent à hausser l'homme au rang de Dieu ». – On reconnaît ici les théories essentielles de la théologie réformée.

A quoi tient alors l'engouement actuel pour les thèses du Nouvel Age ? A un certain aveuglement provoqué par Satan sur les vérités contenues dans la Bible. Il interpose en effet, entre notre regard et la réalité du monde et de Dieu, toutes sortes d'écrans subtils et déformants. Il en a des milliers à sa disposition, qu'il change suivant les époques et le goût des sociétés. Ecrans aux couleurs attrayantes des philosophies orientales ou des visions cosmiques et holistiques, aujourd'hui.

L'apôtre Paul (Col 2, 8) nous avait déjà mis en garde : « Prenez garde que personne ne fasse de vous sa proie par la philosophie et par une vaine tromperie s'appuyant sur la tradition des hommes, sur les éléments du cosmos, et non sur Christ ». Et encore (2 Co 11, 3-4) : « De même que le serpent séduisit Eve par sa ruse, je crains que vos pensées ne se corrompent et ne se détournent de la simplicité à l'égard du Christ ». Il évoque enfin la tromperie suprême, qui est de fait au cœur de nombreux mouvements se réclamant du Nouvel Age : une vision faussée de la personne de Jésus[117]. « Si quelqu'un vient vous prêcher un autre Jésus que celui que nous avons prêché, vous le supportez fort bien ! »

« Le succès de ces tromperies n'a rien d'étonnant. Satan se déguise en effet en ange de lumière. Il n'est donc pas étrange que ses ministres se déguisent en ministres de justice » (2 Co 11, 14-15). Or telle est justement l'attitude de nombreux enfants du Verseau qui passent pour porte-parole de la justice, de la paix et en qui l'on voit une élite intellectuelle, — alors qu'ils sont au service de Satan. Ils ont pour visée de mettre en place une Hiérarchie mondiale apte à manipuler l'humanité tout entière. Et les chrétiens évangéliques, reprenant Paul (Ep 6, 12), se sentent ici une vocation particulière en la conjoncture : « Nous n'avons pas à lutter contre la chair et le sang, mais contre les dominations, les autorités, contre les princes de ce monde de ténèbres ». En particulier en dévoilant les objectifs cachés mais bien réels du Nouvel Age.

117. Cf. Jean Vernette, *Jésus dans la nouvelle religiosité*, Desclée, Paris, 1987.

Les objectifs du Nouvel Age
à la lumière de la Bible

L'objectif premier du Nouvel Age est l'instauration d'une *Unité mondiale* par laquelle tous les systèmes politiques et religieux seront placés sous une même et unique autorité : *One World.*

Or la Bible révèle (Ap 13 et 17) que ce projet est typiquement l'un des signes précurseur de la venue de l'Antéchrist. Elle le décrit sous deux symboles. Celui d'une bête : « Il fut donné à la Bête autorité sur toute tribu, tout peuple, toute langue, toute nation » (Ap 13, 7). Celui d'une femme : « La femme que tu as vue, c'est la grande ville qui a la royauté sur les rois de la terre » (Ap 17, 18). C'est la conspiration du Verseau. Alors que suivant les enseignements bibliques, Jésus-Christ, prince de la paix, est le seul en mesure d'établir validement cette paix et cette unité.

Second objectif : une visée prométhéenne d'*autoréalisation* de l'homme. Ou, plus exactement, de cet « Etre éternel » (le principe immortel) que l'on développera par la pratique assidue de la méditation et des psychotechniques. Ces exercices sont censés libérer « amour, énergie, chaleur, créativité et visions ». Mais, interroge notre auteur, *qui* est en fait à l'origine de ces cinq réalisations ? Il suffit de se référer, dit-elle, aux propos même des fidèles du Verseau. Selon eux, c'est en entrant en relation avec l'univers — relation symbolisée par le pont de l'arc-en-ciel déjà évoqué — que « l'Etre éternel » développera ces cinq capacités. Par la méditation, l'adepte s'unirait au cosmos. Mais *quel* cosmos ? Rien d'autre que « le monde des puissances des ténèbres », « des esprits mauvais habitant les lieux célestes » (Ep 6, 12 et 2, 2). Voilà donc d'où proviennent « l'amour, l'énergie, la chaleur, la créativité, les visions », l'ensemble des « inspirations » que promettent le Nouvel Age et ses techniques. C'est depuis le monde des ténèbres que l'enfant du Verseau est programmé, au terme d'un subtil et progressif lavage de cerveau.

La promesse d'unité mondiale et de famille universelle avancée par le Nouvel Age se réalisera donc en fait par la programmation d'individus soumis à une Hiérarchie spirituelle télécommandée par les autorités cosmiques, au moyen de pratiques à emprise progressivement totalisante.

Les psychotechniques en particulier et les différents procédés de méditation transforment l'homme dans sa pensée, sa sensibilité, son agir. Mais cette transformation n'a rien d'une conversion, au sens biblique. « Rédemption », selon la Bible, et « transformation », selon les procédés du Verseau, divergent radicalement : « Si un homme ne naît de nouveau, il ne peut voir le royaume de Dieu » (Jn 3, 3).

Satan aura bel et bien réalisé demain avec le Nouvel Age ses promesses paradisiaques d'hier. Tous les problèmes mondiaux seront résolus globalement, la paix règnera, mais au prix de l'instauration d'un système divinisant l'homme et rejetant le Fils de Dieu.

Et alors, comme saint Paul l'avait annoncé : « Quand les hommes diront : paix et sécurité, une ruine soudaine les surprendra à la manière des douleurs de l'enfantement. Et ils n'échapperont point ! » (1 Th 5, 3).

Bref, « la douce séduction du Verseau est à ranger au chapitre des manœuvres grossières ». Le verdict est sévère.

Une invasion multiforme

Nos chrétiens bibliques croient pouvoir déceler en tout lieu les signes cachés de cette invasion délétère. Cela va des efforts déployés pour promouvoir l'influence des Nations-Unies, jusqu'au développement actuel d'un vaste œcuménisme entre les religions. Ils en discernent même les traces dans la littérature enfantine. Diverses publications pour la jeunesse en effet, relèvent-ils, tendent à donner aux enfants le goût d'un mythique « pays de l'arc-en-ciel » (dont l'origine remonte à des contes slaves du XVIe siècle). A les familiariser avec l'idée qu'il y a quelque part derrière les nuages une contrée où habitent leurs vrais amis. Que la solution de leurs problèmes et chagrins leur viendrait du cosmos, des êtres extraterrestres. C'est la collection *Mon petit poney*, familière du pays de l'arc-en-ciel. C'est celle des *Bisounours* et de leur contrée enchanteresse : « Quand tu es seul, appelle-les. Il y a, là-haut, quelqu'un qui t'aime ». Mais relève notre auteur, « les enfants auront-ils alors encore besoin d'un Sauveur ? »

Deux textes bibliques vont donner en conclusion aux « chrétiens re-nés » une ligne de conduite assurée en face de l'invasion du Nouvel Age :

— Ephésiens 5, 11 à 15 : « Ne prenez point part aux œuvres infructueuses des ténèbres, mais plutôt condamnez-les... Conduisez-vous avec circonspection, comme des sages ».

— Luc 21, 28 : « Quand ces choses commenceront à arriver, redressez-vous et levez vos têtes, parce que votre délivrance approche ».

Dont acte.

III. **Le Nouvel Age, manifestation cachée de l'ésotéro-occultisme ?**

L'ésotéro-occultisme auquel s'alimentent certains courants du Nouvel Age aurait-il déjà porté des fruits — et des fruits pervers — dans l'histoire récente ? Nous connaissons bien maintenant la visée des conspirateurs du Verseau de créer un gouvernement mondial. Nous venons d'entendre l'accusation contre eux portée, de rééditer l'aventure nazie. Il faut creuser ces deux thèmes. Aussi allons-nous prendre connaissance à titre d'exemple incitatif pour la recherche, de la thèse de Marie-France James[118] sur le mythe entretenu ou la réalité occultée de la conspiration pour un gouvernement mondial (le vieux projet synarchique) et sur les fondements ésotéro-occultistes du nazisme « qui gagneraient à être mieux connus et médités, compte tenu du fait que l'histoire secrète du IIIe Reich laisse bien entrevoir où risque de nous mener, au tournant du XXIe siècle, l'ambiguïté des visées actuelles pour un Nouvel Age pétries d'idées et de méthodes trop souvent et étrangement similaires ».

118. Marie-France James, *Les Précurseurs de l'ère du Verseau*, Editions Paulines, Montréal, 1985, p. 7.

LA CONSPIRATION SYNARCHIQUE POUR UNE HEGEMONIE MONDIALE ET LE PROJET DE GOUVERNEMENT PLANETAIRE DE L'ERE DU VERSEAU

Le vieux projet synarchique multiséculaire trouve-t-il une nouvelle mouture avec les visées des conspirateurs du Verseau ? Telle est la question. Voyons d'abord ce qu'est la synarchie.

La synarchie

Dans l'ésotérisme traditionnel, la synarchie désigne le gouvernement idéal conforme à l'harmonie cosmique universelle. On désigne aussi par ce terme les sociétés secrètes supérieures qui, dans la coulisse des affaires mondiales et depuis le sommet d'une pyramide de sociétés intermédiaires conduites par des agents soigneusement sélectionnés, tireraient invisiblement les ficelles des grandes affaires et de la politique mondiale. Suivant les modèles, on dira que leurs membres mènent une vie très active ou bien qu'ils se terrent dans une existence retirée et très ascétique, mais toujours de manière rigoureusement anonyme.

On peut voir dans ces projets une volonté idéaliste de réaliser une société parfaite. Mais aussi d'ourdir une conspiration visant à renverser les pouvoirs établis, par une entreprise soigneusement programmée de subversion des consciences individuelles et des corps sociaux. La synarchie désigne alors les chefs d'orchestre d'un mystérieux complot international[119].

Faut-il voir dans cette vieille idée un mythe irrationnel ou bien une réalité soigneusement cachée mais efficacement agissante ? Pour éclairer le propos, Marie-France James étudie deux domaines où l'idéologie et l'action synarchique, réelles ou supposées, tendent couramment à s'exercer : l'ésotéro-occultisme et la politique.

119. Voir G. de Charnay, *Synarchie. Panorama de vingt-cinq années d'activités occultes*, (1946), cité par Serge Hutin, *Gouvernants invisibles et sociétés secrètes*, Editions « J'ai lu », Paris, 1971, pp. 18-19. Cf. op. cit., pp. 126 et 112.

Les Templiers, pères du complot synarchique

Parmi les pères et devanciers supposés du complot synarchique contemporain, les mouvements ésotéristes modernes inscrivent couramment les Templiers. Cet ordre monastique et chevaleresque, fondé par Hugues de Payens (1070-1136), à Jérusalem, en 1118, pour assurer la sécurité des pèlerins de Terre sainte, prit rapidement une extension internationale. Commerçants et banquiers, ils étaient puissants et donc à la fois enviés et haïs. Par ailleurs, le caractère initiatique de l'Ordre et un certain ésotérisme, lié sans doute à des relations avec des groupes aussi riches en traditions secrètes que les sectes chevaleresques musulmanes ou les maîtres bâtisseurs des cathédrales, entouraient les Templiers d'une aura de mystère[120]. La rumeur commença alors à courir qu'ils utilisaient des rituels étranges et visaient ni plus ni moins qu'à réaliser à leur profit l'unité temporelle et spirituelle d'un monde occidental dont ils seraient devenus les dirigeants occultes (après réconciliation entre la chrétienté et l'islam). La dissolution de l'Ordre par Philippe Le Bel, en 1314, mit fin à ce projet supposé. Mais non à la thèse d'une hégémonie synarchique templière, thèse périodiquement réactualisée, spécialement en certaines branches franc-maçonnes.

La tradition rosicrucienne,
Coménius et le projet de gouvernement mondial

Autre source de la thèse synarchique, les traditions rosicruciennes. On sait que ce mouvement de pensée, régulièrement renaissant depuis quatre siècles, est lié aux recherches alchimiques. On attribue son origine à Christian Rosenkreutz, personnage mythique censé avoir vécu au XVe siècle. On le connaît seulement par un ouvrage anonyme attribué aujourd'hui à un diacre luthérien Johanes Valentin Andrea (1586-1654), *Les Noces chymiques de Christian Rosenkreutz* (1616). C'est un classique de l'ésotérisme.

120. Cf. Marquès-Rivière, *Histoire des doctrines ésotériques*, Payot, Paris, 1940, pp. 251, 278.

Il confie la charge de poursuivre son œuvre, spécialement socio-politique, à son disciple J.-A. Komensky – dit Coménius (1592-1670), évêque chez les Frères Moraves. Celui-ci élabora en particulier des principes pédagogiques au ton résolument moderne centrés sur l'auto-développement de l'enfant. Ils seront repris et actualisés par Pestalozzi (1746-1827), puis par Maria Montessori (1870-1952). On sait que ce sont les principes animant le système pédagogique proposé par le Nouvel Age.

Il est aussi prophète et initiateur dans le domaine de la politique internationale. Ne propose-t-il pas un plan de réforme universelle de la société, la création d'instituts permanents internationaux, dont un parlement mondial ? On reconnaît les projets de la Société des Nations, de l'ONU. L'UNESCO revendique de fait Coménius comme son ancêtre spirituel.

Du coup, certains y voient un ancêtre de la synarchie contemporaine, en lien avec la franc-maçonnerie. « Plusieurs reconnaissent en Coménius le porte-parole, le rapporteur d'une commission de sages rosicruciens dont les membres sont restés volontairement dans l'ombre et ainsi, un important promoteur du projet synarchique appelé à se réaliser au sommet de l'émancipation de l'Histoire »[121]. Le projet de gouvernement planétaire est également un objectif des conspirateurs du Verseau.

Il est vrai que le communisme a la même visée. D'aucuns lui donnent comme ancêtre le projet révolutionnaire des Illuminés de Bavière. Cette société secrète a été fondée au XVIIIe siècle par un professeur de droit canonique, Adam Weishaupt (1748-1830) : pour noyauter les corps constitués en vue d'une vaste révolution, prélude de l'instauration d'un gouvernement mondial et d'une société sans classe. En 1778, ils étaient déjà trois-cents affiliés, souvent des notables[122]. La parenté des visées est étonnante.

121. Marie-France James, op. cit., p. 114.

122. Cf. H. Coston, *La Conjuration des illuminés*, publication H. Coston, Paris, 1979. Cf. W. Gerson, *Nazisme, société secrète*, Editions Production de Paris, 1969, p. 57.

La synarchie du Collège invisible et de la Grande Fraternité blanche

Mais le vrai père de la synarchie et du discours de la majorité des actuels mouvements ésotériques sur le Collège invisible, les Gouverneurs cachés du monde, ou la Grande Fraternité blanche, est un quasi-contemporain, le marquis Alexandre Saint-Yves d'Alveydre (1842-1909), disciple de Joseph de Maistre, Bonald et Fabre d'Olivet. Il cherche d'abord une formule politique capable de mettre fin à la violence dans les rapports sociaux. Mais il glisse ensuite dans le mythe incontrôlable, après avoir rencontré un soi-disant prince afghan qui lui révèle l'existence d'un cente initiatique secret et souterrain, l'Agarttha, où trônerait un souverain pontife entouré de sages, le Brahatmah, support des âmes dans l'esprit de Dieu[123]...

De ce centre du monde émane comme d'une autorité spirituelle planétaire tout pouvoir dans le monde entier. Et seul le Grand initié de chaque époque peut retrouver la centrale du secret.

Cette thèse d'une synarchie dirigeant de manière occulte les destinées du monde est courante dans les nouveaux ésotérismes. La Société théosophique de Mme Blavatsky (1831-1891) enseigne l'existence des Mahâtmâs et d'une Grande loge blanche gouvernant notre planète. La Fraternité blanche universelle du défunt M. Aïvanhov enseigne l'existence d'une Grande Fraternité blanche s'opposant à une Fraternité noire. C'est aux enseignements de cette Fraternité que le rosicrucien H.-S. Lewis attribue l'éducation de Jésus en son temps. René Guénon (1886-1951) écrit un livre sur le *Roi du monde*. Certains établissent un parallèle entre l'Agarttha et le « Royaume du prêtre Jean » dont fait état Marco Polo (1254-1324) dans son *Livre des merveilles du monde*. Des savants allemands au temps du nazisme ne lanceront-ils pas des expéditions dans le désert de Gobi pour le retrouver ?

123. Marie-France James, op. cit., pp. 117, 132. Cf. J. Saunier, *Les Franc-n*
1972. P. Mariel, *Dictionnaire des sociétés secrètes en Occident*, Grasset, Paris,

Une conspiration juive mondiale ?

Il faut ajouter au thème d'une synarchie gouvernant mystérieusement le monde, un faux célèbre : les *Protocoles des sages de Sion* qui induit l'idée d'une conspiration israélite soigneusement fomentée pour établir une dictature judéo-maçonnique planétaire[124]. La première version intégrale de ce texte qui fut largement utilisé par les antisémites, les dénonciateurs de la judéo-maçonnerie, et hélas ! la propagande nazie, parut en Russie au tout début du siècle. Comme une illustration de la proche venue de l'Antéchrist et de son règne. On l'attribuait faussement à un groupe occulte juif qui l'aurait déposé dans les archives secrètes de la Chancellerie centrale de Sion, en France. Ses vingt-quatre chapitres analysent en particulier les méthodes à employer pour assurer au peuple juif la domination mondiale, en mettant sur pied un état universel. L'énigme demeure sur les origines de ce mythe auquel l'idée d'un gouvernement mondial réactivée par les thèses du Nouvel Age a redonné vigueur[125].

Le projet de gouvernement mondial des conspirateurs du Verseau

Suivant la pente de sa pensée, on verra alors dans le projet des conspirateurs du Verseau : un noble dessein à pousser activement ou bien une conspiration dangereuse à dénoncer vigoureusement[126].

124. Cf. N. Cohn, *Histoire d'un mythe. La Conspiration juive et les protocoles des sages de Sion*, Gallimard, Paris, 1967. Voir Marie-France James, op. cit., pp. 118-122.

125. Parmi les sociétés secrètes de l'histoire récente auxquelles ont été attribuées les mêmes prétentions hégémoniques, il faut citer le Mouvement synarchique d'empire (1922 ?), l'Ordre martiniste et synarchique (1920), voire le Mouvement Pan-européen » (1922).

126. Parmi les promoteurs actuels d'un gouvernement mondial, on trouve à la fois des religions constituées comme les Bahaïs, et de nouveaux mouvements religieux comme la Méditation transcendantale, la Scientologie, la Fraternité blanche universelle, les Raéliens. L'initiatrice directe du Nouvel Age, Alice A. Bailey a fondé le Mouvement de la Bonne volonté mondiale qui se donne entre autres buts la mise en place d'un gouvernement mondial. Pour plusieurs tenants du Nouvel Age réunis par le sigle symbolique de l'arc-en-ciel, sa mise en place accélèrerait en effet l'avènement de l'âge du Verseau. Les sectes fondamentalistes d'origine biblique voient dans l'établissement du gouvernement mondial déjà inauguré avec le partage du monde fomenté par les synarches maçonniques et communistes, à Yalta, en 1945, la volonté de dresser une Contre-Eglise et de détruire le christianisme. Occultistes et anti-occultistes se retrouvent ainsi dans la même analyse, mais situés dans les deux camps opposés du même combat.

Il convient donc de leur donner la parole pour les entendre en direct nous exposer leurs idées politiques, et discerner si l'accusation synarchique est ou non justifiée.

Le Nouvel Age a en effet un projet politique élaboré. Ou, du moins, il pense qu'une nouvelle conception de la réalité est indispensable à une nouvelle politique : une nouvelle sorte de dirigeants, une nouvelle définition du pouvoir, bref un nouveau paradigme[127]. Au lieu de mettre l'accent sur les programmes économiques ou sociaux, le Nouvel Age le met sur l'éveil à de nouvelles perspectives de vie. En place d'un changement imposé d'en-haut, il suggère de rechercher le consensus. Au lieu d'institutionnaliser et de fonctionnariser les services, il veut encourager le volontariat et l'aide inter-individuelle. En place de centralisation du pouvoir, il propose de rapprocher de la base les centres de décision. Au lieu d'un gouvernement organisé comme institution monolithique, il suggère la mise en place d'une autorité fruit d'une entente entre tous les citoyens. A la place d'une politique de conquête de la nature et d'exploitation de ses ressources, il préconise une humanité partenaire de la nature, la recherche d'énergies douces, la promotion des équilibres écologiques. Au lieu de l'esprit nationaliste défendant la répartition du globe en états fermés sur leurs frontières, il préconise l'éducation à une mentalité planétaire, seule apte à résoudre les problèmes devenus mondiaux : « Nous considérer comme une famille planétaire luttant pour résoudre ses problèmes, plutôt qu'un assortiment de peuples et nations jugeant et blâmant, déterminant les responsabilités ou exportant leurs solutions, pourrait être le changement ultime de perspective... (Car) la terre entière est un pays sans frontière, un paradigme de l'humanité où il y a suffisamment de place pour tous les mystères et toutes les cultures... Nous avons en notre pouvoir de faire la paix entre nous, de guérir notre pays natal la terre »[128].

127. Marilyn Ferguson, op. cit.

128. Marilyn Ferguson, op. cit., pp. 299 et 301.

Créer un réseau de réseaux

Il s'agit donc bien d'une révolution qui aspire à faire changer de mains le pouvoir. Mais en le dispersant dans l'ensemble du tissu social, par le biais d'« une version XXe siècle de l'ancienne tribu ou de la parenté : *le réseau*, outil privilégié pour l'étape suivante de l'évolution humaine..., moyen puissant de modifier le cours des institutions, en particulier les gouvernements »[129]. On appelle ces réseaux contemporains des « SPINs » (« Réseaux Segmentés Polycentriques et Intégrés »). Ce sont des « groupes locaux qui vont d'une poignée à des centaines de membres. Chaque segment d'un SPIN est autosuffisant. Aussi ne peut-on détruire le réseau en détruisant un dirigeant ou même un organe vital. La conspiration du Verseau est un SPIN de SPINs, un réseau de nombreux réseaux dont la vocation est la transformation sociale. Son centre est partout,... son projet essentiel est la redistribution du pouvoir ».

On comprend que certains voient alors dans cette conspiration, à l'aube d'*Aquarius*, une version contemporaine de la vieille conspiration synarchique pour une hégémonie mondiale. Il faut dire toutefois que cette hégémonie se veut pacifique et n'a plus grand chose à voir avec les anciens types d'organisations politiques, puisqu'elle vise à rendre l'autonomie à chaque individu. Mais, pourra-t-on aussi objecter, les meilleures intentions sont toujours en risque de dévier, surtout après qu'on ait pris le pouvoir, après qu'on ait quadrillé la planète d'un réseau idéologique de cette importance.

LES SOURCES ESOTERO-OCCULTISTES DE L'AUTRE MONDE DU NAZISME, ET LES VISEES POUR UN « NOUVEL AGE »

La comparaison entre nazisme et Nouvel Age paraît particulièrement choquante. A-t-on le droit de mettre sous la même accolade l'horreur anti-humaine absolue des camps de concentration et les nobles idéaux des enfants du Verseau ?

129. Ibid., pp. 161-164.

Certains pensent, comme Marie-France James déjà citée, que l'étude des racines ésotéro-occultistes du nazisme sont pourtant éclairantes. L'histoire secrète du IIIe Reich laisserait en effet entrevoir « où risque de nous mener, au tournant du XXIe siècle, l'ambiguïté des visées actuelles pour un Nouvel Age pétries d'idées et de méthodes trop souvent et étrangement similaires »[130].

L'obsession d'Hitler n'était-elle pas d'accomplir lui aussi une mutation de la race humaine et de faire advenir le surhomme ? « Celui qui ne comprend le national-socialisme que comme un mouvement politique, disait-il, n'en sait pas grand chose. Le national-socialisme est plus qu'une religion, c'est la volonté de créer le surhomme »[131].

Deux initiateurs lointains du Nouvel Age, Louis Pauwels et Jacques Bergier dans leur célèbre *Matin des magiciens*[132], ne consacrent-ils pas quelque cent-cinquante pages aux « années de l'Ailleurs absolu » du IIIe Reich ? Suivons donc Marie-France James dans sa recherche des antécédents historiques du nazisme et, par là, de sa métaphysique et de son éthique. C'est en effet une sorte de conception magique du monde animée de visées millénaristes qui a su s'adjoindre les apports de la science et de la technique. Or, la conspiration du Verseau serait « pétrie de thèmes et de méthodes similaires ». Que se passe-t-il quand le fantastique se met à déferler pour de bon dans la réalité ? La démonstration vaut d'être suivie. Chacun sera alors à même de se faire son propre jugement.

On développera en annexe[133] l'histoire des sociétés secrètes initiatrices du nazisme. On y sera au cœur de l'ésotéro-occultisme et de la gnose, terreau où le New Age plonge ses racines pour une bonne part. Arrivons directement ici au nazisme du IIIe Reich et à son gourou inspiré : le Führer.

130. Op. cit., pp. 7, 139 et ss.

131. Cité par A. Brissaud, *Hitler et l'Ordre noir. Histoire secrète du national-socialisme*, Librairie Académique Perrin, Paris, 1969, p. 16.

132. Editions Gallimard, Paris, 1960.

133. Cf. Annexe III. *Les Racines historiques de l'ésotéro-occultisme nazi.*

Hitler le messie

C'est dans un contexte d'attente d'un messie-sauveur, de prolifération d'organisations occultes et d'idéologies pangermanistes qu'apparaît Adolf Hitler (1889-1945). Des témoignages convergents attestent ses capacités médiumniques – son magnétisme personnel, sa puissance de suggestion sur les foules comme sur son entourage sont bien connus – et laissent entrevoir un assujettissement intérieur à des influences incontrôlables. Il lui arriva de reconnaître qu'il se ressentait comme une « entité » bien plus que comme un être humain. Son projet d'extermination de la race juive revêtit les traits d'une lutte supracosmique entre des principes antagonistes. Il ne se perçoit pas pour autant comme un réformateur religieux. Il considère au contraire que toute religion est périmée et sera remplacée par la Science revue en fonction des archétypes de la race germanique : « En d'autres mots, par une nouvelle gnose propre à inaugurer l'ère de l'Esprit et ainsi à actualiser par-delà la mutation biologique, l'homme-Dieu qui dorénavant n'aura plus à rendre compte qu'à lui-même »[134]. On comprend pourquoi certains auteurs s'interrogent sur des parentés possibles avec la gnose du Nouvel Age dans son attente de mutants pour l'ère nouvelle, ses techniques de développement de la conscience pour faire advenir l'homme nouveau du Verseau, son projet gnostique de changement radical de paradigme.

L'ordre SS, modèle d'ésotéro-occultisme

Il faut noter en effet que l'ordre SS, fondé en 1925, revêtit certains traits d'un véritable ordre *religieux*, ésotérique et hyperhiérarchisé. Le cercle intérieur comportait une société d'études et de recherches idéologiques – l'*Ahnenerbe* (ou héritage des ancêtres), et une organisation proprement mystique et exécutive, – l'ordre SS proprement dit ou ordre Noir.

L'*Ahnenerbe* mena par exemple des recherches sur la réalité de la Rose-Croix, les nombres sacrés, les effets psychiques du

134. Op. cit., p. 162.

yoga et du zen, l'efficacité des pratiques magiques et alchimiques, la localisation de l'Agarttha. Ce sont des thèmes classiques de l'actuelle littérature ésotérique.

La doctrine SS est symboliquement évoquée par la double rune : deux S tracés comme des éclairs parallèles. « Or dans la mythologie germano-nordique, un éclair signifie le bien et deux éclairs le mal. Pour les membres de l'Ordre noir, il s'agit bien plus que d'une bravade : c'est une prise de position métaphysique, une inversion des valeurs par une inversion des symboles »[135].

Et leur doctrine, note Marie-France James, reproduit avec quelques variantes magiques le modèle ésotéro-occultiste : un monisme intégral. « Le monde tel qu'il est aujourd'hui est une matière brute qu'il faut transformer. Une énergie est maintenue prisonnière à l'intérieur de cette matière ; elle y a été concentrée par des mages, les sages de l'antique Hyperborée et de l'Agarttha. Ceux qui auront retrouvé le moyen de dégager cette énergie, que d'aucuns nomment le Vril, seront capable d'entrer en communication avec les « puissances du dehors », les « supérieurs inconnus », ceux-là qui guident de l'extérieur l'Ordre SS ». — On retrouve le thème classique des maîtres invisibles et de la Grande Fraternité blanche. —

« Il n'existe que le cosmos ou l'univers, êtres vivants. Toutes les choses, tous les êtres, y compris l'homme, ne sont que des formes diverses s'amplifiant au cours des âges de l'univers vivant. La création n'est pas achevée. Les dieux nous transmettent des ordres que les initiés SS se doivent de capter. Ces ordres correspondent aux différents stades de l'éveil mental et de l'évolution cosmique de chacun. L'homme est une manifestation de forces universelles qui circulent de planète en planète : il contient en lui-même le cosmos tout entier, non pas symboliquement, mais réellement. Celui qui sait appliquer parfaitement cette doctrine des correspondances est en rapport permanent avec les dieux, il est sur la voie du surhomme »[136].

135. J.-C. Frère, *Nazisme et Sociétés secrètes*, Paris, CELT, 1974.

136. Op. cit., pp. 229-230 ; Marie-France James, op. cit., p. 166.

Bref, les similitudes avec l'ésotéro-occultisme sont frappantes. Et c'est là que s'impose un discernement rigoureux. Il serait gravement injuste et injurieux d'identifier le Nouvel Age avec le dessein diabolique et paranoïaque du nazisme. Mais il était important pour la santé même de ce mouvement de pensée, d'avoir démonté un mécanisme dont la perversion a pu donner lieu à l'horreur absolue.

« Un tel constat, conclut Marie-France James, n'implique pas pour autant que tout projet politique, alimenté aux conceptions ésotériques et aux pratiques occultes, est nécessairement voué à engendrer des hécatombes. Mais il demeure que, à s'aventurer dans les eaux troubles du mythe et de l'irrationnel, le risque est grand de se voir submergé par des forces que l'on aura contribué à mettre en action ou à orienter en fonction d'une certaine direction dont on ne pourra plus assurer la maîtrise. Et ce, tant est vraie l'expérience qui démontre que, croyant se servir des puissances occultes, on est au contraire soumis à l'emprise et à la servitude des dites puissances qui, refusant le plus souvent de décliner leur véritable identité, utilisent l'invariable stratégie qui gagnerait à être mieux connue : *Sur la scène du monde, je m'avance masqué* »[137].

L'avertissement est sévère. Chacun y adhèrera ou non, suivant la pente de sa pensée. Mais cette prise de conscience historique respectueuse ne peut qu'être bénéfique pour éclairer le jugement et la pratique des authentiques enfants du Verseau.

David Spangler, initiateur du Mouvement, signale lui-même ce péril : « Le mouvement du Nouvel Age, en Amérique du Nord, ressemble beaucoup au courant de pensée qui s'est développé en Europe entre les deux guerres mondiales. L'esprit écologique et le désir de transcendance exprimés à cette époque en Allemagne ont été corrompus et canalisés par le mouvement nazi, bien enraciné dans l'occultisme. Nous vivons une époque historique différente, mais si nous comprenons le pourquoi de

137. Op. cit., p. 167.

cette corruption qui s'est produite autrefois, nous pourrons éviter qu'elle resurgisse sous de nouvelles formes »[138]. Tel était l'objet de ces lignes.

138. David Spangler, *Emergence. Quand grandissent les enfants du Verseau*, 1984, traduction française 1985, Editions Le Souffle d'Or, F - 05300 Barret-le-Bas.

CHAPITRE V

Discernement Nouvel Age et Foi chrétienne

I. **La mode New Age**

Quand le Nouvel Age devient nouvelle mode

Faisons le point. Le Nouvel Age exprime une conception novatrice du monde. David Spangler (né en 1945 aux USA) – nous le connaissons – co-responsable de la Communauté-phare du Verseau, à Findhorn, en Ecosse, et qui travailla des années durant avec de nombreux groupes en recherche d'une « nouvelle conscience et culture planétaire », la définit par cinq adjectifs[139] :

– *holistique* : elle considère toutes choses comme liées ensemble en un grand Tout où chaque partie est en interaction avec les autres ; le microcosme et le macrocosme sont liés et se répondent ;

139. Cf. *Emergence*, op. cit.

— *écologique* : la Terre est à ses yeux une réalité vivante, sensible et intelligente : Gaïa ;

— *androgyne* : elle affirme l'unité de la masculinité et de la féminité en chaque être ;

— *mystique* : elle recherche la présence du sacré en chaque chose et à chaque moment du quotidien ;

— *planétaire* : elle invite chaque individu, tout en demeurant enraciné dans sa culture locale, à s'ouvrir à la dimension planétaire de son appartenance au corps de l'humanité.

Ces cinq adjectifs qualifient bien les aspirations et dynamismes de la présente génération. Ils s'appliquent à un grand nombre des domaines de la vie individuelle et sociale. Et de fait les champs d'activité du Nouvel Age, on l'a vu, recouvrent une gigantesque mosaïque de disciplines humanistes de toutes sortes, mobilisant à quelque degré les ressources de la raison et du cœur.

Les dangers de l'amalgame

On s'en réjouira légitimement. L'intérêt actuel pour l'écologie, la spiritualité, les médecines alternatives, les symboles, les mystiques d'ici et d'ailleurs, traduit en effet une réaction justifiée contre les outrances technologiques, les pollutions, le matérialisme consumériste. On se réjouira des fruits bénéfiques de cette révolution intérieure dans les domaines de la science, de l'éducation ou de la thérapie. Mais il ne faut pas pour autant se fermer les yeux sur certains dangers de mystification quand, sous couleur de mode, on amalgame sous l'étiquette Nouvel Age une foule de sous-produits non innocents, du gadget écolo-bio-énergétique aux pratiques occultes ou spirites banalisées.

L'exploitation de la crédulité est certes de toujours. Mais la vague actuelle qui charrie bien des choses mêlées, a pris l'allure d'un raz-de-marée. On dénombre sur le seul marché éditorial américain 18 000 titres concernant le New Age, distribués en 20 000 points de ventes par près de 1 600 éditeurs. Et 25 à 50 nouveautés paraissent chaque semaine[140]. On conçoit qu'il y ait

140. In *Publisher's Weekly*, du 16-12-88, cité par M. de Smedt in *Nouvelles Clés*, 5, 1989, p. 16.

bien des scories dans cette colossale production. Les gens continuent pourtant à l'acheter. C'est donc qu'ils y trouvent quelque profit pour leur vie personnelle, que ce soit dans les recettes de diététique, les conseils de relaxation ou les grands textes du patrimoine spirituel de l'humanité. Mais il n'est pas toujours sûr que celui qui veut mener une authentique aventure intérieure, trouve son bien dans ce qui tend à devenir selon d'authentiques chercheurs du Nouvel Age, « un fatras fumeux et éphémère »[141]. Aussi l'avenir du mouvement est-il lié aujourd'hui à la discrimination que ses initiateurs sauront mettre en œuvre et aux critères de qualité qu'ils sauront imposer à qui se réclame de son label.

La mode « New Age »

Avec perspicacité et quelque humour, ses initiateurs ont ainsi épinglé les mots et expressions traduisant la mode *New Age*, « créant de nouvelles façons d'être et de penser ».

On pourrait les accoler en binômes où le premier mot est communément considéré comme *in* (à la mode), le second comme *out* (démodé). On serait ainsi passé : de l'ego au soi, de Freud à Jung, de l'occultisme au mysticisme, de l'horoscope au thème astral, de la magie noire à la magie blanche, des trips LSD aux voyages chamaniques, du body-building aux massages, des psychiatres aux psychothérapeutes, des tranquillisants à l'autohypnose, de l'euthanasie à l'accompagnement des mourants, des pesticides à l'agriculture biologique, de la mode de la défonce au culte du grand air, des produits chimiques aux produits naturels, du stade aux arts martiaux, de la non violence à la pacification mondiale, de la discussion au dialogue, du gourou au maître intérieur...

Au plan religieux, ce serait le passage, disent-ils, de la foi du charbonnier à la visualisation créatrice, de la religion à la spiritualité, de l'enfer-purgatoire-paradis à la réincarnation, de la prière-supplique à la prière-mantra, de la soumission à l'expérience...

141. *Nouvelles clés*, 5, 1989, p. 17.

On voit ici le danger d'un amalgame entre des « déplacements » tout à fait légitimes – quand on passe par exemple des médecines quantitatives aux médecines douces, ou de la pollution subie à l'écologie vécue – avec des changements de paradigme qui, à terme, vident radicalement la tradition chrétienne de son contenu propre. Il n'est pas toujours aisé de faire alors saisir au néophyte adhérant avec enthousiasme au Nouvel Age pour son idéal de conscience planétaire, de respect de l'environnement ou de promotion des énergies et thérapies douces, que ce noble dessein est lié aussi chez certains à la volonté de renouveler en profondeur la conscience religieuse en passant à la spiritualité mondiale de l'ère du Verseau. Il faut discerner attentivement entre les propositions.

On présentera en annexe cette nouvelle approche religieuse en la resituant dans son contexte de naissance aux USA, et en la saisissant dans ses manifestations concrètes à partir de quelques bonnes pages des revues du mouvement[142].

II. **Dans le monde du religieux « New Age », discerner**

Le premier discernement à opérer au titre de la foi chrétienne portera sur le type de « spirituel » que le Nouvel Age promeut. En particulier : Quel genre de spiritualité propose-t-il ? Comment discerner dans ses propos entre spirituel et émotionnel, prière et méditation, religieux et païen, accomplissement de la personnalité et culte du moi ? Que penser des expériences intenses présentées comme voies privilégiées d'accès au transcendant ?

LA SPIRITUALITE DU NOUVEL AGE

On parle beaucoup chez les enfants du Verseau de vie intérieure, de méditation, de recherche spirituelle. André Malraux

142. Annexe IV. *Le Nouvel Age comme nouvelle approche religieuse.*

ne-disait-il pas à propos de ce XXIe siècle qui devait être « le plus religieux de l'histoire » : « Un nouvel âge va nous obliger à une vie extérieure plus simple, et intérieure plus riche » ?

Une spiritualité ésotérique

On peut situer la spiritualité *New Age* dans la sphère ésotéro-mystique de la classification sociologique de E. Troeltsche ou M. Weber. L'intériorité de la nébuleuse « mystique » s'opposerait à l'organisation sociale des types « Eglise » et « secte ». Pour le « mystique », l'accès au divin se fait par mode de connaissance des mystères cachés, dans une recherche de type individuel (sans appartenance nécessaire à un groupe), en esprit universaliste et tolérant (il puise de manière syncrétiste à toutes les traditions religieuses et en fait son miel propre). Il refuse d'inféoder sa recherche aux dogmes contraignants d'un catéchisme ou à l'appartenance à une institution religieuse ; il nomadise d'ailleurs souvent de l'une à l'autre, et il donne des orientations de pensée plutôt que des articles de credo. Son éthique est d'obéissance à la loi de conscience et non de soumission à la loi d'une Eglise. Il livre son cœur à la quête intérieure, à la méditation, à l'amour universel, au sentiment prégnant de la présence d'un Englobant.

Il vit à la fois dans l'ici-et-maintenant et dans l'« ailleurs », par une recherche du Réel derrière l'apparent, de l'Origine derrière le temps, du Transcendant derrière le fugace, de la Tradition primordiale derrière les traditions passagères, de l'Autre par-delà l'ego, de l'étincelle du Divin cosmique par-delà l'individu incarné. Il est habité du désir constant de retourner aux sources.

La spiritualité ésotérique est en particulier en quête de l'Etre par-delà la séparation des êtres, comme une nostalgie de l'unité perdue.

La recherche de l'unité

Les conspirateurs du Verseau sont soucieux d'une vision holistique, totalisante, unifiante des choses. Ce souci se manifeste par la recherche de l'unité transcendante des religions, version moderne de la spiritualité ésotérique. Elle animait hier le zèle des précurseurs d'*Aquarius*. Elle prend aujourd'hui un aspect revendicatif chez d'anciens chrétiens passés à la spiritualité *New Age*, dans leur refus agressif de toute « transcendance » de la Révélation judéo-chrétienne et de l'apport original de l'œuvre théologique ultérieure. Les enfants du Verseau ont d'ailleurs tendance à ne retenir des religions historiques que le noyau ésotérique permanent qu'elles sont censées recéler. Ils nient en quelque sorte l'histoire et refusent au spirituel tout enracinement temporel et institutionnel.

Une spiritualité devenue un ensemble de techniques.

Les techniques proposées dans le Nouvel Age pour l'exploration aux sources de l'Etre et de l'Un sont multiples. Mais le patchwork proposé de fait n'est pas toujours convaincant. Comment se reconnaître dans le pot-pourri d'ateliers multiples offerts par les revues spécialisées aux candidats à l'aventure intérieure ? Sur quels critères déterminer la validité des stages de rebirthing, d'ouverture des chakras, de méditation soufie, de raja-yoga, d'astrologie karmique ?

Un premier tri amènerait à isoler bon nombre de propositions bien dans le vent de l'individualisme contemporain, qui renforcent en fait le narcissisme de l'ego au lieu de l'ouvrir à l'altérité. J'ai déjà signalé combien on est frappé dans ce genre de sessions par le caractère égocentré de certains participants devenus incapables dans la vie courante de s'ouvrir aux autres en se décentrant de leur recherche nombrilique. Ce simple critère permettrait déjà de différencier les quelques perles spirituelles dont est porteuse la vague du Verseau, de la monnaie de singe affligeante qu'on voudrait lui faire couvrir.

La banalisation de la spiritualité en techniques — d'élargissement de la conscience, de thérapie, de méditation, d'énergétique — la ravale souvent au rang d'un nouveau produit faisant nombre avec les multiples gadgets de la société de consommation. Elle est considérée par plusieurs comme un simple « plus » ajouté aux *moyens* de vivre dont est déjà sursaturé l'occidental, alors que dans la pensée de ses initiateurs elle devait fournir des *raisons* de vivre. Et c'est grand dommage.

VRAIE ET FAUSSE SPIRITUALITE

Une ruée vers l'âme

Le sacré, le spirituel et l'aspiration mystique, en effet, n'ont pas déserté notre génération autant qu'on le dit. On a même pu parler d'une « ruée vers l'âme » qui s'enracine parfois dans l'anxiété du lendemain, comme besoin d'une autre chose pour aujourd'hui, d'un autre monde pour demain et d'un sens de la marche pour vivre l'entre-deux. Et ce désir – ce Désir ? – s'exprime sous des formes multiples. Mais sous la diversité des signifiés, c'est le même signifiant : une quête de *raisons* de vivre. C'est la manifestation d'une béance, d'une aspiration qui met en route pour une recherche.

Etat de manque et désir de dieux

Mais le désir qui pousse l'homme vers la mystique ou vers Dieu, comme lieu d'assouvissement de son état de manque, peut aussi l'égarer sur des objets imaginaires ou des idoles. Des dieux taillés à sa mesure. Ne parle-t-on pas dans la religion des médias, des dieux du stade et des idoles de la chanson ? Car le désir obéit à des intérêts. Et en baptisant spirituel, divin, religieux, ce qui comble le manque, on risque de baptiser en fait un intérêt caché. Le dieu-architecte, le dieu-roue-de-secours, le dieu-gardien-de-l'ordre-établi de certains croyants, relèvent de la même fausse monnaie spirituelle que les émotions « mystiques » de bien des pratiques *New Age* ou des « trips » des pseudo-spiritualités orientales.

Même celui qui vit l'expérience bouleversante de ce qu'il appelle une « rencontre du divin » dans la méditation intérieure, risque l'illusion. Car le désir peut engendrer ce qui lui manque. J'en ai été plusieurs fois témoin à travers les récits de certains convertis à des groupes religieux marginaux. Aussi en christianisme recourt-on à l'expérience-de-Dieu-que-font-les-autres (l'Eglise en est l'un des lieux) pour déjouer les pièges de la religiosité close et de la fausse mystique dans lesquels la sincérité tient lieu de vérité. Il faut toujours aider le désir à se libérer des objets imaginaires sur lesquels il est en péril de se fixer – les « états supérieurs de conscience » – pour rendre libre le mouvement qui pousse l'homme en avant vers l'autre – vers l'Autre, comme absent – et qui est proprement en lui la marque de l'infini. Sans confondre le spirituel et l'émotionnel.

Spirituel et émotionnel

La désintégration récente des dernières grandes idoles de l'Occident – le progrès, le taux de croissance, le politique, la révolution – a libéré un espace devenu parfois espace-pour-Dieu, et espace pour la redécouverte du spirituel. Avec le danger de confondre spirituel et émotionnel, mystique et intimisme, divin et irrationnel. On saisit mieux ces risques de dérapages en observant certains groupes où l'on propose une rencontre de Dieu « en direct » par la méditation individuelle où l'on atteint la vibration intérieure, par la danse où l'on tressaille au diapason du cosmique, par les produits dérivés du yoga et du zen où l'on promet d'amener le méditant au satori, à l'illumination intérieure dans le vide, l'équilibre et la paix. Le danger est en effet que cette boulimie d'expériences « mystiques » se satisfasse au prix de la levée de toute censure intellectuelle et de la perte de tout sens critique. Car entre le désir (d'expérimenter le divin) et son expression par le corps (le chant, le rythme, le cri, la danse, les postures), l'énoncé intellectuel est dangereusement court-circuité. Le champ est alors libre pour n'importe quelle manipulation idéologique. Les recruteurs de certains de ces groupes que l'on amalgame sous le nom de sectes y excellent particulièrement.

Autre conséquence de la confusion entre mystique et intimisme, l'évasion dans un spirituel ambigu qui met en marge de la société, mais n'aide pas à la transformer. Le cri de révolte ne suffit pas à remettre en cause les institutions. Alors que l'authentique spirituel en christianisme est à la fois politique et mystique : indissociablement. Car « celui qui n'aime pas son frère qu'il voit, ne saurait aimer Dieu qu'il ne voit pas : c'est un menteur » (1 Jn 4, 20).

Mysticisme et paganisme

Le retour au spirituel dans le Nouvel Age peut être aussi retour au paganisme. L'homme religieux n'est-il pas naturellement païen ? La divinité qui revient avec le retour de Dionysos est une divinité-sans-nom, à la différence du Dieu de Jésus-Christ. Nietzsche ne reprochait-il pas déjà au christianisme d'enfermer le divin en le dénommant et de le pervertir en en faisant un garant personnel de l'ordre moral ? Les mystiques de l'Orient de leur côté visent à amener l'homme à se déprendre de lui-même et de tout désir de connaître Dieu, pour parvenir à la gratuité d'une contemplation muette sans attente de réponse : dans le monde spirituel du paganisme, il n'y a pas de Révélation. On voit l'originalité de la mystique chrétienne qui est contemplation d'une Personne, écoute de sa Parole, et dialogue d'alliance. Car « Celui que l'on ne voit que de dos » et que l'on n'entend que « dans un murmure de silence », a pris un visage, une parole, un nom, en Jésus de Nazareth.

Or, c'est cette divinité sans visage qui fait l'objet de la quête spirituelle de nombreux groupes du Nouvel Age, ésotériques, gnostiques ou orientaux. Le retour de la mystique à l'âge du Verseau est donc un phénomène ambivalent. Il peut exprimer une authentique recherche de Dieu pour lui-même comme seul capable de combler l'homme en recherche. Il peut aussi conduire à une dissolution de la personnalité, quand il glisse dans l'extatisme intimiste et le décrochage du réel. Une divinité muette et sans visage est en danger de transformer l'homme à son image.

Le réveil du spirituel au seuil du Nouvel Age n'est donc de soi ni bon ni mauvais. Même sous sa forme déviée, il exprime une aspiration latente de cette génération que le christianisme ne peut ignorer. Mais il n'est pas toujours saint ni sain : il faut alors l'exorciser. En « discernant les esprits ». Pour l'évangliser.

Comme signe des temps, il interroge les chrétiens sur leurs propres pratiques mystiques. C'est dans la mesure où se développera un mysticisme chrétien à la fois non coupé de ses tâches humaines et de son enracinement social, tout orienté vers la reconnaissance de Dieu pour Dieu, fondé sur une théologie spirituelle, appareillé par des techniques de méditation — retrouvant par là la vieille tradition du christianisme comme école — que la quête de spirituel de certains enfants du Verseau trouvera une voie leur évitant de se perdre dans le maquis de l'irrationnel ou dans les rêveries de l'étrange.

Un exemple de discernement : méditation orientale et prière chrétienne

Un simple exemple de ce discernement nécessaire : à propos de l'engouement des mouvements du Nouvel Age pour les méthodes de méditation orientales. Avant même de connaître le capital religieux de l'Occident, dont ils ignorent toute la tradition mystique, beaucoup s'en déclarent déçus et mènent leur quête spirituelle vers les spiritualités asiatiques comme l'ultime et secret refuge de la Sagesse. La distance gomme les ombres du tableau aux yeux de néophytes parfois naïfs...

L'homme naturellement religieux tente d'échapper en effet à sa condition terrestre enserrée dans la finitude du temps et de l'espace. Or, voici que le bouddhisme et l'hindouisme s'offrent comme voies de salut. Leurs méthodes de méditation traduisent l'effort de l'homme pour atteindre l'infini, l'absolu, le divin. Tentatives qui sont de toujours. L'impact actuel du zen, du yoga, du soufisme ou du taoïsme n'est pas sans rappeler la séduction des méthodes de contemplation de l'hellénisme néo-platonicien aux premiers siècles du christianisme.

Le désir naturel de Dieu peut alors se traduire en expressions mystiques de grande valeur. « Les religions non-chrétiennes portent en elles l'écho de millénaires de recherche de Dieu, recherche incomplète mais réalisée souvent avec sincérité et droiture de cœur... Elles ont appris à des générations de personnes à prier »[143].

143. Paul VI, *Evangelii Nuntiandi*, 53. Cf. Vatican II, *Les Religions non-chrétiennes*, 2, 3.

Mais le dépassement du fini proposé par les voies de méditation issues du paganisme, se fonde en général sur la négation du monde contingent. Qu'il soit « illusion », pour l'hindouiste, ou « mauvais » pour le gnostique, ce n'est qu'en le dépassant et l'abandonnant que l'on peut s'unir au divin. Pour s'approprier l'absolu, il faut nier le relatif.

Hygiène spirituelle et prière chrétienne

On voit la différence radicale avec le christianisme où, à l'inverse, c'est Dieu qui va vers l'homme, l'infini vers le fini : pour lui offrir son alliance. Le don de Dieu précède l'effort laborieux du méditant pour l'atteindre.

La prière, pour le méditant chrétien, est reçue comme une grâce d'en-haut. Elle n'est pas d'abord, comme dans nombre de techniques *New Age*, une gymnastique intérieure destinée à favoriser une bonne hygiène de l'âme ou à réaliser des « voyages » d'un genre nouveau. Mais engagement dans la prière de Jésus pour le salut du monde. Elle n'est pas l'expression de la plénitude d'un être « réalisé », mais la déprise de soi d'une âme de pauvre. Elle n'est pas d'abord exploration de l'espace intérieur, mais « bond vers Dieu » dans la foi.

Certes, pour cela des techniques sont utiles. La relaxation, la purification naturelle du corps et de l'esprit procurées par la méditation transcendantale et la plupart des mouvements de développement du potentiel humain, peuvent être utiles au début comme un préalable de la vie intérieure. Mais, outre que vie intérieure n'est pas équivalent de vie spirituelle, on ne peut les confondre avec la prière. La prière chrétienne en particulier consiste d'abord à se mettre devant le Dieu de Jésus-Christ et à accueillir sa Parole.

La fin et les moyens

Ne pourrait-on cependant faire de ces techniques un simple instrument, aseptisé en quelque sorte, au service de la prière chrétienne ? Le projet est louable. De fait, les Pères des premiers siècles ont su exorciser et adapter avec discernement les méthodes de contemplation du néo-platonisme, tout comme ils ont utilisé le vocabulaire de la philosophie grecque pour exprimer la théologie de la Trinité et de l'Incarnation.

Le zen et le yoga, la Baghavad-Gita et les écrits soufis ou la lecture de Karl Durckheim, peuvent féconder un authentique retour spirituel aujourd'hui. Ces voies et ces textes mystiques enrichiront souvent la contemplation chrétienne. Ils provoqueront surtout le christianisme à retourner vers ses sources et son héritage, car il faut se rappeler que l'on ne peut jamais totalement dissocier une méthode de méditation ou de recherche spirituelle, de l'arrière-pays culturel qui l'a inspirée et du terreau religieux où elle a pris racine. Et tout particulièrement la méditation orientale qui est inséparable d'une vision du monde, une *Weltanschauung* profondément religieuse.

Ne voit-on pas certains en faire une religion de remplacement ? Du moyen, ils font une fin, et de l'effort personnel de maîtrise et de connaissance de soi, la source unique du salut. On ne s'étonne pas alors de voir de jeunes méditants bloqués pour comprendre le christianisme par l'intérieur : car en christianisme, le salut est l'œuvre du seul Christ Sauveur. Et là se situe le point de divergence fondamental.

Est-ce parce que l'Occident a perdu les clefs de son avenir qu'il s'évade dans ce spirituel ambigu ou fantasme dans des scénarios-du-futur apocalyptico-religieux : « Le XXIe siècle sera religieux ou ne sera pas ». « Le Nouvel Age verra une mutation radicale de la Terre » ? Déjà, aux tout débuts du christianisme, quand les nuages sombres commençaient à obscurcir le ciel de l'Empire, de multiples religions importaient de l'Orient des nouveautés fascinantes, et des messianismes guerriers prédisaient la fin du monde.

Les communautés chrétiennes n'échappaient pas au bouillonnement général. Et il fallait discerner dans ces effervescences spirituelles. Paul donnait alors à sa communauté de Thessalonique ce sage conseil : « N'éteignez pas l'Esprit. Ne méprisez pas les prophéties. Mais *éprouvez* tout et retenez ce qui est bon » (1 Th 5, 19). Le conseil est toujours d'actualité, à l'aube de l'ère du Verseau.

Note sur accomplissement de la personnalité et culte du moi

Les méthodes de développement du potentiel humain, dans la ligne de la psychologie dynamique, mettent l'accent sur le ressenti, l'émotionnel, l'analyse du moi. Avec le risque d'un culte hypertrophié de ce moi. Elles mettent l'accent sur l'état « naturellement bon » de l'être humain, visent à l'aider à devenir « pleinement lui-même » en étant totalement « bien dans sa peau ». N'y a-t-il pas alors danger, dira le théologien, d'évacuer certains éléments fondamentaux de la Révélation chrétienne : le rôle de la grâce et du salut donnés par le seul Jésus, le péché et le mal ? C'est un des grands problèmes spirituels de l'Occident : comment être pleinement homme et pleinement chrétien tout à la fois, sans sacrifier la nature à la grâce ou la grâce à la nature ?

Certains diront que la grâce porte en elle de quoi évangéliser le psychisme, et qu'il n'est pas nécessaire de chercher ailleurs. C'est oublier que la grâce utilise aussi les ressources, les techniques que l'homme a su inventer avec l'aide de Dieu. Une spiritualité authentique doit être assez vigoureuse pour reprendre, sans confondre les plans, le propos de certaines méthodes de thérapie psychique.

Cette simple note veut souligner que les perspectives anthropologiques du Nouvel Age posent de manière renouvelée le vieux problème théologique des relations entre la nature et la grâce.

Les « expériences intenses » sont-elles de l'authentique spirituel ?

Un des signes de l'entrée dans l'âge nouveau du Verseau serait la multiplication des expériences d'expansion et de transformation de la conscience. « En 1975, avons-nous relevé sous la plume de Marilyn Ferguson, on estime à plus de 40 % le nombre d'adultes américains pensant avoir vécu une expérience mystique : joie, paix, intensité affective, conviction de l'imminence d'un nouveau monde »[144]. Ce sont des expériences d'états-limites, volontiers appelées transcendantes ou transpersonnelles. Elles visent à un nouvel éveil de la conscience. Sensations et

146. Op. cit., p. 100.
147. Op. cit., p. 104.

expériences de lumière, d'amour, de communion, d'énergie, d'éternité. Ces états seraient même mesurables objectivement par l'observation des changements physiques produits dans le cerveau. Les techniques de concentration de la conscience sur la conscience engendrant de tels phénomènes sont multiples, on l'a vu : training autogène, méditation, usage de drogues hallucinogènes, psychothérapies et thérapies corporelles, etc.

Ces expériences paroxystiques sont-elles des expériences *mystiques* ? La modification de la biochimie du cerveau ouvre-t-elle le chemin à l'expérience du *surnaturel* ? La « conversion » religieuse est-elle simple transformation du mental ou renconte de l'*Autre* ? Bref, les états privilégiés de *plénitude* intérieure sont-ils expérience du *divin* ?

Les peak-experiences sont-elles « religieuses » ?

Les expériences de plénitude ou expériences culminantes (peak-experiences) semblent ouvrir sur la réalité transcendante qui fait l'unité du monde par-delà la diversité des apparences. A l'origine de l'intérêt qu'elles ont suscité, la recherche ouverte par le psychologue américain Abraham Maslow[145], en 1956, sur les émotions intenses ayant bouleversé la vie de quelqu'un en donnant un sens nouveau à son existence. Il se demande s'il n'y aurait pas quelque chose de divin dans ces moments privilégiés. Il interroge alors nombre de personnalités bien typiques pour leur réussite heureuse en divers domaines de l'existence — succès sportifs, réalisations artistiques, émotions « océaniques », discours amoureux —, essayant de déceler les peak-experiences, les moments de plénitude ayant inspiré à certains moments et jalonné leur vie. Et après étude approfondie, il est amené à conclure que ces hauts moments d'accomplissement recèlent un grand nombre de connotations religieuses.

L'expérience culminante est éprouvée en effet comme un *absolu* qui structure et réorganise par la suite toute l'existence (comme le fait la rencontre d'un grand amour). Elle est reçue

145. Cf. André Godin, *Psychologie des expériences religieuses*, Centurion, Paris, 1981, pp. 92 ss. Nous résumons ici certains aspects de cette étude incitative.

comme un don d'en-haut, gratuitement octroyé (on parle de l'inspiration poétique comme de la visite d'une muse ou d'un ange). Elle fait naître paix, sérénité, accueil de l'autre (comme un « état de grâce »). Elle engendre le vif sentiment que l'univers entier est un Tout intégré, unifié (comme une vision cosmique et transcendante). N'est-ce pas, se demande-t-il, du « religieux » à l'état originel ?

Ici, il nous faut discerner. Ce genre d'expérience peut satisfaire certes le besoin d'irrationnel et le goût de religiosité spontanée qui dort en tout homme. La religiosité naturelle refait d'ailleurs surface d'un peu partout aujourd'hui, comme un goût de rêve. Mais le rêve n'est pas la mystique. Les peak-experiences, dit-on, ouvrent sur le divin : mais sur quel divin ? Elles donnent un sentiment d'une intensité unique : mais la valeur d'une expérience authentiquement religieuse ne se mesure pas à son intensité, elle se mesure à la durée, à la persévérance.

Pour mieux discerner cette différence qualitative entre expérience mystique et émotion de la religiosité naturelle, regardons du côté des expériences dites transcendantes provoquées par l'acide lysergique ou LSD 25, qui ont marqué les début d'*Aquarius*.

Le LSD conduit-il à la mystique ?

Le LSD provoque chez l'utilisateur une conscience extrêmement vive de l'unité totale du moi et de l'univers : comme une extase. A la différence d'autres hallucinogènes qui procurent de merveilleuses visions mais en mettant les sujets *hors d'eux-mêmes*, le LSD procurerait l'état contemplatif en recentrant le sujet pleinement sur *lui-même*. On peut alors en interpréter analogiquement les effets en langage religieux : sentiment de joie paradisiaque, état de conscience unifiée, perte de la notion de temps, ineffabilité de l'expérience. On interprète d'ailleurs déjà en termes de mystique les états provoqués chez les chamans ou les derviches tourneurs, par la danse, le tournoiement, la fumée. Et même en christianisme, on utilise la musique, le jeûne, le silence, la lumière ou l'obscurité pour faciliter les états dévotionnels. Les matériaux de base sont donc voisins. Mais les visées de ces différentes pratiques et leurs effets sont différents.

Les expériences intenses provoquées par le LSD, – et l'on pourrait en dire autant de la plupart des expériences de transformation, d'expansion et de concentration de la conscience chères aux enfants du Verseau – aboutissent en effet le plus souvent :

– à développer le culte de l'expérience extatique pour elle-même en la focalisant sur le moi, alors que la mystique authentique décentre du moi et ouvre à l'autre,

– à accentuer le retrait du monde, alors que la religion authentique insère l'homme dans le tissu social et le rend actif dans sa vie quotidienne,

– à absolutiser parfois des rituels naturalistes, à la manière des Indiens du Mexique et d'Amérique du Sud sacralisant la plante hallucinogène du *peyotl* – un des grands thèmes initiatiques du Nouvel Age, avec Carlos Castaneda, – comme les Grecs et les Iraniens avaient sacralisé la plante du *soma*[146], alors que le spirituel authentique se sert des techniques de méditation ou des instruments de dévotion comme de simples moyens, béquilles aussitôt abandonnées.

On comprend d'ailleurs pourquoi les sujets des « expériences intenses » les ont décrites en termes de mystique. C'est qu'ils n'avaient pas d'autre vocabulaire à leur disposition pour exprimer ces états. Ils ont donc puisé simplement dans le lexique religieux de leur formation antérieure. Certains mystiques ont utilisé de même spontanément le langage amoureux pour rendre compte de leurs expériences spirituelles.

Les critères d'une expérience authentiquement spirituelle

L'expérience authentiquement spirituelle « n'est pas un état d'âme passivement éprouvé, mais une réaction de la personne dans, sur et à partir de cet état ». Pour que les expériences intérieurement ressenties puissent être qualifiées d'expériences du divin, explique A. Godin[147], « elles doivent être d'abord interpré-

144. Op. cit., p. 269.

tées religieusement. Elles doivent être médiatisées dans une attitude tournée vers un engagement, seul moyen pour que cette valeur s'inscrive durablement dans l'existence du sujet et laisse une trace dans la société. Pas d'expérience mystique sans une réaction de la liberté pour dépasser l'instant fugitif et en inscrire la promesse ou l'invitation dans des conduites de la vie quotidienne. Analogues aux mouvements de la sexualité dont les élans discontinus se transforment en amour à établir dans une durée stable, la religiosité et ses expériences parfois intenses attendent de se construire activement dans une fidélité ».

C'est à ces critères que l'on discernera la valeur spirituelle des expériences « mystiques » des enfants du Verseau.

Les récits qui en font état – satori du zazen, samadhi du hatha-yoga, contact direct avec le divin par la plongée dans la conscience cosmique ou la méditation, éblouissement hors du temps donné par le peyotl – ont quelque chose de fascinant. C'est qu'ils répondent à l'aspiration archaïque à rencontrer Dieu « en direct » face à face, dans une sorte de mainmise directe sur le divin. Or, dans la Bible[148], on note que Moïse éprouva la même aspiration à voir Dieu : « Fais-moi donc voir ta gloire » (Ex 33, 18), mais elle lui apparaît aussitôt comme une séduction du désir contre laquelle il convient de se prémunir : « Tu me verras de dos, dit Yahvé, ma face on ne peut la voir ». Et la rencontre que Moïse fera de Dieu passera par les commandements, les ordres à exécuter, l'Alliance à vivre dans le quotidien. Les pages qui suivent le récit de la rencontre (chapitre 34) l'énonceront dans le détail.

Il faut se rappeler qu'en grec, le « mystique » est un « muet ». Il est si peu présent à lui-même qu'il s'efface pour ne plus parler que de cet Autre et de ses désirs à lui. Est-ce bien ce discours que l'on entend dans les récits des « expériences intenses » dont la multiplicité signerait l'entrée dans un nouvel âge du monde ?

148. Op. cit., p. 84.

III. La cosmologie du Nouvel Age et le christianisme

Où va notre monde ? Telle est la question-clé des enfants du Verseau. Pour y répondre, ils se réfèrent souvent au père Teilhard de Chardin (1881-1955). Pourquoi cet appel à patronage et qu'en penser ?

Le mouvement du Nouvel Age se présente comme une explication de l'évolution actuelle de l'humanité sur la planète Terre, à l'approche de l'an 2 000. Une mutation sans précédent serait en cours. Nous pourrions même en être acteurs. Mais pour diriger cette transformation dans le bon sens, il importe de savoir où elle va. « Vers une plus grande unité », répondent les conspirateurs d'*Aquarius*. Et de citer alors Teilhard : « Tout ce qui monte converge ».

Sa pensée offrirait, disent certains, le meilleur cadre de référence pour comprendre et diriger l'évolution du Nouvel Age dont il a annoncé la venue. Aussi nous importe-t-il de la connaître avec exactitude. Pour ne pas lui faire couvrir éventuellement des spéculations et affirmations dont il se serait lui-même gardé. Mais aussi pour préciser à cette occasion quels aspects du *New Age* peuvent être reçus dans la pensée chrétienne.

Le dedans et le dehors des choses

Les savants de la Gnose de Princeton, on l'a vu, sont attentifs à l'existence d'un endroit à côté de l'envers des choses. Ils disent trouver dans la pensée de Teilhard une bonne expression de leurs intuitions. Le célèbre savant jésuite, géologue et paléontologue, a exprimé en effet en de nombreux écrits, déjà édités ou encore inédits, une vision originale du monde. Il se situe volontairement sur le plan scientifique, mais son étude touche si directement l'homme et sa place dans le cosmos qu'elle a des répercussions immédiates au niveau de la philosophie et de la théologie.

L'étoffe de l'univers, dit-il, est faite d'un dehors et d'un dedans. Le dehors, c'est l'aspect matériel des choses, qui existe même dans l'homme très évolué : son corps. Le dedans, c'est leur aspect psychique, présent non seulement dans l'homme et dans l'animal, mais encore dans la matière, à l'état infiniment dilué ». Son existence rend possible, sans rupture, l'apparition de la vie, puis de la pensée[149].

Cosmogenèse, biogenèse, anthropogenèse

Dans sa vision de paléontologue, Teilhard voit en effet l'univers se construire peu à peu avec des êtres de plus en plus complexes. A la pointe de cette évolution : l'homme.

De corpuscules en atomes, puis en molécules diversifiées, la Terre se forme comme un milieu privilégié. C'est la *cosmogenèse* : l'organisation de la matière en groupements de plus en plus diversifiés.

Puis « d'âge en âge, sa teinte vire, quelque chose va éclater sur la Terre juvénile. La Vie ! Voici la Vie ! »[150] C'est la *biogenèse*. La vie construit alors une nouvelle zone sur la Terre : la biosphère. Elle s'organise et monte comme un grand arbre avec, au terme, la branche maîtresse des mammifères et des primates.

« Il y a une histoire de la Vie : une histoire qui a un sens, qui conduit vers une complexité de plus en plus grande, vers un cerveau capabler de penser ». Et c'est l'*anthropogenèse*, la montée vers l'homme. « Toute la synthèse de Teilhard éclaire la place de l'homme dans la nature. Parmi les êtres de l'univers, l'homme se situe comme une fin : il arrive à la fin, le dernier né des vivants, le plus perfectionné, le plus complexe ; celui dont l'existence explique tout le déroulement antécédent ». Avec son apparition, le mouvement général des êtres organisés vers la conscience a franchi une discontinuité majeure. Car l'homme est une personne en tant qu'il est une *conscience* qui se pense. Là est la mutation essentielle.

149. Fiches *Ensemble*, Amiens, 1965, III - 21. Cf. l'ensemble des fiches III - 16 à 21, excellente présentation de la pensée teilhardienne auxquelles les citations suivantes se réfèrent.

150. *Le Phénomène humain*, Paris, Seuil, p. 73.

La montée de la conscience

Mais ce phénomène spirituel original à l'homme est situé dans la continuité de tout un mouvement de complexification croissante au travail depuis les origines dans le cosmos : « L'homme est une partie de la Vie ; et même il est la partie la plus caractéristique, la plus polaire, la plus vivante de la Vie »[151].

Et nous retrouvons ici les deux aspects de la complexité des êtres : leur dehors, c'est leur aspect matériel, leur dedans, c'est l'aspect psychique. La loi cosmique de complexité croissante, pour Teilhard, consiste en ce que le dedans des choses permet et produit une montée de conscience. On reconnaît ici aussi les intuitions de la Gnose de Princeton.

Deux « seuils » marquent cette avancée : le « pas » de la Vie et celui de la réflexion. « Le phénomène spirituel n'est donc pas une sorte de bref éclair dans la nuit : il trahit un passage graduel et systématique de l'inconscient au conscient et du conscient au self-conscient. C'est un changement d'état cosmique »[152].

La noogenèse, montée collective de l'humanité par l'énergie de l'amour

Mais ce « pas » de la réflexion est-il le dernier ? L'homme serait-il arrivé au terme de l'évolution ?

Nous voici au cœur de la problématique des conspirateurs du Verseau.

L'humanité ayant en main sa propre évolution, il lui reste à décider de ce qu'elle en fera. La tentation est grande pour l'homme de se prendre pour le terme de l'évolution, et pour chaque individu de décider qu'étant la tête du phylum, il n'a plus qu'à vivre pour lui seul. Mais ce serait aussitôt l'éparpillement. Alors qu'il lui reste encore à entrer dans la *noogenèse* (la genèse de l'Esprit) : la montée collective de l'humanité vers une connaissance, une vision, une conscience de plus en plus grandes. Les enfants d'*Aquarius* disent que ce temps est arrivé maintenant, à l'aube de l'entrée dans le Nouvel Age « de Lumière et d'Amour ».

151. *Oeuvres*, Paris, Seuil, vol. VIII, p. 25.

152. *Oeuvres*, op. cit., vol. VI, p. 21.

Car, dit Teilhard en scientifique, une analyse même biologique de l'homme montre qu'il est fait pour aimer et pour s'unir. « L'Amour est la plus universelle, la plus formidable et la plus mystérieuse des énergies cosmiques, l'énergie psychique primitive et universelle... La manière la plus expressive et la plus profondément vraie de raconter l'évolution universelle serait sans doute de retracer l'évolution de l'Amour »[153].

Certes, Teilhard n'est pas naïf, il sait qu'il y a bien des désordres et des ratés dans cette évolution. La haine, la guerre, le mal, la souffrance existent bel et bien. « Non, tout dans l'histoire de la vie, tout dans l'actualité n'est pas affecté d'un signe positif. Mais la montée de la vie peut et doit l'emporter et déjà des signes avant-coureurs sont visibles. La socialisation apporte un surcroît d'unité. A qui sait regarder de plus haut et plus loin, la civilisation moderne offre des signes certains d'une mutation vers une plus grande unité entre les hommes ». – Les perspectives planétaires du Nouvel Age – communauté scientifique mondiale, éducation mondiale, institutions mondiales, gouvernement mondial, – rejoignent ici celles de Teilhard sur la « création d'un véritable système nerveux de l'humanité »[154]. Elles s'en réclament.

Nous vivons une période de mutation de l'humanité

« Oui, dit le savant jésuite : nous sommes les contemporains d'une mutation ». Celle que d'aucuns appellent le passage à l'ère du Verseau. « A toutes les époques, l'homme a cru qu'il se trouvait à un " tournant de l'histoire ". Mais il est des moments où cette impression se fait plus forte et devient particulièrement justifiée. Et nous n'exagérons certainement pas l'importance de nos existences contemporaines en estimant que sur elles un virage profond du monde s'opère, au point de les broyer... Nous venons seulement de lâcher les dernières amarres qui nous retenaient encore au Néolithique... La marée humaine a tout couvert. La terre est définitivement cerclée par l'Esprit »[155].

153. Op. cit., pp. 40-41.

154. *Oeuvres*, op. cit., vol. III, p. 88.

155. *Oeuvres*, op. cit., vol. I, pp. 234-237, vol. VI, p. 48.

Voilà qui trace tout un programme de travail pour les hommes de la noosphère : devenir plus hommes, plus reliés, plus solidaires. – N'est-ce pas ce que désirent justement les conspirateurs d'*Aquarius* ?

Au terme, le point Oméga

Le sommet de cette union entre les hommes, le pôle ultime vers lequel tend la montée de la Conscience, Teilhard l'appelle le point Oméga, le point Alpha étant le point de départ de toute l'évolution. L'homme individuel n'est pas la fin du processus de transformation. Son énergie du dedans, c'est à la fois la conscience qui lui permet de se concentrer spirituellement sur lui-même (il sait qu'il sait), et la charité comme « force évolutive qui permet à l'homme d'utiliser tous les moyens de relation pour faire progresser l'humanité vers la communion des personnes en Oméga qui attire tout à lui ».

Qui est Oméga ? Il est « total et totalisant » : « Moteur premier de l'activité humaine, il possède des dimensions universelles »[156],

– incorruptible, irrépressible : une fois que nous l'aurons atteint, il ne se désagrègera pas ;

– transcendant : « Il émerge depuis toujours au dessus du monde »[157] ;

– personnel : la personnalisation croissante est en effet dans le sens du progrès de la Vie ;

– rassembleur de toutes les personnes : « La concentration d'un univers conscient serait impensable si, en même temps que tout le conscient, elle ne rassemblait en soi toutes les consciences »[158] ;

– son vrai nom, qui dévoile quelque chose du visage de Dieu, est l'*Amour* : car l'Amour « formera de plus en plus, à l'état pur, l'étoffe de l'énergie humaine »[159].

156. *Oeuvres*, op. cit., vol. I, p. 174.

157. *Oeuvres*, op. cit., vol. VII, p. 119.

158. *Oeuvres*, vol. I, p. 290.

159. *Oeuvres*, op. cit., vol. VI, p. 181. Et *Ensemble*, op. cit., III, p. 19.

Tout comme les gnostiques de Princeton, c'est au terme de sa recherche proprement scientifique que Teilhard pose l'existence d'Oméga : « C'est une pleine cohérence dans la convergence qui se révèle au niveau du cosmos, du vivant, de la pensée. Pourquoi cesserait-elle au-delà ? »

Mais Teilhard-savant est aussi Teilhard-croyant. Pour le chrétien qu'il est, le mystère de l'Incarnation est central. « Il y a pour lui un lien organique, ontologique, entre le Christ et l'univers... Aux yeux du croyant, l'histoire du monde se présente comme une vaste cosmogenèse au cours de laquelle toutes les fibres du réel convergent, sans se confondre, en un Christ à la fois personnel et universel ».

Aussi voit-il dans le Christ le point Oméga que sa théorie scientifique l'amenait à poser comme essentiel. « Le Christ est l'instrument, le centre, la fin de toute la création animée *et* matérielle... Voilà l'enseignement constant de saint Jean, et de saint Paul, le plus « cosmique » des écrivains sacrés (Col 1, 15-16)... Le Christ est le terme de l'évolution même naturelle des êtres... Il est l'Alpha et l'Oméga »[160].

Le Christ cosmique

Cette notion d'un Christ-Cosmique, d'un Christ-Energie, est chère aux disciples du Nouvel Age. Mais à leurs yeux, nous le verrons, l'Esprit christique universel s'est incarné dans de nombreux maîtres, Bouddha, Krishna, Mahomet. Jésus de Nazareth n'est pas le seul à être « Christ ». Alors que pour Teilhard, l'Homme-Jésus est unique dans l'histoire : « Historiquement, à partir de l'Homme-Jésus, un phylum de pensée religieuse est apparu dans la masse humaine... Nulle part, en-dehors de ce remarquable courant de conscience, l'idée de Dieu et le geste d'adoration n'ont pris pareille richesse, pareille cohérence et pareille souplesse... Ne conviendrait-il pas... de voir dans la pensée vivante de l'Eglise le reflet, adapté à notre état évolutif, de la pensée divine ? »[161]

160. *Oeuvres*, op. cit., vol. V, pp. 396 à 397 et vol. IX, p. 60.

161. *Oeuvres*, vol. VII, p. 154.

Le savant visionnaire voit dans l'Eglise un phylum essentiel à l'avenir de l'humanité, « collectant sous leurs formes les plus sublimes, toutes les énergies spirituelles de la noosphère »[162].

Et le christianisme dans le monde ne représente pas seulement la face religieuse d'une civilisation transitoire, et close en Occident. Il est bien plutôt « un phénomène d'ampleur universelle, marquant l'apparition, à l'intérieur de la couche humaine, d'un ordre vital nouveau »[163]. Voilà qui disjoncte fondamentalement d'une thèse chère à plusieurs du Nouvel Age : la fin du christianisme comme phénomène religieux lié à l'ère des Poissons agonisante.

On sait que la pensée teilhardienne a fait l'objet, le 30 juin 1962, d'un avertissement du Saint-Office. On le comprend, à voir comment elle a été parfois mal interprétée, voire abusivement récupérée. En effet, « pour des lecteurs non avertis ou insuffisamment formés, la fréquentation de Teilhard peut présenter des dangers : ils risquent de confondre les plans, de méconnaître la transcendance de l'espérance chrétienne, d'oublier les conditions mortifiantes de l'action temporelle au service du monde »[164]. On se réjouit certes de voir la Gnose de Princeton ou les fervents du Nouvel Age faire appel à lui. On se doit aussi de montrer l'ambiguïté sur certains points de cet appel à patronage[165].

IV. **La conspiration du Verseau et le « réenchantement du monde » Gnose et raison**

« Quelque chose de remarquable est en cours et se développe à une vitesse vertigineuse. Mais ce mouvement n'a pas de nom, et il échappe à toute description... Il semble, par son désir

162. *Comment je crois ?*, 1948.

163. *Oeuvres*, op. cit., vol. IX, p. 145.

164. *Ensemble*, op. cit., III - 20.

165. Il faudrait ouvrir ici une étude sur une nécessaire cosmologie chrétienne, encore en gestation.

d'*intégrer la magie et la science*, traiter d'un sujet très ancien ». Le manifeste de Marilyn Ferguson[166] a traduit en langage moderne une aspiration typique du gnosticisme : « réenchanter » le monde et l'homme. Ce désir naît d'un doute fondamental sur la capacité de la raison et de la science moderne à répondre aux vraies questions humaines. Jean-Louis Schlegel a fait en sociologue et théologien un très bon point de la question sous le titre : *La Gnose ou le réenchantement du monde*[167]. Son apport vaut d'être reçu attentivement.

Une protestation globale pour redonner sens à un monde désenchanté

L'objectif des néo-gnostiques du Nouvel Age est de recoudre les déchirures imposées par le savoir purement rationnel à un monde devenu désenchanté, desséché. Ils rappellent la priorité du Tout sur la partie, et l'existence de multiples réseaux tissant une interdépendance universelle du cosmos spirituel et matériel. C'est l'holisme. Ils plaident pour une vision holistique des choses, contre le rationalisme mutilant. Ils veulent d'autre part restituer l'intégralité du réel en en ressaisissant les analogies et les correspondances universelles – y compris entre l'homme et en Dieu –, leur unité originelle sous le multiple phénoménal.

Ils mettent ainsi en question la science moderne, qui a élaboré un monde sécularisé, rationalisé, fragmenté et finalement in-signifiant.

Et ce, par deux voies :

– en réinventant une *cosmologie* signifiante : un monde où circule en tous sens (y compris en l'homme) une même et unique Energie ;

– en retrouvant le *moi* transpersonnel et le reliant à l'essentiel : à l'Energie cosmique et divine.

Cette protestation vigoureuse contre les visions étriquées et réductrices couramment proposées par les sciences de la nature et les sciences de l'homme, mérite juste attention.

166. Op. cit., pp. 14-15.

167. In *Etudes*, mars 1987, pp. 389 à 404.

Une cosmologie : un monde réunifié

La voie de référence pour une telle restitution du réel est un ésotérisme s'appuyant sur l'intuition des philosophies orientales, védantique et bouddhiste. L'objectif est de reconstruire un monde « Un », « interconnecté », et qui « parle » par le langage du symbole et la loi de l'analogie.

On dépasserait alors la césure classique entre sujet et objet, esprit et matière. – Nous avons vu comment la Gnose de Princeton de 1974 s'inscrit dans cette ligne. –

Pour cela on fait appel aux paradoxes de la physique quantique sur la nature du réel, l'interpénétration du temps et de l'espace, et le double sens du vecteur temps : afin de fonder la requête d'un changement de logique pour interpréter le monde et respiritualiser la nature et la science.

On relève ainsi que la conception scientifique actuelle de l'interdépendance sujet-objet et de chacune des parties de l'univers, correspond à la vision bouddhiste et taoïste du monde. Le colloque de Cordoue en 1980 développa ces perspectives, et F. Capra écrit *Le Tao de la physique*.

Finalement la « transformation alchimique » déjà recherchée par les opératifs du Moyen Age, existerait bel et bien à tous les niveaux du réel, des molécules vivantes aux plantes, car partout se répondent les mêmes vibrations de la même Energie cosmique.

La science, pour connaître la totalité du réel, serait ainsi appelée à devenir gnostique, mystique, métaphysique – sous la conduite des sciences traditionnelles qui seules possèdent une vision globale des choses.

Une psychologie : une connaissance de soi unifiée et intégrée au réel

Même visée et mêmes références en ce qui concerne la connaissance de l'homme.

La psychologie transpersonnelle visera à réduire la dualité

moi-monde, en dépassant le mental pour atteindre l'illumination intérieure. Car la Conscience est elle aussi Energie.

A la fois le moi va être exalté, quand on l'amène à connaître des niveaux de conscience de plus en plus subtils, et à la fois il va être nié quand on le fond dans une grande conscience cosmique dont il ne serait qu'une parcelle impersonnelle.

Le « sentiment océanique », ersatz de l'expérience mystique, permettra alors à l'enfant d'*Aquarius* de retrouver le monde perdu.

Cette transformation psychologique s'appuierait, on l'a vu, sur une transformation biologique du cerveau, au moment précis de l'entrée de l'humanité dans le seul signe d'homme du Zodiaque : le Verseau. Le nouveau paradigme ouvrirait la voie à un dépassement de la Connaissance et redonnerait un sens plénier au monde, renvoyant définitivement aux oubliettes les sens rabougris du sartrisme ou les non-sens de Beckett.

Que penser de ce rétrofuturisme qui refuse le rationalisme outrancier en revenant à des spéculations couramment considérées comme irrationnelles ?

Réenchanter le monde : est-ce la bonne voie ?

La faillite patente de l'omniprésence d'une raison logique absolutisée, et du monde qu'elle a engendré, ne justifie pas pour autant le retour à un stade précritique de la pensée qui ferait l'impasse sur les tournants historiques majeurs du cartésianisme et du kantisme, et imposerait une vision rétro aussi contraignante que celle qu'elle dénonce.

Le besoin viscéral de retrouver un monde plus naturel et plus unifié, l'impatience d'un monde autre ne justifient pas plus une fuite dans l'irrationnel dont il n'est pas sûr qu'elle donne prise assurée sur le réel.

Car le monde constitué par la raison moderne résiste à l'imaginaire. Et il ne suffit pas de décréter dans un discours poétique et quelque peu évanescent l'arrivée du Nouvel Age, pour liquider sans appel les rationalités les plus assurées des siècles précédents.

Certaines spéculations par exemple qui interprètent la physique à partir des états de conscience mystiques, et vice-versa, — « le dépassement mystique de la science et l'intégration scientifique de la mystique » — sont un nouveau concordisme pour trouver Dieu dans les limites de la science. La Gnose de Princeton s'y est aventurée. Mais l'expérience spirituelle a tout à y perdre, quand elle est ramenée à un ensemble de vibrations mesurables ou de simples modifications biochimiques du cerveau.

Certes l'échec de la raison moderne à créer les conditions d'un monde humain pour aujourd'hui et demain est patent. René Guénon, René Girard, Lanza Del Vasto l'ont dénoncé vigoureusement chacun à leur manière. Mais si l'on veut tenir une critique de la raison absolutisée, ce doit être avec les outils de cette même raison. La vision gnostique a le mérite de refuser la coupure entre le sujet et l'objet, l'imaginaire et le spéculatif, le sacré et le profane, de protester contre le désenchantement du monde. Mais ce n'est pas seulement en le réenchantant qu'elle pourra lui donner sens.

La pensée chrétienne, quant à elle, a une parole propre à prononcer sur le rôle de la raison dans cette aventure.

Gnosticisme et christianisme

Les néo-gnostiques reprochent, il est vrai, à l'Eglise d'être allée, surtout depuis Vatican II, du côté d'un rationalisme abusif, avec le développement d'une exégèse rationalisante, la suppression du symbolisme et du sacré dans sa liturgie, le développement d'un activisme tourné vers l'extérieur.

Par ailleurs à leurs yeux, « les religions particulières ne sont que des manifestations contingentes de l'unique Vérité qui se trouve dans le monde depuis l'origine et qui est connaissable directement par l'intuition intellectuelle... participation à l'Un et au Vrai donnés de toute éternité ». — « Les affirmations diverses ne sont donc que des points de vues ou des aspects de l'Un, que l'intelligence supérieure ressaisit par-delà ses formes mêmes contradictoires »[168].

168. Op. cit., p. 400.

L'unité transcendante des religions est un des postulats de la gnose. Une unité qu'ils alignent d'ailleurs sur leur propre façon de voir les choses. La Bible par exemple ne serait qu'un recueil archétypal des mythes primordiaux. Jésus, une des nombreuses manifestations du divin-cosmique et du principe-christique.

Le christianisme ne récuse pas la spéculation sur « la profondeur des richesses de la sagesse et de la science de Dieu » (Rm 11, 33), l'authentique gnose. Ni la valeur du symbolisme pour comprendre le réel et exprimer le mystère divin. Ni l'existence d'une révélation première de Dieu à l'homme qui fonde l'unité du donné de la religion naturelle. Mais il affirme inlassablement :

— Le caractère unique et original dans l'histoire des religions, de l'incarnation de Jésus, Fils de Dieu.

— L'universalité du salut qu'il a acquis pour tous, initiés et non-initiés, savants et non savants.

— L'autonomie du monde par rapport à Dieu et l'altérité de Dieu par rapport au monde.

Cette foi en l'incarnation de Dieu dans l'histoire humaine amène alors le chrétien à utiliser la raison et à la prendre au sérieux parce qu'il vit dans un monde marqué par la rationalité et parce qu'elle est un des moyens privilégiés de comprendre le monde et de rejoindre Dieu.

V. **La gnose, religion du Nouvel Age**

La gnose est donc *la* religion du Nouvel Age. Le gnostique, au sens large du terme, est celui qui *connaît* parce qu'il a eu une révélation. Et c'est par cette connaissance qu'il est sauvé. Il ne « croit » pas, car la foi est inférieure à la connaissance. Il « sait » parce qu'il est un initié. La majorité des groupes du Verseau représentent comme une résurgence contemporaine de la gnose éternelle.

Un même air de famille

En effet, dans l'ensemble des nouveaux mouvements religieux surgis depuis le début du siècle, et tout particulièrement dans ces deux dernières décennies, on peut distinguer avec R. Bergeron[169] deux grands ensembles : les groupes qui s'inspirent du fonds doctrinal judéo-chrétien et se réfèrent essentiellement à la Bible, tels les Témoins de Jéhovah ou les Mormons. Et les groupes qui offrent des amalgames syncrétistes, puisant à la fois dans les religions d'Orient, la tradition ésotérique et les recherches contemporaines sur l'élargissement de la conscience.

« Dans ce second ensemble, le fonds judéo-chrétien est remodelé et réinterprété pour entrer dans des synthèses variées mais porteuses du même air de famille, comme une résurgence du gnosticisme ancien » : Théosophie, Anthroposophie, Rose-croix, Fraternité Blanche universelle, Mouvement du Graal, Ordre martiniste traditionnel, Nouvelle Acropole, Scientologie, Arcane, Atlantis, Métanoïa, Penser nouveau ; et aussi les groupes autour du spiritisme, des sciences noétiques, des sciences cosmiques et d'extra-terrestres, du développement du potentiel humain. Nous connaissons déjà cette énumération descriptive des mouvements du *New Age*.

Par rapport aux religions en place, ils s'affirment dépositaires de la Vérité ultime, alors que les Eglises n'en offriraient qu'une approche extérieure et limitée. Ils se présentent comme le cœur même de la religion. Ils se présentent aussi comme les nouvelles sagesses d'Occident dont chacune affirme se rattacher à la Sagesse primordiale, source originelle des religions particulières.

Ainsi est-ce bien clair : si certaines pratiques et certains idéaux du Nouvel Age sont tout à fait respectables, sa religiosité, elle, diverge radicalement de la foi chrétienne. Elle se présente d'ailleurs explicitement comme un challenge pour le christianisme. C'est le même défi que les gnostiques lançaient aux premiers siècles. Saint Irénée, à la suite de saint Epiphane, se battait déjà contre l'hydre aux cents têtes. Et l'annonce de l'avènement

169. R. Bergeron, *Le Cortège des fous de Dieu*, Editions Paulines, Montréal, 1982.

d'une nouvelle conscience spirituelle et cosmique, à l'approche de l'ère du Verseau, n'est pas sans rappeler la thèse de la succession des trois ères mystiques du Père, du Fils et de l'Esprit chère aux successeurs de Joachim de Flore, au Moyen Age. Celui-ci tenait un langage bien proche des actuels millénaristes quand ils parlent de l'ère nouvelle à l'orée du troisième millénaire comme de l'avènement de l'âge spirituel par excellence.

Un syncrétisme

Du gnosticisme ancien, le Nouvel Age tient d'abord le syncrétisme : « Je prends mon bien où je le trouve ». Formule renouvelée en : « Peu importe ce que vous croyez, du moment que cela marche pour vous ». Toutes les religions exprimeraient en effet une certaine approche mystique de l'Esprit universel. Mais elles ne seraient que des fragments de la totalité que va restituer la vision holistique de l'ère du Verseau. De même que les anciens gnostiques, sétiens ou marcionistes, adaptaient les mythologies grecques ou iraniennes, de même le Nouvel Age se réfère au chamanisme, aux religions améro-indiennes, à l'hindouisme et particulièrement au bouddhisme tibétain.

On emprunte librement aux techniques de méditation de chacune de ces voies mystiques pour accéder à la nouvelle conscience cosmique, par illumination, extase ou enstase. Ce sont des expériences sommitales de l'esprit : les peak-experiences qualifiées de mystiques alors qu'elles sont surtout, on l'a vu, psychologiques voire parapsychologiques.

Un monisme panthéiste

Ces prises de conscience où l'on est censé percevoir directement l'unité de la nature et de ses lois sont reçues comme autant de preuves de l'unité du réel auquel elles donneraient accès. C'est le monisne gnostique déjà noté : tout est *Un*, et ce Tout est divin. On comprend l'affirmation centrale du Nouvel Age selon laquelle le Tout dépasse la somme des parties. C'est qu'il est en fait le divin cosmique. L'homme « réalisé », transformé par les expériences d'élargissement de la conscience, accédera à l'illumination divine en découvrant qu'il en est un simple élément, une étincelle. C'est l'homme « pneumatique » de la gnose ancienne qui trouve Dieu en lui-même. Appartenant déjà à l'ère nouvelle, il est quasi-divin.

Le divin n'est pas une Personne. C'est l'expression la plus élevée de la conscience cosmique, la vibration la plus haute. Et l'homme n'est pas non plus une personne entrant en relation, dialogue et alliance avec un Etre personnel, mais une simple vague de l'océan cosmique, une partie — mais consciente — du grand Tout. Le Nouvel Age est panthéiste. Il est aussi panenthéiste : il n'y a qu'une réalité, la divinité, et le reste n'est qu'illusion.

L'univers du Nouvel Age — cyclique, moniste, « consciencieel », parfois émanentiste — diverge ainsi radicalement de celui de la tradition judéo-chrétienne. Pour la Bible, l'homme et le cosmos ont été créés par Dieu et subsistent en-dehors de lui. Le temps est linéaire et historique. Dieu est intervenu dans le temps, qui est le lieu de l'histoire du salut. Aussi la foi chrétienne est-elle « incarnée ». Elle prend au sérieux le monde sous tous ses aspects — économiques, sociaux, politiques, culturels — comme lieux de cette histoire et de ce salut. Telle n'est pas toujours la perspective du *New Age*, quoi qu'il en dise.

Le Dieu transcendant de la Révélation biblique avait par ailleurs rendu possible la sécularisation de la nature puisqu'il ne lui était pas coextensible. Et voici que, par un étonnant retour des choses, sa disparition de la *Weltanschauung* de la modernité, entraîne une re-sacralisation de la nature à nouveau divinisée.

Ni révélation ni grâce

Typiquement gnostique aussi, cette volonté prométhéenne d'accéder au savoir intégral par une prise de conscience progressive de la totalité et indépendamment de toute révélation. « C'est vrai si tu le crois » est un slogan favori du Nouvel Age. Cette entreprise évoque, avons-nous dit, la tentation du jardin d'Eden de s'approprier le fruit de l'arbre de la Connaissance : pour devenir comme des dieux. Le nouvel homme du Nouvel Age n'a ainsi plus besoin de la foi : elle est remplacée par la gnose, l'illumination où l'on prend conscience d'être soi-même divin.

L'homme du Nouvel Age n'a plus besoin de la grâce. Il lui suffit de mettre en œuvre les puissances de sa conscience encore insuffisamment utilisées. Autonome, il n'a pas besoin de salut. Il lui est acquis à la fois par l'illumination intérieure et par la succession des renaissances qui lui assurent automatiquement purification et conscientisation croissante. La spiritualité du Nouvel Age est celle du salut de l'homme par l'homme.

Et la Rédemption par la croix du Christ n'a pas de sens au regard de l'optimisme assuré des enfants du Verseau. La délivrance du mal (existe-t-il d'ailleurs ?) est entre leurs mains. L'âge d'or est pour demain.

La Croix en christianisme

Rappelons ici la Tradition chrétienne. La Croix à travers laquelle Jésus est parvenu à la Résurrection est, dit-elle, au cœur du christianisme comme l'expression suprême de l'action de Dieu-Sauveur, et comme le modèle de la réponse du chrétien : « Il nous a aimés et a donné sa vie pour nous en offrande à Dieu comme un sacrifice d'agréable odeur » (Ep 5, 2).

Sa Passion oriente tout le ministère et toute la vie du Christ. Devant les oppositions que soulève sa prédication, il reste en effet fidèle à la mission qu'il a reçue de son Père. Même quand il pressent l'échec qu'il court au plan humain : « Le Fils de l'homme, dit-il, doit souffrir et mourir » pour accomplir le dessein rédempteur de Dieu (Mc 8, 31 ; Jn 3, 17 ; 5, 19 ss. ; Mt 16, 22 ss. ; Lc 9, 22). Et l'Esprit-Saint devra éclairer les apôtres à la Pentecôte pour qu'ils comprennent que cette Croix, mort ignominieuse par excellence, n'était pas signe d'échec, mais point de passage obligé pour sa Résurrection.

La première génération chrétienne découvrit très vite, on en a le témoignage avec les lettres de Paul, que dans la Croix s'est réalisé le sacrifice parfait par lequel une alliance nouvelle a été nouée avec Dieu. Les péchés des hommes sont alors, par elle, totalement remis : « Tous sont gratuitement justifiés par sa grâce, en vertu de la délivrance accomplie en Jésus-Christ... livré pour nos fautes et ressuscité pour notre justification » (Rm 3, 24 ; 4, 25). Oui, « en ceci Dieu a prouvé son amour pour nous alors que nous étions encore pécheurs » (Rm 5, 8).

Aussi les chrétiens voient-ils dans cet événement scandaleux la plus belle manifestation de sa sagesse : « Le langage de la croix est folie pour ceux qui se perdent, mais pour ceux qui sont en train d'être sauvés, pour nous, il est puissance de Dieu ! » (1 Co 1, 18). Folie, on le comprend, aux yeux des enfants du Verseau fondant leur confiance sur les seules capacités de l'homme. Ils recherchent par exemple de tout leur cœur, noble dessein, une paix et une réconciliation universelles. Mais, aux yeux du chrétien, elles ne peuvent être « établies que par le sang de la croix du Christ » (Col 1, 20).

Aussi, le disciple de Jésus est-il appelé à suivre son exemple. Non par masochisme, car l'imitation de Jésus-Christ et de sa croix se vit toujours dans la foi en sa Résurrection : « De même en effet que la souffrance du Christ abondait pour nous, de même par le Christ abonde aussi notre consolation » (2 Co 1, 5 ; Cf. Ph 3, 10). Mais pour entrer dans une coopération active à son œuvre de rédemption du monde.

Le chrétien au baptême a été « crucifié avec le Christ » (Ga 2, 19). Il doit alors accepter de mettre à mort en lui son péché, tout au long de sa vie, par la grâce de Jésus. Là s'enracine son éthique : « Faites mourir ce qui en vous appartient à la terre, exhorte saint Paul, débauche, impureté, passion, désir mauvais, cupidité, idolâtrie » (Col 3, 5).

Mais la croix de Jésus se poursuit aussi dans son Corps mystique, c'est-à-dire dans beaucoup d'hommes, frères de Jésus et nos frères. Aussi le chrétien est-il appelé à se consacrer de toute son énergie à aider les membres souffrants du Christ. Ne dit-il pas : « Chaque fois que vous avez posé ces actes, concrètement, pour l'un de ces plus petits de mes frères, c'est à moi que vous l'avez fait » ? (Mt 25, 40).

« Puissance et sagesse de Dieu », sa passion et sa croix sont alors pour le chrétien la véritable source de transformation de la cité terrestre. Car celle-ci est marquée par le péché, individuel et collectif. Aussi l'âge d'or ne peut-il être au terme des seuls efforts de l'homme. Tel est l'enseignement de Jésus, Fils de Dieu mort sur la Croix et ressuscité, selon la tradition chrétienne.

Mais pour les enfants du Verseau, Jésus n'est pas Fils de Dieu... Il n'est pas plus la Parole, le Verbe de Dieu. Son message n'est donc pas universel, et sa croix n'est qu'un incident de parcours purement humain. Car il ne serait que l'une des multiples manifestations d'un Christ cosmique descendu en lui au baptême dans le Jourdain, mais qu'il a quitté avant sa mort sur la Croix. C'est la christologie docète des anciens gnostiques[170]. Qui est donc le Christ, dans le Nouvel Age ?

Jésus et le Christ dans le Nouvel Age

Le second avènement christique est proche aux yeux de nombreux enfants d'*Aquarius*, nous le savons. Mais il s'agit du Christ cosmique et non du Jésus historique. La vie christique précède en effet l'homme Jésus. Cette distinction gnostique est constitutive de la doctrine du Nouvel Age[171].

L'incarnation de Jésus par exemple y est considérée comme une « descente » du Christ cosmique en l'homme de Nazareth. On la situe généralement au moment du baptême dans le Jourdain. Sa crucifixion aurait été l'enfouissement de cette même entité cosmique. Et sa Résurrection et son Ascension sont interprétées symboliquement, en langage ésotérique, comme la libération des « énergies christiques » pour le nouveau ciel et la nouvelle terre. On les fête dans les communautés du Nouvel Age comme « une célébration de la danse, un tournoiement d'énergies, une promesse de plus beaux fruits, d'une plénitude que l'été offrira à la nature et aux hommes qui auront suivi le mouvement cosmique de transformation, de mort et de résur-

170. Notons ici que le *New Age* est au gnosticisme ce que le fondamentalisme est au christianisme : la transcription littérale d'idées énoncées sur le mode symbolique. Les gnostiques des premiers siècles, par exemple, imaginaient Jésus sous la forme d'un esprit mystérieusement incarné. Certains du Nouvel Age y voient, eux, l'envoyé d'un autre système solaire. Là où les gnostiques cherchaient à déceler le souvenir de la « patrie originelle » d'où l'homme était issu, certains du Nouvel Age l'identifient avec Stonehenge construite par les visiteurs soucoupistes, ou avec les civilisations disparues de l'Atlantide et de la Lémurie.

171. Cf. Jean Vernette, *Jésus dans la nouvelle religiosité*, Desclée, Paris, 1986.

rection »[172]. On retrouve ici les vieux cultes dionysiaques de l'Antiquité.

Et voici qu'à l'aube du Nouvel Age, nous serions rendus au stade préparatoire à sa seconde venue, quand « sa présence voilée par la matière et les vibrations lentes, sera révélée dans les nouvelles énergies éthériques ». Le Christ, qui est réputé avoir été ramené par les Eglises à un simple objet de culte non porteur d'Energie, marcherait enfin au milieu des nouveaux enfants du Verseau, les animant de l'intérieur. Ce retour de la vie christique en notre temps expliquerait le fourmillement que nous avons relevé de nouveaux messies s'affirmant chacun comme l'authentique Christ en son retour.

Chaque enfant du Verseau est appelé à réaliser en lui le christ intérieur. Et chaque mouvement propose l'itinéraire spirituel spécialisé pour devenir un nouveau christ.

Malgré la générosité de ces vues, il faut le dire, on est radicalement en-dehors du christianisme selon la tradition des apôtres.

Des caricatures

On est parfois tout simplement en-dehors du bon sens et de l'honnêteté quand le Nouvel Age – mouvement de pensée fort respectable par ailleurs – devient l'objet d'un commerce où l'on joue sans vergogne sur la vulnérabilité et les attentes de gens en quête de spiritualité ou de guérison de l'esprit. C'est devenu un juteux business outre-Atlantique. Et les articles proposés relèvent souvent d'une vieille panoplie à peine recyclée, le channelling remplaçant le spiritisme du début du siècle, les voyages hors-du-corps prenant le relais du mesmérisme du XIXe siècle. Plusieurs en sont conscients. Une des revues françaises bien représentative du Nouvel Age, *Sources*[173], épinglait récemment quelques-unes des impasses et des impostures truffant le labyrinthe des voies actuelles de recyclage spirituel :

172. In *Aquarius*, 12, p. 6. Cf. David Spangler, op. cit., p. 7.

173. *Sources*, n° 16, 1988, pp. 7 à 16. Cf. aussi le n° 17.

« Le mouvement du Nouvel Age essaie de combiner la méditation, la pensée positive, la guérison par la foi, le rolfing, les nouveaux régimes alimentaires, l'écologie, le mysticisme, le yoga, les cures par l'eau, l'acupuncture, l'encens, l'astrologie, la psychologie jungérienne, le biofeed back, la perception extra-sensorielle, la spiritualité, l'alimentation végétarienne, la théorie de l'évolution, les thérapies sexuelles reichériennes, les mythologies anciennes, les cultes archaïques de la nature, le soufisme, la franc-maçonnerie, la kabbale, la chiropractie, la médecine naturelle, l'hypnose, — et bien d'autres techniques encore pour accroître la conscience, y compris des éléments empruntés aux principales traditions religieuses. Mais une telle concoction, si elle peut parfois offrir un soulagement temporaire aux symptômes de malaise spirituel, ne peut en aucun cas produire l'équivalent d'une conversion religieuse, un changement véritable du cœur. Même pas une conversion intellectuelle à un nouveau point de vue capable de résister à un questionnement rigoureux. Ce qui manque à ces religions de remplacement, c'est la discipline spirituelle ».

Elles introduisent ainsi une nouvelle drogue, un nouvel opium, dans une société sursaturée de tranquillisants, tout en affirmant l'en délivrer. Et beaucoup de leurs leaders font preuve d'une inculture théologique ou tout simplement religieuse impressionnante, d'un confusionnisme des genres et des doctrines assez redoutable. Mais la prolifération de ces offres est aussi significative d'attentes spirituelles et mystiques qui n'ont pas su trouver de réponse. Question posée aux Eglises et aux sociétés.

Appel à Kérygme

La situation actuelle offre quelque similitude avec les attentes spirituelles du monde antique et la réponse apportée par les religions à mystères. Similitude aussi avec le défi lancé au christianisme naissant par la floraison des divers gnosticismes. Ils perdurèrent au long du premier siècle, s'insinuant jusqu'en milieux chrétiens à la manière d'une philosophie douce et séduisante.

C'est dans un contexte semblable, celui du Nouvel Age, que le christianisme doit réaffirmer sa différence. En rappelant en particulier que le salut est donné par la foi au seul Jésus-Sauveur, Parole ultime du Père et non par la Connaissance cumulée. Que la divinisation est le fruit de la grâce et non de l'illumination de la conscience. Que le fait historique de l'incarnation de Dieu en Jésus de Nazareth rend le christianisme irréductible à toute « unité transcendante des religions » affirmant fonder la religion mondiale de l'an 2 000. Il s'agit de redire aujourd'hui en termes neufs le kérygme de toujours.

Envoi

La montée en puissance des mouvements du Nouvel Age est l'une des expressions du retour du religieux sous sa forme de néo-paganisme et de gnose.

Elargissons donc en finale notre propos au surgissement de la nouvelle religiosité contemporaine. Il représente en effet l'un des défis majeurs pour l'évangélisation à l'approche de l'an 2 000. Avons-nous les moyens de cette nouvelle mission ? C'est une question.

L'Eglise en nos pays a dû en effet s'équiper pastoralement au lendemain de la guerre, et avec une rare capacité d'invention missionnaire, pour l'évangélisation d'un homme incroyant et sécularisé dont on avait toutes raisons de penser qu'il serait le modèle dominant en Occident. Et cette perspective a mobilisé l'essentiel des forces apostoliques. Or, voici que surgit un homme « religieux » et païen que l'on n'attendait guère. Et c'est à lui qu'il faut annoncer l'Evangile. Dans sa propre langue.

Car si « l'Esprit-Saint nous parle par l'incroyance », comme le disait Paul VI, il nous parle aussi par le paganisme, la gnose et la nouvelle religiosité. Par les mouvements du Nouvel Age. Il n'est pas interdit d'y déceler même parfois des « pierres d'attente de l'Evangile ». A condition de savoir discerner fermement. Il s'agit donc : de prendre en compte le religieux après l'avoir exorcisé, de répondre à l'intérieur du christianisme aux attentes qu'il exprime, de l'évangéliser en ce qu'il a d'évangélisable.

Tout d'abord, il importe de savoir *répondre à certains appels* de l'homme contemporain. Besoin d'une vision unifiée des choses, désir de convivialité et de chaleur humaine, aspirations à la « vraie vie » par-delà la « vie vraie », recherche d'une aventure spirituelle par un retour à la Source originelle : ces attentes sont à prendre au sérieux.

Dans ses aspects mystiques par exemple, le Nouvel Age propose une forme de religiosité qui rejoint le sentiment religieux contemporain en certains de ses déplacements. Nous avons alors à en tenir compte avec discernement lorsque nous proposons la foi chrétienne.

Déplacement premier : de l'adhésion à la recherche, du « discours » (sur la doctrine) au « parcours » (aujourd'hui on est toujours « en recherche »...). Il n'y a certes pas à avaliser cette quête errante de spirituel, car la foi est assurance en la Parole « sûre » du Verbe de Dieu. Mais à éviter de présenter le christianisme comme un système rigide et clos où tous les aiguillages seraient faits d'avance. Car Dieu est Quelqu'un que l'on cherche avant d'être un énoncé notionnel uniquement clos dans une définition : c'est la leçon de tous les mystiques.

Déplacement de la religion à la Sagesse. Beaucoup sont davantage en quête de paix intérieure et de spiritualité que de dogmes et d'institutions religieuses. Il y a alors à discerner, car le refus du dogme est souvent une autre forme du subjectivisme et du relativisme doctrinal. Mais aussi à remettre en valeur le christianisme comme Sagesse : sagesse du corps, paix du cœur, harmonie avec la création ; celles de François de Sales, de Bernard de Clairvaux, de François d'Assise. Le christianisme comme Voie — « la Voie », disent les premiers chrétiens — ; une Voie qui vaut toutes les voies orientales. Comme initiation qui vaut toutes les gnoses initiatiques. Et ce, en retournant à notre patrimoine spirituel, aux catéchèses mystagogiques du baptême, à la symbolique des Pères de l'Eglise, au sain ésotérisme du langage de la pierre chez les bâtisseurs de cathédrales, à la vision biblique de la nature comme livre de Dieu.

Déplacement enfin du notionnel à l'émotionnel. Les enfants du Verseau veulent expérimenter Dieu « en direct », dans une sorte d'appétit sauvage qui pousse vers les groupes chauds où l'on chante, où l'on danse, où l'on est bien ensemble. Sans confondre spirituel et irrationnel, il y a donc à retrouver le sens du corps dans la prière, de la fête dans la liturgie, des symboles « charnels » qui parlent au cœur et aux sens : eau et lumière, flamme et encens, gestuelle et icônes. A nous interroger sur le climat froid et compassé de certaines de nos célébrations.

Alors on pourra *évangéliser le religieux*. Après l'avoir au préalable exorcisé, car il n'est pas toujours saint ni sain. On avait voulu chasser la religion de nos sociétés occidentales en la déclarant aliénante. Mais « chassez la religion, elle revient au galop ! » Et voici qu'elle revient, à l'approche de l'ère nouvelle, sous des formes bien confuses où l'ivraie est inextricablement mêlée au bon grain. Aussi faut-il procéder à une sérieuse dépollution des formes maladives de ce maquis qui peut devenir empoisonné. C'est un premier travail d'écologie spirituelle préalable nécessaire à toute évangélisation du religieux. Car le christianisme est la conversion à Jésus-Christ d'une dimension religieuse constitutive de l'homme, mais qui est païenne à l'origine.

Les dieux du paganisme sont respectables certes, comme l'expression tâtonnante de la Voie et de la Vérité. Ils ne sont pas le *vrai* Dieu, révélé par Jésus qui *est* seul la Voie et la Vérité.

Le désir qui met en route certains vers les contrées mystiques du Verseau et les égare dans les opiums de Katmandou et les rêveries de l'étrange, est cependant parfois en germe le désir de Dieu. Tout comme le désir de l'eau chez la Samaritaine, cette soif très banale et à ras de terre, était en germe le désir de l'eau vive. Encore fallait-il que quelqu'un lui révèle et son désir et l'eau qui le comblerait. Cette révélation, c'est l'évangélisation.

Elle consistera alors :

— à identifier ce qui est christianisable : la défense de la nature, la redécouverte de l'intériorité, la recherche de paix et d'unité. Et ce qui ne l'est pas : le culte du moi, le syncrétisme négateur de toute révélation, les multiples caricatures de l'authentique spirituel ;

— à redécouvrir les propres richesses de notre *Credo*. Si nous ne parlons plus de la communion des saints, les gens iront chercher dans le channelling spirite la réponse à leurs questions sur la communication avec leurs morts. Si nous ne parlons plus de la résurrection de la chair, des fins dernières, de la vie éternelle, ils rejoindront les 23 % d'Européens qui croient déjà à la réincarnation ;

— à réapprendre à dire en direct l'Evangile, au milieu du vacarme des mille bateleurs vantant chacun leur marchandise au grand cirque de la nouvelle religiosité. C'est le kérygme pour la seconde évangélisation de l'Occident, chère à Jean Paul II.

Nous accueillons dans l'Eglise, et avec cœur grand ouvert, des gens qui sont demandeurs de quelque chose. Sans doute avons-nous aussi à nous déplacer parfois pour aller à ceux qui ne sont demandeurs de rien, mais chercheurs de quelque chose : de Quelqu'un ? C'est-à-dire à rejoindre les hommes dans les régions où ils posent leurs questions et tracent leurs itinéraires de recherche. Même si leurs mœurs, leur vocabulaire, leurs centres d'intérêts nous déconcertent grandement. Comme Paul de Tarse entendant en songe l'appel du Macédonien à apporter l'Evangile sur des terres nouvelles, ne s'agirait-il pas pour nous aussi d'aller aux croyants hors frontières ? A l'approche de l'an 2 000 et de l'ère du Verseau...

ANNEXE I

Channelling et religiosité New Age

Le channelling a pris naissance sur le terrain du spiritisme, déjà fertile en nouveaux mouvements religieux.

Mais il s'enracine plus immédiatement dans certains courants récents nés outre-Atlantique.

Le spiritisme comme terreau de nouveaux mouvements religieux

Parcourons rapidement la liste des mouvements religieux qui eurent affaire avec le spiritisme :

Mary Baker (1821-1910), fondatrice de la Science chrétienne, a pratiqué personnellement le spiritisme. Toutefois elle se défendit toujours par la suite d'avoir été médium.

Par contre, Helena Petrovna Blavatsky (1831-1892) et H.-S. Olcott (1832-1907) avaient un intérêt commun pour les phénomènes spirites. Et l'on a pu considérer la théosophie en partie comme une réponse au discrédit du spiritisme. Spiritisme et théosophisme, nous l'avons vu, apparaissent comme deux étapes importantes dans l'émergence de la nouvelle religiosité contemporaine, combattant l'un et l'autre le matérialisme ambiant tout en se situant en-dehors des Eglises.

Un ouvrier belge, Louis Antoine († 1912) pratique le spiritisme entre 1879 et 1889 et publie même un *Petit catéchisme spirite* (1896). Mais il rompt (en 1906) avec cette manière de voir, en même temps qu'il s'attribue une mission de révélation religieuse. Il en conserve cependant certains éléments, le « fluide » par exemple.

Passons au Viêt-nam. Une religion célèbre, le caodaïsme (1926) se présente comme une rénovation du bouddhisme et comme la forme vietnamienne du spiritisme. « Le nouveau mouvement était le résultat de la fusion de deux groupes de spirites vietnamiens ; par les communications reçues d'esprits, l'un et l'autre avaient été indépendamment instruits d'adorer Cao Daï : sous ce nom se serait fait connaître à eux le créateur, Dieu le Père »[174]. En effet, « Dieu, adaptant son enseignement aux progrès de l'esprit humain, plus raffiné que jadis, se serait cette fois manifesté par la voix des médiums, ne voulant accorder à aucun mortel le privilège de fonder le caodaïsme »[175]. Les messages des médiums continuent à guider les fidèles, « mais il s'agit d'une médiumnité soumise au contrôle de l'institution religieuse » : les prêtres et spécialement les hauts dignitaires — pape, cardinaux-légistes, archevêques principaux, évêques —. Ces messages proviennent même de désincarnés européens : Allan Kardec, Léon Denis, Camille Flammarion, Descartes, Jeanne d'Arc, Chateaubriand et surtout Victor Hugo dont le portrait trône dans certains lieux de culte.

A la différence de l'antoinisme, le caodaïsme dépasse le spiritisme mais sans rompre avec lui, y voyant même une religion d'avenir.

De nouvelles religions s'organisèrent aussi autour du spiritisme pour donner un produit spécifiquement autochtone. Au Brésil, par exemple, c'est l'Umbanda. Il s'efforce d'unifier les valeurs religieuses de la culture locale, le spiritisme se mêlant aux restes des cultes africains ancestraux et aux expressions de piété d'un catholicisme populaire.

De même le channelling, né dans l'ambiance du spiritisme classique, explique Massimo Introvigne[176], se rattache à trois sortes de courants bien particuliers : — les nouveaux évangiles, — les religions d'extra-terrestres, — les guides indiens.

174. J.-F. Mayer, in *Lo Spiritismo*, Ed. Elle Di Ci, Turin, 1989, p. 12.

175. G. Gobron, *Histoire et philosophie du caodaïsme*, Paris, Dervy-Libres, 1949, p. 17 ; cité par J.-F. Mayer, op. cit., p. 13.

176. M. Introvigne, *Lo Spiritismo*, Ed. Elle Di Ci, Turin, 12989, pp. 17 ss.

Les nouveaux évangiles

Les nouveaux évangiles sont un produit classique de la gnose à toute époque de l'Histoire. Ils reviennent en force, au Nouvel Age. Et tout d'abord *L'évangile du Verseau de Jésus-Christ* (1907), extrait de la mémoire akashique de l'humanité (celle qui est conservée au plan de l'astral) par Levi H. Dowling. Jésus y apparaît comme l'un des maillons d'une longue chaîne d'initiés gnostiques. Il a inspiré directement plusieurs mouvements religieux. Et H. Spencer Lewis a été accusé de l'avoir largement plagié dans sa *Vie mystique de Jésus*, un des classiques de la Rose-Croix A.M.O.R.C.

Dans le même esprit, voici le *True gospel rivealed anew by Jesus*, de J.-A. Padgett (1852-1923).

Ces évangiles sont révélés à des médiums dès la dernière décennie du XIXe siècle pour compléter ou clarifier la Bible. Le plus ancien exemple de cette littérature est *Oahspe* (1882) sous-titré : « Une nouvelle Bible », préparé au long de cinquante-deux semaines d'écriture automatique sur machine à écrire par l'homme d'affaires J.-B. Newbrough (1828-1891). En neuf-cents pages, il narre : l'origine de l'homme sur un continent du Pacifique submergé par le déluge (Pan), – l'évolution de la religion à travers onze prophètes, de Zarathoustra à Jésus (Joohw), – l'avancée du monde, aujourd'hui, vers une nouvelle époque appelée kosmon dans laquelle surgira « un nouveau peuple » qui transformera la terre en un jardin de joie et de beauté. Ces thèmes sont très voisins de ceux du Nouvel Age.

Le *Livre d'Urantia* (1955), autre best-seller des enfants du Verseau, est un mythe cosmocentré qui se présente tout au long de deux-mille-quatre-vingt-dix-sept pages comme « la première grande révélation de la venue du Christ ». Il décrit le super-univers Orvonton dans lequel est inséré notre univers local Nébadon, et Urantia notre monde. La biographie de Jésus est semblable à celle de l'évangile du Verseau. On y trouve aussi des ressemblances avec certains thèmes de la Scientologie ou du Mouvement du Graal (l'« Ile du Paradis » rappelle étonnamment celle dans laquelle se trouverait le monde du Graal).

Le channelling a enfin produit un évangile spécifique, *A Course in miracles*, sur lequel nous reviendrons.

Les religions d'extra-terrestres

Deuxième ensemble de courants : les mouvements soucoupistes (nés de la croyance aux soucoupes volantes ou OVNI). Les premiers contactés psychiques par les extra-terrestres sont en grande partie héritiers des médiums (qui auraient, eux aussi, le don de voyager dans l'espace). En 1900 déjà, le psychiatre suisse Théodore Flournoy (1854-1920) dans son ouvrage scientifique *Des Indiens à la planète Mars* cite l'astronome Camille Flammarion prévoyant qu'un jour des hommes entreraient en communication avec « les frères de l'espace ». Et il étudie le cas d'une médium revivant ses existences antérieures. Elle était la reine Marie-Antoinette en France, l'épouse d'un prince Indien en Italie. Elle entre finalement en communication avec des habitants de Mars. Avec le langage de l'époque, le savant genevois décrit ce voyages psychique comme un somnambulisme accompagné de glossolalie.

Les contactés psychiques ultérieurs relèvent plus nettement du channelling. Ils reçoivent des messages des extra-terrestres, tels G. Adamski ou Georges King, fondateur de l'Aetherius Society. Ou encore Jean Paul Appel, fondateur du groupe Appel, (ex. Iso-Zen) qui reçoit son premier contact de la part des puissances cosmiques sous la forme d'un rayonnement venant du ciel et traversant son cerveau, à l'âge de douze ans[177].

Plusieurs disent avoir bénéficié d'un contact physique, tel le sicilien Eugenio Siracusa, fondateur du Centre d'Etudes fraternité cosmique, mouvement messianique, « guidé et soutenu par des êtres extrêmement conscients venant des espaces extérieurs ». Ou le Français Claude Vorilhon, dit Raël, qui rencontre les extra-terrestres en 1973 et 1975, et fonde le mouvement raëlien, « religion athée » forte de 15 000 adeptes.

Les guides indiens

Dernier ensemble à l'origine lointaine du channelling : les guides indiens. Les esprits des Indiens américains, du Nord comme du Sud, semblent avoir une prédilection à se manifester par voie de médiums et channelling. Ainsi l'Esprit-guide, Aigle-Blanc, se manifeste-t-il à travers la médium anglaise Grace Cooke († 1973) et donne naissance à l'Eglise spirite *La Loge d'Aige-Blanc* fondée en 1935 et forte de 5 000 adeptes.

On pourrait multiplier les parentés. C'est ainsi que la rencontre du channelling et du Nouvel Age s'est faite aussi par le biais des mouvements du Penser nouveau, eux-mêmes situés dans la filiation du guérisseur Phineas P. Quimby (dont les écrits eurent une influence sur la naissance de la Science chrétienne).

177. Cf. Jean Vernette, *Jésus dans la nouvelle religiosité*, Desclée, Paris, 1987, pp. 235-249.

Au terme de ce rapide parcours descriptif, on voit que « le channelling n'est pas né à un moment précis, mais rassemble en une sorte de bricolage de l'occulte, une série de thème déjà présents dans le spiritisme, la théosophie, la psychologie des profondeurs et certaines religions. Son explosion dans les médias s'explique surtout par sa rencontre avec les courants du Nouvel Age »[178].

Relevons donc en finale deux de ses traits plus marquants : sa métaphysique moniste (le monde est une substance unique), la proposition d'une expérience-limite à saveur religieuse.

L'expérience « New Age »

Le channelling est comme une expérience d'appartenance à l'Etre universel. Dans le spiritisme classique, les messages reçus par le médium proviennent de l'esprit des défunts : les désincarnés. Les canaux du channelling préfèrent expliquer leur origine soit par la psychologie des profondeurs, soit par des concepts paraphysiques autour des notions d'ondes, de vibrations inconnues, reçues par le cerveau. Nous sommes, explique le professeur Klimo, spécialiste de ces questions[179], plongés dans un champ unique d'énergie universelle, comme les éléments de l'unique cerveau d'un unique Esprit, même si nous croyons posséder une identité individuelle séparée. Aussi pouvons-nous communiquer par ce Cerveau-Esprit universel avec les différentes entités qui le composent. Le mode de communication dépend du niveau de conscience. Le channelling représente la capacité consciente pour un individu – élément de l'Etre unique – d'accéder au grand Tout, au grand Soi, à l'Etre universel dont nous ne sommes que des fragments. Certains l'appellent Dieu. Un Dieu qui n'a pas plus d'identité personnelle que l'homme simple élément du grand Tout. C'est d'ailleurs ce qu'enseignent les entités elles-mêmes, qui tiennent unanimement un langage moniste (il n'y a qu'*une* Réalité) et panthéiste (ce Tout est Dieu).

On a reconnu un thème favori du Nouvel Age, marqué, on l'a vu, par la conception orientale du Brahman hindou. Il propose lui aussi une radicale « subversion » de la conception occidentale de l'homme comme sujet, au profit d'une multi-dimensionnalité ambiguë où il risque de se dissoudre radicalement. Le changement de paradigme est patent.

178. M. Introvine, op. cit., p. 31.

179. Jon Klimo, *Channelling. Investigations on receiving information from paranormals sources*, Jérémy P. Tarcher, L.A., 1987, cité par M. Introvigne, op. cit., note 7.

Le channelling dépasse ainsi le cadre du spiritisme classique. Il fournit d'abord une autre forme d'expérience religieuse, ouverte à la communication avec l'au-delà dans son ensemble, plus largement qu'avec les seuls défunts. Il serait ensuite révélateur, disent les enfants du Verseau, d'une mutation psychique radicale de l'humanité rendant l'homme du Nouvel Age plus apte à cette communication. – On constate de fait un regain d'intérêt pour ce type d'expérience. – Il s'exprime au niveau le plus élémentaire par une recrudescence des pratiques de tables tournantes, verres parleurs, planchette *oui-jà* et de multiples « dialogues avec l'(es) ange(s) ». Et c'est ici que l'on se sent alerté sur les conséquences à terme de cette mode, car elle n'est pas innocente.

Dès les débuts du spiritisme, les médecins avaient signalé les effets nocifs de sa pratique quant à la santé mentale de nombreux adeptes. Le médium s'effaçant passivement devant la personnalité de l'hypnotiseur, le channel laissant champ libre à tous les fantasmes de l'inconscient, affaiblissent leur défense et leur contrôle volontaire. Jusqu'à se dédoubler involontairement et à se dissocier, entrant en transe à n'importe quel moment et glissant peu à peu dans le délire. Il leur sera parfois impossible de retrouver leur personnalité réelle, « habités » qu'ils sont par l'esprit ou l'entité-voyageuse. Et nul n'est ensuite à l'abri de la contagion. A l'époque de la première grande frénésie de communication avec l'au-delà, en 1855, le quart des deux-cents aliénés de l'hôpital de Zurich était spirite ; et deux-cinquièmes de ceux de l'hôpital de Gand. Voilà qui peut nous mettre en éveil quant aux effets des expériences-limites de channelling.

ANNEXE II

Le Nouvel Age, cheval de Troie de la subversion et du communisme mondial

Les études autorisées ou simples libelles sur le Nouvel Age foisonnent. Donnons la parole à une pamphlétaire qui a su rassembler dans son propos l'ensemble des objections élevées dans les milieux anglo-saxons de sensibilité fondamentaliste contre le nouveau mouvement. Elisabeth Hellen-Broich[180], rédactrice en chef de la revue *Ibykus*, y voit une manifestation à la fois du satanisme vieux comme le monde et de la guerre culturelle menée par le communisme contre la civilisation occidentale. Ce type d'argumentation ne manque pas d'intérêt.

Le Nouvel Age, agent de la subversion

Nous sommes situés aujourd'hui, dit-elle, au cœur d'une guerre culturelle dirigée par la Russie contre la civilisation occidentale avec la complicité de certains réseaux oligarchiques gnostiques d'occident. Le Nouvel Age représente l'un de ces réseaux. Il se situe dans la filia-

180. « Discours au tribunal Luther King », communiqué par l'Institut Schiller (Rome, 19 janvier 1989) qui dépend du mouvement (contesté par ailleurs) de l'homme politique américain LaRouche.

tion du mouvement anarchiste du XIXe siècle en Europe qui élabora les bases intellectuelles de la Révolution bolchevique de 1917, et du culte de la nation et de la race ayant donné naissance au nazisme dans l'entre-deux-guerres.

L'humanisme chrétien qui fonda les progrès de la civilisation en Occident depuis 2 000 ans est en passe d'être remplacé par une religion mondialiste et gnostique appuyée sur une dictature planétaire : celle du Nouvel Age.

Première manifestation de cette guerre culturelle : le retour en force du satanisme et de l'ésotéro-occultisme. Sorcellerie, magie noire, sciences parallèles se développent dans tous les pays occidentaux. – De fait, on dénombre déjà en France 40 000 voyants, presque autant que de médecins généralistes. Et la littérature de l'ésotérisme y déverse annuellement un million de volumes sur le marché –.

Il y a pire, continue-t-elle. Les cultes de la violence et de la drogue se répandent par des groupes rock sataniques – Mick Jaggers ne se présente-t-il pas comme la représentation de Lucifer ? Ici les accusateurs de la conspiration du Verseau font feu de tout bois : « Le but de tous ces groupes est de promouvoir la culture de la drogue et le satanisme à l'échelle mondiale, et d'inciter les jeunes aux pratiques homosexuelles. Aux Etats-Unis, selon une étude gouvernementale, des milliers d'enfants disparaissent chaque année ; ils deviennent soit victimes de réseaux pédophiles ou de pornographie infantile, soit de rites de magie noire ».

L'accusation devient précise : « Cet étalage d'horreur est planifié et mis en scène par des instituts comme le Stanford Research Institute ou le fameux Institut Esalen, en Californie, important centre de production de sectes ».

Et de citer Alice Bailey dans son *Education dans le Nouvel Age*, qui sera repris au début des années 60 par les divers mouvements étudiants et plus tard par le Club de Rome : « Les conquêtes de la science, des nations et des territoires relèvent de la méthode de l'âge des Poissons, caractérisée par un cloisonnement dans tous les domaines. Mais l'âge de la synthèse, de l'inclusivité et de la compréhension est devant nous, et l'éducation de l'âge du Verseau doit commencer très doucement à pénétrer l'aura humaine ». Et de rappeler par exemple trois de ses objectifs quant à la natalité : – réduction des familles nombreuses pour porter davantage attention à la qualité et à l'intelligence des enfants, – restriction des naissances, pour éviter la surpopulation de la planète, – développement de l'eugénisme et de la contraception.

Un plan orchestré de destruction des valeurs traditionnelles

Ce plan, poursuit notre auteur, est parfaitement orchestré. La première étape du recrutement de masse par le Nouvel Age s'organisa autour « des révoltes étudiantes des années 60, de la distribution gratuite de LSD par Timothy Leary sur les campus, des mouvements écologiques, pacifistes, antinucléaires et homosexuels ». C'était une lutte haineuse « contre la croissance, le progrès, l'autorité, la moralité bourgeoise ».

Deuxième étape du recrutement : le début des années 80 avec la présentation de *La Conspiration du Verseau* de Marilyn Ferguson au Congrès mondial de futurologie de Toronto : « Outre qu'elle soutient explicitement les drogues psychédéliques, elle fait campagne pour un style de vie alternatif, pour un retour aux vieilles croyances gnostiques et aux religions orientales primitives, afin d'élargir la conscience de l'homme. C'est à ce moment-là que les marchés furent envahis par de nombreux ouvrages gnostiques, ésotériques et théosophiques. Ayant réussi à induire le pessimisme culturel de la majeure partie de la jeunesse, elle dirige l'attaque contre les religions traditionnelles et les valeurs morales en tant que telles. Enfin, le mal est loué pour lui-même ».

Nous avons présenté l'ouvrage de Marilyn Ferguson. On pourra ainsi évaluer à sa valeur la pertinence de l'accusation.

Les précurseurs d'un complot satanique

Parmi les « pères spirituels de ce mouvement satanique », on range à la fois Frédéric Nietzsche, Helena Blavatsky, Aleister Crowley, Carl Gustav Jung et même Arnold Toynbee.

Frédéric Nietzsche ? Il écrit dans *l'Antéchrist* : « Nous croyons en l'Olympe et non en celui qui fut crucifié !... L'individu n'a plus besoin de justifier le mal. Il se réjouit du mal pur, et c'est le mal insensé qu'il trouve le plus intéressant. Alors qu'hier il avait besoin de Dieu, aujourd'hui il est fasciné par un ordre du monde sans Dieu ». Il est père du néo-paganisme.

Helena Blavatsky ? « Elle entreprit une opération très sophistiquée de guerre culturelle contre l'Occident où ses loges théosophiques devaient servir de courroies de transmission au bolchevisme et au nazisme. Elle croyait en l'occulte. C'était une gnostique convaincue, vénératrice d'Isis. Ses idées philosophiques venaient des Tibétains et des Hindous. Lucifer représentait pour elle le dieu de la lumière, un dieu à vénérer ».

Aleister Crowley ? Il se faisait appeler Satan et créa l'*Ordo Templis Orientalis*, en 1906.

Carl Gustav Jung ? C'est un des pères spirituels les plus influents du Nouvel Age. « Dans les années 20, il commença à conduire des expériences sur les sauvages en Afrique et au Mexique pour étudier comment remplacer par d'autres valeurs les valeurs chrétiennes, augustiniennes qui, selon lui, auraient engendré la Renaissance ». Dans son Centre des Enfants du Soleil, il reçut Lénine et Trotski. Il fut l'instructeur d'Alice Bailey, fondatrice du Lucifer Trust. Il introduisit en Occident le culte de *Magna Mater*, le principe divin féminin adoré sous les noms de Mère-Terre ou Mère-Nature, après l'avoir été sous ceux d'Ishtar, Isis, Ashtar ou Demeter ».

Les ramifications de ce complot satanique, aux yeux de notre auteur, seraient innombrables. Il s'infiltrerait même au plus haut niveau de l'*establishment*. On laisse entendre, photos à l'appui, que le prince Philip et le prince Charles d'Angleterre y tâteraient par le biais de la pratique de l'occultisme et du paranormal. Il aurait déjà pris pied dans l'armée américaine, y instillant les germes d'une subversion perverse à l'initiative du KGB. Il serait parrainé par des personnalités aussi haut placées que Robert MacNamara, John K. Rockfeller ou Eléonor Roosevelt. L'amalgame devient parfois surprenant : Lucis Trust, la satanique (de 1922 à 1924, elle s'appelait Lucifer Trust, dans la suite de la Lucifer Press, porte-parole de la Société théosophique) serait une organisation regroupant les organismes actifs dans les domaines de l'écologie et du Nouvel Age, en particulier « des organisations païennes ou gnostiques » comme Les Amis de la Terre, le World Wildlife Fund, Amnesty International et la United Nations Association.

Plaidoyer « pro-domo » ?

Pour évaluer la pertinence de l'accusation, il faut cependant noter in fine l'incidente : « En dernier, je voudrais vous rappeler que Lucis Trust était partie prenante dans les opérations contre LaRouche ». Or, LaRouche est un homme politique des Etats-Unis qui a eu avec la justice américaine certains démêlés ayant abouti à une inculpation et une condamnation. L'observateur s'interroge alors : cet acte d'accusation virulent contre le Nouvel Age dont il convient d'analyser par ailleurs la pertinence, n'est-il pas aussi un bien utile plaidoyer *pro-domo* ?

ANNEXE III

Les racines historiques de l'ésotéro-occultisme nazi

Esotérisme, occultisme, gnose : ce terreau dans lequel le *New Age* plonge ses racines fut aussi le lieu où s'enracina l'aventure nazie. Sans faire de comparaison et d'amalgame non justifiés, poussons plus avant l'étude de cette filiation.

Petite histoire des sociétés secrètes initiatrices du nazisme

Pour découvrir les précurseurs du nazisme en Allemagne, il faut remonter jusqu'au XIIIe siècle[181]. Société secrète vouée à l'exercice de la justice par des exécutions rapides et spectaculaires, la Sainte Vehme est née dans le contexte de désagrégation du Saint-Empire romain germanique. — On retrouve cette même volonté de justice brutale et expéditive chez les SS —.

L'Ordre des Chevaliers teutoniques en est un autre ancêtre lointain. Fondé comme ordre hospitalier en Terre sainte, en 1190, il fut rapidement transformé en ordre militaire par les princes allemands. Ils l'utilisaient dans le cadre d'une croisade contre les païens, et d'une

181. Cf. Marie-France James, *Les Précurseurs de l'ère du Verseau*, Editions Paulines, Montréal, 1985.

poussée germanique vers l'Est pour installer, en pays slaves, de nouvelles colonies allemandes. — La conquête des Marches orientales par Hitler en sera une nouvelle donne. —

Au XIIIe siècle, l'empereur *Frédéric II* est considéré comme le maître ésotérique des Chevaliers teutoniques. Il hantera toujours l'imaginaire germanique, comme une sorte de messie toujours présent pour marcher à la tête du peuple allemand à la conquête du monde. Voici par exemple un poète médiéval, Wolfran von Eschenbach (1170-1220), qui reprend le mythe du Graal dans le cadre de vieilles légendes germaniques. Il chante poétiquement la chevalerie spirituelle. Mais laquelle, se demande Marie-France James ? « Un ordre guidé par des forces occultes et gouverné par un grand-maître à l'image de Frédéric II, tout entier tourné vers la connaissance suprême de la gnose symbolisée par la quête du Graal »[182]. De fait, une école gnostique contemporaine, le Mouvement du Graal, reprendra le mythe de Perceval, et Hitler lui-même fit faire des recherches au haut lieu cathare du château de Montségur (Ariège) pour y retrouver les traces du vase sacré. —

Enjambons les siècles pour rejoindre les sociétés secrètes directement initiatrices du nazisme. Elles naissent sur le terreau d'une Allemagne laissée humiliée et appauvrie par le Traité de Versailles de 1919. Prenant racine dans la mythologie traditionnelle germanique et l'ésotérisme, elles ont toutes le même programme : « Rendre à l'Allemagne la foi en son destin, chasser les Juifs et les franc-maçons, rompre avec le christianisme romain, veiller à la pureté de la race »[183]. Et supprimer ceux qui s'opposeraient à ce dessein par l'assassinat pur et simple. On évoque les SA et les SS.

Trois mouvements ésotéro-occultistes

Trois sociétés furent particulièrement déterminantes pour la réalisation de ce programme.

D'abord la société du *Vril*. Le Vril serait un fluide extraordinairement puissant, un agent magnétique universel, centre de notre divinité et proche de l'Atman hindou, possible source du surhomme à venir. Sa maîtrise assurerait une emprise magique sur le monde. Redécouverte par les grands initiés occidentaux, son énergie va être insufflée à toute la race germanique et en fera la race des seigneurs.

182. Op. cit., p. 142.

183. J.-C. Frère, *Nazisme et sociétés secrètes*, CELT, Paris, 1974, pp. 86-87.

Ensuite, l'*Ordre du Nouveau Temple*, fondé en 1900 par un ancien moine cistercien qui affirme faire renaître l'ordre ancien disparu dans les flammes avec son dernier maître Jacques de Molay. Mais ne peuvent y appartenir que les hommes blonds aux yeux bleus s'engageant à n'épouser que des filles blondes aux yeux bleus. Son étendard est noir à croix gammée. L'emblème orne la couverture d'une revue très répandue consacrée à l'occultisme, aux sciences traditionnelles et au fantastique : *Ostara* dont Hitler était un lecteur attentif[184]. Elle annonce en particulier l'avènement d'une troisième ère, dans la suite des thèses millénaristes inspirées de Joachim de Flore, un Nouvel Age du monde que fonderaient les nazis en instaurant l'ère de l'esprit, prélude à l'âge d'or.

Enfin le Groupe Thulé. Son fondateur, dans la suite de l'Ordre des Germains, Rudolf von Sebattendorff, s'intéressa au mythe nordique du royaume d'Hyperborée (l'Atlantide ?) dont la capitale aurait été Thulé. Il lance deux publications dont les éditoriaux annoncent l'imminence de l'Apocalypse et du Nouvel Age : « Tout ce qui vit doit disparaître pour laisser place à une vie nouvelle ». Alfred Rosenberg (1893-1946), tête pensante de la gnose nazie, et Rudolf Hess (1894-1988) qui initia Hitler lors de leur emprisonnement commun à la prison de Landsberg en 1923, appartenaient à ce groupe qui influença l'avènement du Parti Ouvrier allemand, transformé par Hitler en Parti national-socialiste des travailleurs. L'initiation ésotérique de ce dernier et peut-être le développement de ses facultés médiumniques semblent relever de l'intelligentsia de la Société de Thulé[185].

Le nazisme représente ainsi, dans le contexte d'une Allemagne gorgée de sociétés secrètes initiatiques, une réalisation historique typique d'un ésotéro-occultisme résolument mis à l'œuvre en perspective politique concrète. Mais une perspective radicalement aberrante, à partir de discours délirants pris pour argent comptant par leurs auteurs. Notons bien qu'il n'est pas pour autant dans le destin de l'ésotérisme ou de l'occultisme de donner naissance à de telles perversions. On doit même reconnaître qu'ils peuvent révéler certaines faces cachées du réel : par la voie du symbolisme et de l'analogie, par l'apport de la connaissance des sciences traditionnelles. Mais l'ésotéro-occultisme est ambivalent de par sa nature même. Et qu'il ait pu constituer pour une part le terreau de l'idéologie nazie, en proposant le modèle de l'« homme nouveau » pour la nouvelle ère, pose question. Comme peut poser question — *mutatis mutandis* — on l'a vu, le projet de l'« homme nouveau » pour l'ère du Verseau. Il faut y être attentif.

184. Ibid., pp. 433-435, p. 34. Cité par Marie-France James, op. cit., p. 147.

185. Cf. A. Brissaud ; op. cit., p. 61.

La gnose nazie

La vision fantastique de l'histoire du monde que propose le théoricien de la gnose nazie, Alfred Rosenberg, dans *Le Mythe du XXᵉ siècle* (1930), bible du Parti, est particulièrement éloquente, relève notre auteur[186]. Ce mythe repose d'abord sur la notion de hiérarchie raciale, avec à son sommet la race nordique, catalyseur de l'ensemble de la race arienne. Et sur le mythe du sang, principe mystique et structurant de ce qui apparaît comme une nouvelle religion.

A l'origine de l'Histoire, Rosenberg situe une haute civilisation préhistorique s'alimentant à un « centre nordique » dynamisé par le mythe solaire, et poursuivant son évolution au long de migrations jusqu'en Inde et en Perse.

Le christianisme par la suite, bien que contaminé par les Sémites, a pu s'imposer uniquement parce que le monde romain était en pleine décadence. Jésus n'était d'ailleurs pas juif mais romain par son père et syrien par sa mère. Les récits évangéliques sont des légendes. Par contre, en bon gnostique, Rosenberg accorde toute son attention à l'évangile de Jean. En bon gnostique encore, il récuse violemment tout l'enseignement de Paul, spécialement son Jésus crucifié, au bénéfice d'un christianisme positif parce que apte à réveiller les forces du sang. Le christianisme est ainsi vidé de sa substance pour être mis au service de la nouvelle idéologie. Nous retrouvons ce mode de faire dans la majorité des mouvements du Nouvel Age.

186. Op. cit., p. 157 ss.

ANNEXE IV

Le Nouvel Age comme nouvelle approche religieuse

I. Le contexte religieux de naissance

Le Nouvel Age est porteur d'une vision religieuse spécifique de l'homme et du monde. Resituons-le dans son contexte religieux de naissance : les USA des années 70, et saisissons-le dans son existence concrète aujourd'hui en nos pays, à partir de la lecture de quelques bonnes pages des revues animant ses réseaux. On retrouvera, mis en perspective historique, des thèmes déjà évoqués. Mais ce détour est nécessaire pour un discernement situé.

L'Amérique des années 70

Le Nouvel Age a pris naissance aux USA dans les années 70 sur un terrain religieux marqué par une faim spirituelle due à la désillusion des mythes du progrès et du consumérisme, et par une distance prise à l'égard des Eglises en place, considérées comme formalistes et en banqueroute mystique. Or, au même moment, des maîtres en philosophie orientale ou en mystico-occultisme offraient leurs produits et se proposaient comme guides pour aller à la découverte de la paix et de la lumière intérieures. La rencontre de l'offre et de la demande, de la semence et du terrain, donna naissance aux mouvements du Nouvel Age.

Le territoire américain semblait désigné pour cette efflorescence[187]. Elle prit naissance en 1971 avec la publication du best-seller de Baba Ram Dass, *Be here now*, et du premier périodique national apparu dans une communaué macrobiotique de Boston. Le premier réseau voit alors le jour. Et les premiers annuaires, tel le *Spiritual community guide*, apparaissent dès 1972.

Les précurseurs lointains, le transcendantalisme

Mais le mouvement avait des précurseurs locaux immédiats, tels Leland Stewart, de Northbridge, en Californie, qui s'était fait le promoteur d'une nouvelle civilisation construite sur « l'unité dans la diversité », ou — au siècle précédent — le *transcendantalisme* qui avait tenté déjà de faire la synthèse entre la sagesse orientale et la pensée occidentale. C'était la première tradition religieuse présentant une alternative au christianisme. Il tentait d'intégrer les valeurs occidentales d'individualisme et de quête du succès, à la tradition mystique de l'Orient. Il eut une postérité fertile avec des mouvements qui connurent un notable succès populaire : le Spiritualisme-Spiritisme, la Théosophie, le Penser nouveau, la Science chrétienne. Dans ces mouvements, le transcendantalisme se maria à l'occultisme occidental et aux groupes de guérison-par-la-pensée introduits en Amérique par les disciples de Franz Mesmer. Les mouvements s'organisèrent au plan national, se scindèrent à plusieurs reprises et procurèrent ainsi le premier terreau aux idées du Nouvel Age.

L'entrée en scène des spiritualités orientales

Au même moment, des religions d'Orient se modifiaient sous la poussée du christianisme missionnaire, appuyé par des gouvernements venus d'Occident. Le renouveau hindouiste traduisait de manière significative un essai de réponse à la critique que lui faisait l'Oc-

187. Cf. J. Gordon Melton, *Encyclopedic hand-book of cults in America*, Garland, New York - London, 1986, pp. 107 et ss.

cident de n'être qu'une religion rurale et polythéiste. Les ashrams, par exemple, lieux traditionnels de résidence solitaire des gourous, se transforment en communautés analogues aux congrégations chrétiennes. Et Ramakrishna eut des visions de la Sainte Vierge.

Les swamis Vivekananda et Yogananda commencent alors à implanter l'hindouisme en Amérique. Parallèlement on l'a vu, la Société théosophique vulgarise les concepts de base de l'hindouisme et du bouddhisme, et essaye d'intégrer la pensée orientale aux concepts occidentaux.

Une idée-maîtresse de l'époque demeurera dans les perspectives du Nouvel Age : la recherche de l'unité transcendante des religions à travers leur diversité apparente.

La Théosophie, on le sait, se divisa par la suite au XXe siècle en de multiples écoles : d'Arcane, d'Alice Bailey, à I Am, de Guy Ballard. Une idée demeurait cependant : la venue du grand Enseignant mondial coïnciderait avec la seconde venue du Christ (annoncée en bouddhisme sous le nom du Bodhisattva Maîtreya).

Bref, quand on commença à parler aux USA du Nouvel Age, en 1970, celui-ci avait déjà une large audience potentielle : les centaines de religions alternatives nées depuis le milieu du XVIIIe siècle. Par ailleurs depuis les années 65, l'immigration d'Extrême-Orient et du Moyen-Orient aux USA avait été libéralisée. Des dizaines de milliers d'Asiatiques entraient et parmi eux de nombreux maîtres, non plus seulement pour aider les communautés asiato-américaines, mais bien pour développer leur propagande religieuse en Occident. Les premiers répertoires des groupes nomment de nombreux mouvements orientaux à côté des spiritualités alternatives du christianisme.

L'essor du mouvement

Traversant le Pacifique en sens inverse, Richard Alpert, professeur de psychologie à Harvard, et associé à Timothy Leary dans sa recherche sur les produits psychédéliques, part en Inde où il trouve son gourou. Il en revient sous l'appellation de Baba Ram Dass et devient alors la figure de proue du Nouvel Age. On s'arrache ses livres. Des leaders religieux le rejoignent, de Pir Vilayat Khan à swami Muktananda. En 1976, David Spangler, co-directeur de Findhorn et fondateur de la Lorian Association, écrit *Révélations, la naissance d'un Nouvel Age*, et en 1980, Marilyn Ferguson propose une synthèse du mouvement dans *Les Enfants du Verseau (The Aquarian Conspiracy).*

Déjà, en 1975, *A course in miracles*, de la Fondation pour la Paix intérieure, avait présenté les thèmes métaphysiques majeurs du Penser nouveau, et suscité des centaines de groupes consacrés à son étude. Des communautés anciennes et nouvelles s'identifièrent aux perspectives du Nouvel Age. Des associations se créent pour promouvoir aussi bien les arts martiaux que les thérapies corporelles. Des entreprises offrent les matériels et produits nécessaires pour mettre en œuvre le nouveau paradigme. Cela va des coussins de méditation aux aliments macrobiotiques. Toujours dans l'esprit du Nouvel Age.

Une expérience de transformation personnelle

Il n'est pas aisé de saisir de manière précise cet esprit, car le mouvement s'est construit à partir d'une expérience et d'une vision des choses plus qu'à partir d'un système doctrinal : expérience de la transformation intérieure, de l'Energie, de la conscience. Il est plus aisé alors de le définir en termes d'objectifs qu'en termes de croyances.

La visée centrale du Nouvel Age est celle d'une transformation personnelle mystique et radicale. Elle s'exprimera par l'éveil à de nouvelles réalités : découverte des pouvoirs psychiques, expérience de la guérison, expérience de la vie communautaire. Ces expériences de transformation personnelle sont le nerf du mouvement. Elles incluent une vision renouvelée du monde et de la société, la recherche d'un nouveau paradis sur terre.

La capacité d'opérer une transformation de cette importance s'origine dans l'énergie universelle. Celle-ci se manifeste dans la méditation et dans l'amour, dans le pouvoir de guérison et dans la puissance mentale. On l'appelle prana ou mana, fluide ou saint-esprit. On entre ainsi par la bande dans une vision proprement religieuse des choses.

Energie universelle, éveil spirituel et principe divin

La forme religieuse de demain, dans le Nouvel Age, sera la religion universelle. Elle pourra revêtir différentes formes, mais le fonds sera le même. Chacun y suivra le même chemin, dans un processus de transformation personnelle continuelle. Chacun sur son sentier spirituel : son sadhana. Une seule vie n'étant pas suffisante pour le parcourir jusqu'au terme, beaucoup pensent que des réincarnations sont nécessaires pour réaliser entièrement son développement moral et spirituel.

L'objectif du sadhana est l'*éveil* mystique, que l'on dénomme élargissement de la conscience ou réalisation du soi, conscience christique ou éveil au Nouvel Age. Acquérir une conscience élevée, c'est s'éveiller à l'énergie universelle qui anime toute existence, et à l'unité métaphysique qui soustend l'apparente diversité.

Plusieurs identifient Dieu avec le Principe unifiant qui rassemble toutes choses et avec la puissance qui les dynamise. Dans la ligne de la théorie d'Einstein sur la matière, ils ramènent en effet toute réalité à de l'énergie. Mais certains optent plutôt pour une vision dualiste des choses où l'esprit est bon et la matière mauvaise.

Les hommes sont des manifestations individuées du Principe ultime, comme des canaux de l'énergie universelle. Des êtres d'exception comme Jésus, Bouddha, ou Krishna, sont tout particulièrement porteurs du divin, du Principe christique. De tels maîtres pleinement « réalisés » apparaissent régulièrement au long de l'Histoire pour aider chacun à parvenir à l'éveil.

Le culte type des groupes du Nouvel Age est la méditation accompagnée des pratiques de transformation enseignées par les divers maîtres spirituels. Le modèle en serait celui de l'Ordre Soufi qui honore toutes les religions. Les célébrations les plus reçues sont celles que la majorité des cultes pratiquent, tels Noël et Hannukah en décembre. Dans certains groupes, on appelle instamment la venue d'un nouvel Avatar divin qui cristallisera le mouvement du Verseau en récitant la Grande Invocation d'Alice Bailey. Nous la connaissons.

One World. Un seul monde

L'engagement pour un seul monde, *One World*, trouve son expression achevée dans la vie en « communes », modèles de la nouvelle société planétaire. Il s'exprime aussi dans des projets bien spécifiques mais fort divers : écologie, actions pour la paix, usage des nourritures et médecines naturelles, humanisation des techniques, lutte contre la faim, projets politiques planétaires. L'engagement concret dans la transformation de la société différencie ici nettement le Nouvel Age de l'occultisme traditionnel pour lequel l'action sociale est à éviter comme empêchant le développement spirituel.

Les adeptes du Nouvel Age prennent d'eux-mêmes leurs distances avec les diseurs de bonne aventure. Mais ils utilisent volontiers les arts divinatoires, comme le tarot ou l'astrologie : pour accéder à un éveil supérieur de la conscience. Ils se séparent de même des spirites consultant les morts mais s'intéressent, on l'a vu, au channelling où des personnes, canaux, établissent le contact avec des entités enseignant les plus hautes vérités.

Expansion du mouvement

Il est difficile d'évaluer l'expansion de la conspiration du Verseau, car il n'y a ni organisation centrale ni recensement des adhérents. Les annuaires indiquent que le Nouvel Age est largement répandu quant à son esprit, mais tous les groupes qu'ils recensent n'adhèrent pas forcément au mouvement. Aux USA, il est capable de rassembler d'importants meetings et il s'exprime à travers un grand nombre de périodiques. Les adhérents actifs sont plusieurs dizaines de milliers. En tant qu'il exprime la tradition métaphysique et occulte implantée depuis un siècle et demi dans la vie américaine, il semble appelé à un certain avenir. L'afflux continuel d'Asiastiques lui apporte un sang frais. Il se développe surtout dans les générations de jeunes adultes urbanisés. Utopie sociale bien enracinée, le mouvement a donc de l'espace devant lui.

Son développement, dans les autres pays anglo-saxons et dans les pays germanophones, s'est fait dans des conditions assez voisines. En milieu français, il a rejoint une tradition théosophique et ésotéro-occultiste bien enracinée qui l'a vigoureusement rajeuni. Mais plus tardivement. Il se répand comme une nouvelle vision du monde, dans les milieux de tradition chrétienne ayant perdu leurs références doctrinales.

2. **Quelques bonnes pages**

Evaluer la pertinence d'un mouvement comme le Nouvel Age dans nos pays est chose difficile.

Pour prendre connaissance de ses intuitions majeures et de son organisation, feuilletons quelques publications représentatives. En langue française, on trouve dans les librairies spécialisées des revues comme *Troisième millénaire, Réseaux* ou *Clés* (Nouvelles). La très sérieuse *Question de,* qui a pris la suite de *Planète* de Louis Pauwels en étudie certains thèmes. L'une des livraisons les plus autorisées serait sans doute le mensuel *Sources* (qui porte en sous-titre explicatif : *l'Aventure intérieure*).

Je vais donc parcourir avec vous le dernier exemplaire paru au moment de la rédaction de ces lignes[188]. Un simple repérage des expressions les plus significatives nous permettra mieux qu'une longue description de bien entrer dans l'esprit *New Age*.

Des thèmes humanistes, mystiques pour un éveil intérieur

— *Editorial* : « Ce numéro d'été est dédié à tous les voyageurs que nous sommes... Puisse notre corps et son âme se donner le temps de s'éveiller à la joie d'un risque, d'un départ, d'un *ailleurs* désiré ».

— *Article* : *« Sur les pas de saint François.* Le pèlerinage n'est pas un voyage pour *initiés*, mais bel et bien un *voyage initiatique*, une « prière active ». A la fois contacts et silence, relation et méditation, vigilance et abandon. Et sûrement l'un des plus beaux hommages que l'homme puisse rendre à la *Nature* ». L'interview des pèlerins est de grande qualité. Une illustration propose la prière d'abandon du père de Foucauld. Mais la carte des pèlerinages évoqués reproduit en fait les sites ésotériques de l'Europe : Delphes, Chartres et Cerveteri à côté de Stonehenge, Carnac et Rennes-le-Château.

— *Présentation du voyage* organisé par la revue : *retraite* de huit jours dans le grand Erg occidental. « Elle offre, dans une prise de conscience élargie du temps : le temps des *civilisations* lointaines d'abord, en écoutant évoquer ce que représente le rapport avec la terre, avec le soleil, l'eau, le feu depuis la mémoire de l'homme ; la connaissance du rythme de notre *corps*, par l'approche de techniques du souffle, de relaxation et de mise en œuvre de son énergie ; un temps de silence résolument préservé plusieurs fois par jour, et au moment du lever du *soleil* ».

— *Dossiers : « Entreprises du troisième millénaire... Un corps en mutation... Patrons humains, wanted... Vers l'entreprise métanoïque... L'entreprise corps, âme, esprit...* Sur le fil fragile de l'efficacité, entre utopie et réalité, émerge enfin l'entreprise humaine. Humaine parce que érigée dans le respect et pour l'évolution de chacun, en harmonie avec le

188. *Sources* 22, 1989 - 5 rue Rebuffel, F-06110 Le Cannet. A la différence des livraisons précédentes, le terme Nouvel Age (volontairement ?) n'apparaît guère cette fois-ci. A la même date, lire aussi *Nouvel Age contre Moyen Age* in *Clés (Nouvelles-)* 5, avril 1989.

monde qui l'entoure. Présence encore ténue, mais tenace désir des mutations. Aussi subtil et immanent que *l'appel de l'esprit*. L'entreprise métanoïque est celle qui permet à chacun d'accomplir sa propre *métanoïa*. [Il s'agit d'une transformation *intérieure*, mais différente de la *métanoïa* chrétienne qui est conversion], en proposant : une *ouverture* sur l'infini, un lieu de sérénité et de *sagesse*, un lieu de *connaissance*, d'expression et d'utilisation des *ressources cachées* de l'esprit ; un catalyseur d'émotions.

— *Article : « La Voie des fleurs* (Ikebana ou le silence de l'espace). Cette lente *maturation intérieure* dans la maîtrise du geste et de la pensée nous conduit au *silence* et à la *paix intérieure* ».

— On trouve ensuite : une interview du docteur Moody, père de la recherche sur les « expériences de mort imminente », un compte rendu exhaustif du Colloque intrareligieux sur le thème de Paix et clarté de la vie spirituelle, au centre bouddhique Kagyu-Ling, une rubrique " L'Avenir de la terre " consacrée à Mère-Nature et à « l'émergence d'une éthique planétaire ».

— Les stages, formations et ateliers proposés en publicité dans le corps de la revue sont au nombre de soixante-quatorze. Les livres, revues et produits, au nombre de dix. Mais avec les adresses proposées dans le cahier intérieur, « Agenda-Sources », (« Sources de silence, Sources de formation ») on atteint le chiffre total de cent-quatre-vingt-deux propositions, permettant un lien concret entre les lecteurs, les adresses proposées, et la philosophie de *Sources*. Nous sommes dans la perspective des réseaux conviviaux et complices. On y relève un grand nombre de recherches dans l'esprit de l'Orient : — yogas, zen, shiatsu, tantra, bouddhisme tibétain — dans celui des pratiques de développement du potentiel humain : rebirth, harmonisations, danses, massages, cristaux — dans celui de la spiritualité : méditation hésychaste, voie soufie, « travail-de-deuil », éveil spirituel, chamanisme. Mais y figurent aussi le centre dominicain de l'Arbresle, le Centre chrétien des voies de l'Orient, à Bruxelles, les communautés de Lanza Del Vasto... Le Nouvel Age apparaît bien, à travers ces cent-quatre-vingt-deux propositions, comme un esprit et un ensemble de pratiques tous azimuts.

Cette approche rapide nous permet aussi de situer le courant du Verseau sur le plan religieux.

De quel « religieux » est-il question ?

On trouve dans ces pages à la fois le vocabulaire du *New Age* et celui du « religieux » (sur le registre du mystique). Des thèmes spécifiquement chrétiens sont mis en valeur, mais au même niveau que d'autres approches religieuses. On n'y verra pas l'expression d'une révélation transcendante. L'aventure intérieure est située dans la perspective d'un œcuménisme ouvert positivement au dialogue interreligieux ; mais où « toutes les religions se valent ».

Aussi pourra-t-elle apparaître aux chrétiens comme réductrice ou syncrétiste.

Le projet de *Sources* (qui est celui de nombreux chercheurs du Nouvel Age) se situe dans le droit fil d'un bel humanisme. Aussi la revue pourra-t-elle aider une personne non-croyante mais ouverte à « l'aventure intérieure », à trouver le chemin de l'intériorité, voire de la religion. Les théologiens qualifient cette religion de « naturelle ». C'est l'expression d'une alliance de l'homme avec la divinité, antérieure à l'alliance abrahamique. Et cette étape peut être importante dans un cheminement de chercheur : comme une belle expression de « paganisme », c'est-à-dire de l'attitude de l'homme religieux reconnaissant un autre Dieu que celui de la Bible. Le chrétien peut y reconnaître une des « semences du Verbe ». Mais ayant connu la Révélation du Père et adhéré à Jésus-Christ son Verbe, comme seul Maître de Vérité, il est aussi attentif à l'originalité unique de son message. Alors il peut entrer avec fruit dans le dialogue interreligieux proposé.

Bibliographie

Les livres de base pour une première connaissance du Nouvel Age sont indiqués en notes au long de chacun des chapitres.

Si l'on veut approfondir l'étude, on trouvera des bibliographies développées dans :

J. Gordon-Melton, *Encyclopedic handbook of cults in America,* Garland Publishing, New York - London, 1986, pp. 117-121.

Marilyn Ferguson, *Les Enfants du Verseau,* Calmann Lévy, Paris, 1981, pp. 321-330.

Jean Vernette, *Jésus dans la nouvelle religiosité,* Desclée, Paris, 1986, en notes de chapitres.

David Spangler, *Emergence,* Le Souffle d'Or, B.P. 3, 05300 Barret-le-Bas, pp. 167-169.

Constance Cumbey, *The Hidden dangers of the rainbow,* Huntington House, Shreveport (Louisiana), 1983, pp. 263-268.

Massimo Introvigne, *Le Nuove religioni,* Sugarco Edizioni, Milano, 1985, pp. 379-408, passim.

INDEX

TABLE DES MATIÈRES

CHAPITRE II

PRECURSEURS ET DEVANCIERS DU NOUVEL AGE, 51

CHAPITRE IV

LA PAROLE EST A L'ACCUSATION
DES MISES EN GARDE VIGOUREUSES, 143

CHAPITRE V

DISCERNEMENT. NOUVEL AGE
ET FOI CHRETIENNE, 171

Achevé d'imprimer le 19 mars 1990
sur les presses des Editions Téqui
53150 Saint-Céneré

N° d'édition : T 53 649
Dépôt légal : Mars 1990

